下册

CHINESE CONTEMPORARY YOUNG ARCHITECTS VII

何建国 主编

图书在版编目（CIP）数据

中国当代青年建筑师. Ⅶ. 下册 / 何建国主编. —天津 : 天津大学出版社, 2019.1
ISBN 978-7-5618-6325-1

Ⅰ. ①中… Ⅱ. ①何… Ⅲ. ①建筑师－生平事迹－中国－现代②建筑设计－作品集－中国－现代 Ⅳ. ①K826.16②TU206

中国版本图书馆CIP数据核字(2018)第290808号

封底：同济大学建筑设计研究院（集团）有限公司/作品
——上海嘉定保利大剧院
[详见下册内文P279]

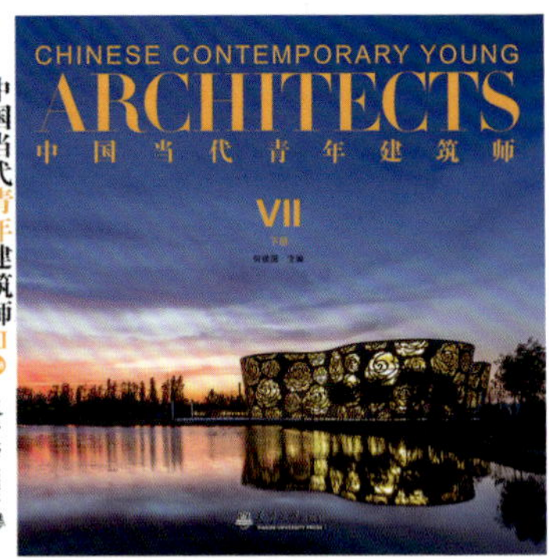

封面：NEXT建筑事务所/作品
——北京月季博物馆
[详见上册内文P188]

中国当代青年建筑师Ⅶ（下册）
ZHONGGUO DANGDAI QINGNIAN JIANZHUSHI Ⅶ

顾　　问　程泰宁　何镜堂　黄星元　刘加平　罗德启　马国馨　张锦秋　钟训正
主　　任　彭一刚
委　　员　戴志中　蒋涤非　李保峰　李翔宁　刘克成　刘宇波　梅洪元
覃　力　仝　晖　魏春雨　吴　越　徐卫国　翟　辉　郑　炘
编　　辑　中联建文（北京）文化传媒有限公司
统　　筹　何显军
编辑部主任　王红杰
编　　辑　丁海峰　李天华　宋玲　唐然　汪杰　文黎　徐小雪　赵晶晶
美术设计　何世领
策划编辑　油俊伟　田　园
责任编辑　油俊伟
投稿热线　13920487878

出版发行　天津大学出版社
地　　址　天津市卫津路92号天津大学内（邮编：300072）
电　　话　发行部：022—27403647　邮购部：022—27402742
网　　址　publish.tju.edu.cn
印　　刷　北京盛通印刷股份有限公司
经　　销　全国各地新华书店
开　　本　285mm×280mm
印　　张　28
字　　数　509千
版　　次　2019年1月第1版
印　　次　2019年1月第1次
定　　价　349.00元

中国当代青年建筑师VII 战略合作伙伴

CHINESE CONTEMPORARY YOUNG ARCHITECTS VII

www.cadri.cn

ECADI
华东建筑设计研究总院
www.ecadi.com

ISA architecture
Innovation Superior Associate
现代设计集团 上海建筑设计研究院有限公司
www.isaarchitecture.com

现代设计
上海现代建筑设计（集团）有限公司
现代都市建筑设计院
www.xd-ad.com.cn

www.biad.com.cn

广东省建筑设计研究院
Architectural Design and Research Institute of Guangdong Province
www.gdadri.com

浙江省建筑设计研究院
www.ziad.cn

SADI
深圳市建筑设计研究总院有限公司
www.sadi.com.cn

同济大学建筑设计研究院（集团）有限公司
www.tjadri.com

www.thad.com.cn

东南大学建筑设计研究院有限公司
ARCHITECTS & ENGINEERS CO., LTD OF SOUTHEAST UNIVERSITY
adri.seu.edu.cn

华南理工大学建筑设计研究院
ARCHITECTURAL DESIGN & RESEARCH INSTITUTE OF SCUT
www.scutad.com.cn

天津大学建筑规划设计研究总院
www.aatu.com.cn

www.xjdsjy.com

www.zuadr.com

武汉华中科大建筑规划设计研究院有限公司
www.adri-hust.com

www.jiangs.com.cn

中国建筑西南设计研究院有限公司
www.xnjz.com

中国建筑西北设计研究院有限公司
www.cscecnwi.com

www.gxupdi.com

浙江大学城乡规划设计研究院有限公司
www.zjdxghy.com

河北九易庄宸科技股份有限公司
www.jyzc.net

重庆大学建筑设计研究院有限公司
sjy.cqu.edu.cn

CCDI悉地
CCDI悉地国际
www.ccdi.com.cn

www.aadri.com

深圳市欧博工程设计顾问有限公司
www.aube-archi.com

浙江青坤东方建筑设计有限公司
www.qingkundesign.com

www.apcedesign.com

中衡设计集团股份有限公司
www.artsgroup.cn

VS 岭界 VVS
VVS岭界
www.vvsarchitect.com

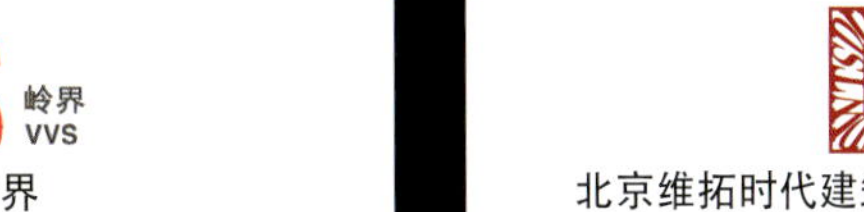
北京维拓时代建筑设计股份有限公司
www.vtjz.com

中广电广播电影电视设计研究院
www.drft.com.cn

www.zhjzsjy.com

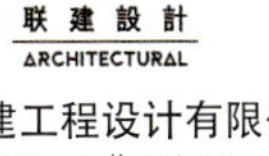

浙江联建工程设计有限公司
www.uadi.net.cn

http://xwzx2016.sdjzu.edu.cn/sjyjy/

合肥工业大学设计院(集团)有限公司
HFUT Design Institute (Group) Co., Ltd.
合肥工业大学设计院（集团）有限公司
www.hfutadi.com.cn

南方設計
浙江南方建筑设计有限公司
www.zsad.com.cn

三益中国
上海三益建筑设计有限公司
www.sunyat.com

LANDSEA朗诗
绿色设计
上海朗诗规划建筑设计有限公司
www.landseaarch.com

天华 Tianhua
北京天华北方建筑设计有限公司
www.thape.com.cn

中国当代青年建筑师VII
CHINESE CONTEMPORARY YOUNG ARCHITECTS VII

目录（下册）

目录（下册）

赵建营
浙江联建工程设计有限公司
228

赵学义
山东建大建筑规划设计研究院
236

郑嵘
北京天华北方建筑设计有限公司
246

左光之
安徽建筑大学乡村振兴研究院
254

仲雨
南京佳的建筑设计事务所
262

钟华颖
南京大学建筑与城市规划学院
270

张瑞
同济大学建筑设计研究院（集团）有限公司
278

张彤阳
合肥工业大学设计院（集团）有限公司
286

张修江
中国建筑东北设计研究院有限公司
294

张义忠
九州工程设计有限公司
302

张伟亮
苏州华造建筑设计有限公司
310

张燕
中国建筑设计研究院有限公司
318

ARCHITECTS

潘海迅

职务： 上海建筑设计研究院有限公司体育·观演建筑中心常务副主任、设计总监、副总建筑师
魏敦山院士专家工作室执行助理
职称： 高级建筑师
国家一级注册建筑师

教育背景
1995年—2000年　哈尔滨工业大学建筑学学士
2000年—2003年　哈尔滨工业大学建筑学硕士

工作经历
2003年至今　上海建筑设计研究院有限公司

主要设计作品

上海东方体育中心	荣获上海市优秀工程设计一等奖 全国优秀勘察设计建筑工程公建一等奖 IOC / IAKS国际体育建筑奖银奖
沈阳文化艺术中心	荣获上海市优秀工程设计一等奖
咸阳职业技术学院体育馆游泳馆	荣获陕西省优质结构工程和新技术应用示范工程奖
杭州浙江财富金融中心	荣获上海市优秀工程设计二等奖
潍坊学院体育馆	荣获上海市优秀工程设计三等奖
苏州奥林匹克体育中心	
昆山体育场	
克拉玛依市体育馆	

天门市体育中心
西安市人民体育场
淄博市体育中心
咸阳职业技术学院体育中心
玉环市体育中心
晋江市少年儿童业余体育学校（世界中学生运动会主场馆）
余姚会展中心
乍得恩贾梅纳体育场

学术研究成果
发表各类论文50余篇，代表作有《建筑曲线与人性化》《建筑曲线与群体设计》《昆山体育场》《昆山市体育中心体育馆》《体育建筑创作的复合化倾向》《体育建筑创作中的人性化表达》《复合型体育建筑设计刍议》《上海东锦江大酒店二期》《拥抱天空——开合的屋顶体系的实践（上海旗忠森林体育城网球中心）》《大地的痕迹——克拉玛依市体育馆》《校园体育建筑创作解析》《天门市体育中心体育馆》《制约下的创作》。多重复合功能的体育馆设计及关键技术研究获得上海市建筑学会科技进步一等奖。

国家专利
承担并完成了集团专项化课题《多重复合功能的体育馆综合技术研究》，获得了“多功能复合空间体育馆”“多功能可变看台”两项国家专利。

地址： 上海石门二路258号
电话： 021-52524567
传真： 021-62464200
网址： www.siadr.com
电子邮箱： panhx@siadr.com.cn

上海建筑设计研究院有限公司（以下简称上海院），原名上海民用建筑设计院，自1953年发展至今，拥有65年的辉煌历史，有众多优秀设计作品和标志性建筑实例。上海院是一家具有国家甲级勘察设计资质，享有对外经营权，中国成立最早、规模最大、影响力最大的综合性设计院之一。1999年通过ISO9001质量管理体系国际认证，建立ISO9001：2008国际质量标准。近年来，上海院继续秉承“精心设计、勇于创新”的发展方向，借鉴国内外建筑设计公司的先进管理、经营理念，不断实践着自我完善、自我突破的发展过程，确立了各类型民用建筑设计领域的领先地位，同时还致力于绿色与节能建筑设计技术，各类复杂结构设计研究、智能化系统设计研究、低碳和可持续发展的城市研究，并设有专业研发团队，提供咨询和设计服务。

上海院完成的设计作品中有多项获得詹天佑大奖、建设部优秀勘察设计奖等国家级设计奖项，它们分别体现和代表了上海院的创作水平、技术能力和专业素养。同时，近年来多项研究成果还获得国家、上海市科技进步奖。

上海院为了积极推进全国化进程、密切关注祖国各地建设，先后成立了海南、厦门、西安、江苏、江西、宁波、长沙、沈阳、天津、贵阳等分公司或办事处，足迹遍及全国大部分省份。

经过半个多世纪的历练，在积累了丰富的设计经验的同时，更培养了一支掌握先进设计理念和设计技术的建筑、结构、机电等各专业骨干人才队伍，形成了由国家设计大师领衔的、技术全面的人才梯队。上海院将遵循“精心设计、热情服务、诚实守信、勇于创新”的目标，与时俱进、不断进取，用他们的设计竭诚为业主服务。

SUZHOU OLYMPIC SPORTS CENTER

苏州奥林匹克体育中心

项目业主：苏州工业园区文体旅游局
建设地点：江苏 苏州
建筑功能：体育建筑
用地面积：480 000平方米
建筑面积：358 000平方米
设计时间：2013年
项目状态：建成
设计单位：上海建筑设计研究院有限公司
合作设计：德国GMP、德国SBP
主创设计：潘海迅
获奖情况：国家绿色建筑三星认证及美国LEED金奖
建筑摄影：林松

项目位于苏州工业园区金鸡湖东核心区，包含体育场、体育馆、游泳馆、配套服务楼、中央地下车库五大区域，是集体育竞技、休闲健身、商业娱乐、文艺演出于一体的多功能、综合性的甲级体育中心。其中体育场可容纳45 000人，体育馆可容纳15 000人，游泳馆可容纳3 000人。

项目注重推广运用先进技术、创新科技，确保工程项目的设计更加科学化、合理化、先进化，主要有以下几点。

1. 建筑造型构成数学意义上的逻辑规律，并以此作为各专项设计的支点。三大场馆屋面的马鞍形曲面及倒圆锥形体量是项目的外观亮点。

2. 利用大面积屋面收集天然雨水和对馆内平时使用的废水进行收集利用，保障日常卫生设施的冲洗以及环境绿化的浇灌。

3. 在大面积屋面上，利用太阳能的辐射能源，设置热量收集系统，为日常使用提供热水，从而实现节约用电、用气、用煤。

4. 设置太阳能光伏电池供电系统，适当选择太阳能作为经常性能源，部分灯具平时由太阳能光伏电池供电，在连续阴雨天气时转为市电供电。

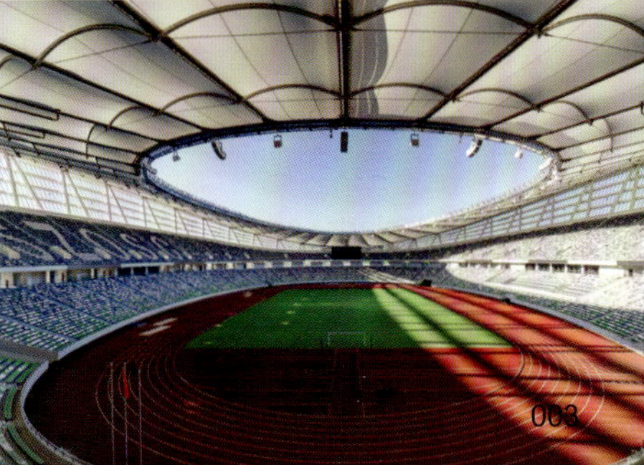

GYMNASIUM AND SWIMMING POOL IN XIANYANG VOCATIONAL AND TECHNICAL COLLEGE

咸阳职业技术学院体育馆、游泳馆

项目业主：咸阳职业技术学院
建设地点：陕西 咸阳
建筑功能：体育建筑
用地面积：21 000平方米
建筑面积：24 475平方米
设计时间：2015年
设计单位：上海建筑设计研究院有限公司
主创设计：体育・观演建筑中心
顾问总建筑师：魏敦山
设计总监：赵晨
设计总负责人兼项目经理：潘海迅
建筑负责人：潘迪、包藏新、朱荣张、王亚楠、周逸坤、唐强
项目状态：建成
建筑摄影：林松

项目作为陕西省第十六届运动会的比赛场馆和闭幕式场馆，未来还将作为陕西全运会的比赛场馆。两馆具备符合全国单项体育比赛标准的场地和设施，适应竞赛需要，同时还能兼顾学院教学、大型文艺演出、集会、展览及群众性文体活动的需要。体育馆观众席位4 000座，游泳馆观众席位1 200座。

体育馆、游泳馆虽为两个独立单体，但设计师通过一根饱满的曲线，将两个单体合二为一，形成一个统一完整的建筑形象。建筑整体形象为流线型，充满张力和动感，如同一座桥梁，衔接城市和校园；又仿佛一架古筝，隐喻“秦（琴）声飞扬”的美好意境。

SHANGHAI ORIENTAL SPORTS CENTER

上海东方体育中心

项目业主：上海市体育局
建筑功能：体育建筑
建筑面积：187 943平方米
项目状态：建成
合作设计：德国GMP
建筑摄影：绍峰

建设地点：上海
用地面积：347 000平方米
设计时间：2008年
设计单位：上海建筑设计研究院有限公司
主创设计：潘海迅

项目为承办2011年第14届国际泳联世界锦标赛而建，包括综合馆、游泳馆、室外跳水池和新闻中心四个单体，其中综合馆观众席位18 000座、游泳馆观众席位5 000座。各比赛场馆将分别承担游泳、花样游泳、水球、跳水、公开水域共计5个项目的比赛。赛后，整个项目将作为城市滨江体育文化公园投入使用。

项目运用了诸多新材料、新技术，如地暖、湖水净化、湖水源热泵、中水利用、浮式地坪等。跳水池的尺寸由以往的25米x25米的标准，提升为30米x25米，并获得了国际泳联的认可。

为了创建出整体的、具有标志性的建筑形态，最重要的是统一它们的表现形式。各体育场馆根据其不同的大小和几何形体要求，通过一致的材料及几何形制相成原则，将建筑群体构建为一个统一的组群。

SHENYANG CULTURE AND ART CENTER

沈阳文化艺术中心

项目业主：沈阳五里河建设发展有限公司
建设地点：辽宁 沈阳
建筑功能：文化建筑
用地面积：65 000平方米
建筑面积：100 000平方米
设计时间：2008年
项目状态：建成
设计单位：上海建筑设计研究院有限公司
合作设计：德国奥尔韦伯设计公司
项目总负责人：赵晨
设计团队：杨凯、于鹏、苏倩、潘海迅、冯献华、苏超、刘勇、张颖、王桢

沈阳文化艺术中心包含歌剧院、音乐厅、多功能厅三大建筑功能。其中可容纳的观众席位大剧院1 800座、音乐厅1 200座、多功能厅500座。工程屋盖钢结构为大跨度非常态无序空间网壳结构，其平面跨度为190米×160米，由众多大小和方向无序的三角形网格组成的单层折面非常态空间网壳，是我国最大且最复杂的非常态无序空间网壳结构。

通体透亮的水晶般的独特建筑造型，使人们从各个方向眺望文化艺术中心均呈现出不同形态，从每个角度观赏都会有新的感受。外表材料由不同构造的复合玻璃组成，看上去似透非透，似有非有，透过玻璃可以隐约看到内部的大剧院和音乐厅，别有一番意味。

设计在空间创新上突破了传统的观演建筑大空间并置的布局，创造性地将1 200座的音乐厅置于1 800座的大剧院上部，并通过结构设计使建筑的构成和声学的构思成为可能，在钻石体室内形成一种恢宏的气势和高雅的气质，同时满足了业主在有限的建筑用地内实现大剧院、音乐厅和多功能厅的建设要求。

TIANMEN SPORTS CENTER

天门市体育中心

项目业主：天门市城市建设投资有限公司
建设地点：湖北 天门
建筑功能：体育建筑
用地面积：70 000平方米
建筑面积：18 000平方米
设计时间：2011年
项目状态：建成
设计单位：上海建筑设计研究院有限公司
主创设计：体育・观演建筑中心
设计总负责人：潘海迅
建筑负责人：潘迪、包藏新、王亚楠、冯晓舟、苏倩
建筑摄影：胡义杰

天门市体育中心包括体育场、体育馆、游泳馆以及相应配套服务设施，观众席位4 000座，其中田径场观众席位1 500座。

建筑内部的竞赛场地和训练场地两个核心空间，采用了空间比邻排布的复合空间模式。通过马蹄形三面围合式看台设计以及分割比赛馆和训练馆的活动隔墙与可移动式活动看台，实现比赛馆和训练馆可分可合，可通可断。在正常比赛时，隔墙关闭，活动看台合拢，两个空间可以各自独立，互不干扰；在进行诸如演唱会、展览会等活动时，隔墙打开，活动看台向训练空间展开或收起，两个空间则成为一个复合整体。

建筑平面布局采用了单纯的矩形，竞赛场地、训练场地、观众区、辅助功能区等必要的功能区都方方正正，使用率很高。

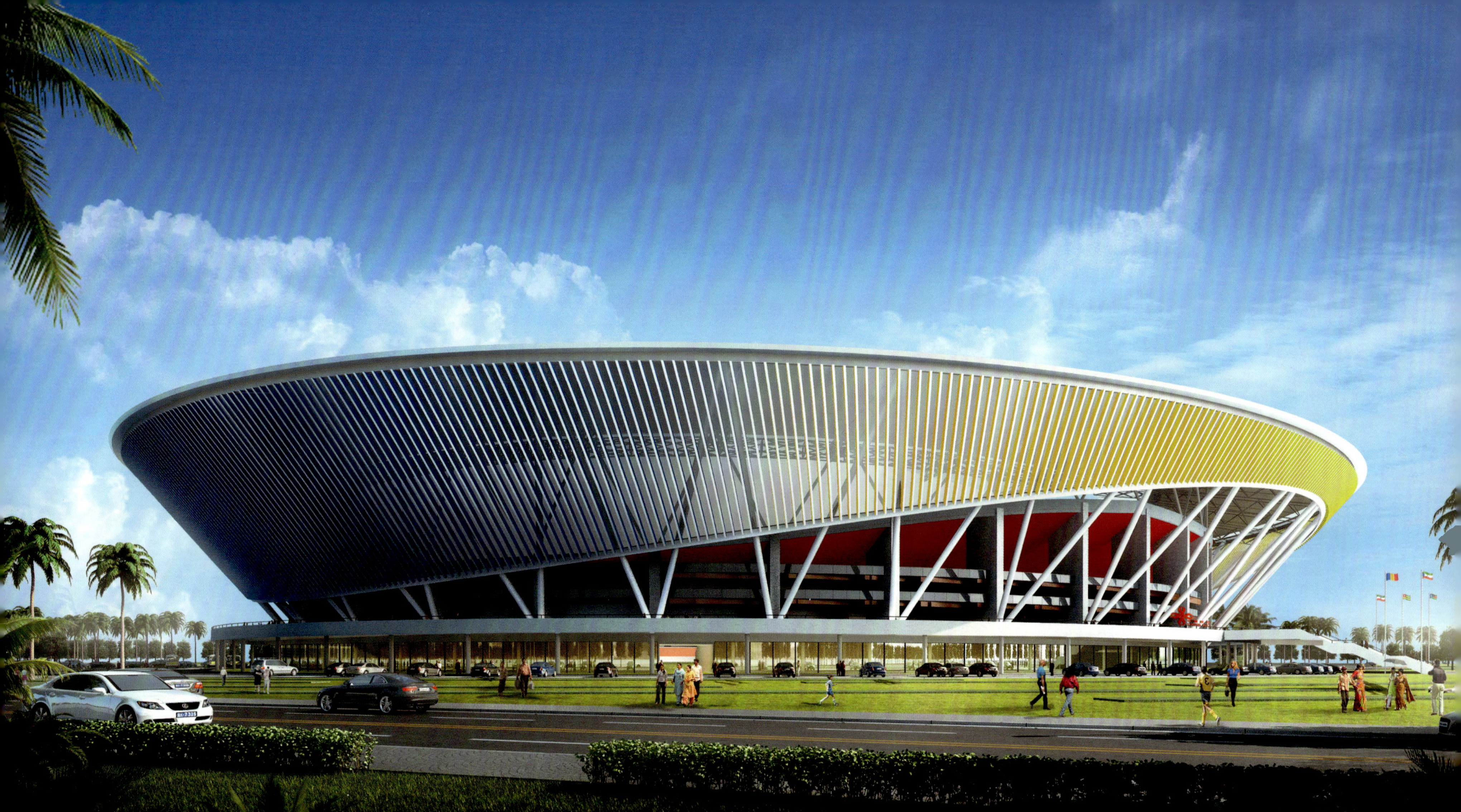

CHAD N'DJAMENA STADIUM

乍得恩贾梅纳体育场

项目业主：商务部国际经济合作事务局
建设地点：乍得 恩贾梅纳
建筑功能：体育建筑
用地面积：160 000平方米
建筑面积：34 500平方米
设计时间：2018年
项目状态：原创中标
设计单位：上海建筑设计研究院有限公司
主创设计：体育・观演建筑中心
设计总监：赵晨
设计总负责人：潘海迅
建筑负责人：刘祝贺、周斌、贾子剑、周宇凡、何子平、赵希

地块中心位置布置了30 000座观众席位的体育场。其东北侧布置训练场地。基地西侧道路为主要城市人流来向，所以在西侧设置基地的主要出入口，同时西侧作为建筑的主要展示面；南部沿道路开辟次入口，为满足人流疏散和交通便利需求；考虑基地未来依托体育场扩大发展的可能，将基地北部与东部规划两条新的城市道路，基地均向城市打开次入口。

立面色彩充分考虑乍得国家的特点，立面百叶两个面分别使用不同颜色。蓝色与黄色灵感均来自国旗的色彩，蓝色象征蓝天、希望和生活，代表着国家的南部；黄色象征阳光以及该国的北部。红色象征进步、团结和愿为祖国献身的精神，因此，设计师将体育场内部打造成红色的主色调，充分烘托赛场激烈热情的比赛氛围。同时，红色也是中国的象征，我们愿意看到未来的乍得会更美好！

JINJIANG CITY CHILDREN'S AMATEUR SPORTS SCHOOL

晋江市少年儿童业余体育学校

项目业主：晋江市少年儿童业余体育学校
建筑功能：教育建筑
建筑面积：47 334平方米
项目状态：在建
设计单位：上海建筑设计研究院有限公司
主创设计：体育・观演建筑中心
顾问总建筑师：魏敦山
设计总监：赵晨
设计总负责人，项目经理：潘海迅
建筑负责人：潘迪、刘祝贺、唐强、周斌、朱城、陈希、盛坚、赵希

建设地点：福建 晋江
用地面积：91 935平方米
设计时间：2017年

项目包括体育馆、训练馆、游泳馆、室外泳池、田径场、学生生活区、百米风雨跑道等主要功能，将承办2020年世界中学生运动会。

建筑布局结合地势变化，巧妙地设置下沉庭院，既满足了地下空间的通风、采光要求，同时形成了丰富的空间效果。考虑到晋江气候常年湿度大、高温多雨，建筑立面采用竖向遮阳、可开启玻璃幕墙等措施，降低建筑能耗，增强运动空间舒适性。

闽南建筑中，外墙普遍以白石、红砖作为建筑材料，裙墙竖砌素面白石，墙身大多用红砖拼花，中间装饰白石，因此确定“红、白”为建筑主色调，在建筑立面中使用以“万字堵”图案演化来的砖红色铝板，与拼花红砖遥相呼应，白色遮阳百叶又呼应白石裙墙，使生态与文化恰当结合，为孩子们创造舒适的训练环境。

RUF rufarchitects.com 睿风设计

钱明波

职务：上海睿风建筑设计咨询有限公司创始人、总经理、设计总监

教育背景
1995年—1999年　清华大学建筑学院建筑学学士

工作经历
1999年—2007年　上海交大安地建筑设计咨询有限公司
2008年至今　上海睿风建筑设计咨询有限公司

主要设计作品
北京万科翠湖国际产业园
青岛万科城阳综合体
上海龙湖星悦荟
重庆铂悦·澜庭
宁波万科海月甲第
重庆江山樾
常州万科君望甲第
重庆天阅嘉陵
绍兴阳光城元垄·璞悦
福州正荣悦玲珑
沈阳万科翡翠别墅
青岛万科B3地块购物中心
嘉兴万科悦中环
青岛万科桃花源
上海万科红郡
无锡万科魅力之城
宁波龙湖名景台
宁波龙湖香醍漫步
复星集团宁波柳汀街商业综合体
昆明融科云津街
昆明联想科技城
中南海门上悦城
中南海门戴斯酒店
首创昆山奥特莱斯商业综合体
首创上海锦悦
首创上海禧悦
首创昆山悦都
首创无锡悦府
天津首创嘉悦广场
天津首创嘉和广场
无锡太湖科技园产业聚集区
杭州百合地产潮闻天下

公司简介

上海睿风（RUF）建筑设计咨询有限公司成立于2008年3月，是美国RUF设计咨询有限公司（注册于波士顿）在中国的唯一分支机构，专注于高品质住宅、商业综合体、产业园、酒店、特色小城镇的方案设计领域。

经过10年的发展，公司拥有超过100名建筑师，成为一支高效精干、激情活跃的国际化团队。设计建成了高品质住宅、商业综合体、产业园、酒店、特色小城镇等大量的优质项目，并积累了中万科、龙湖、东原、首创、旭辉、弘阳集团、融创、阳光城、正荣集团、建业、中南集团、禹洲地产、神州数码、新加坡政府、无锡市政府等优质客户。其中与万科在北京、青岛、无锡、常州、宁波、济南、嘉兴、沈阳、扬州、郑州、武汉11个城市进行长期战略合作。

我们的优势

- 与万科、龙湖等一线地产商长达十年以上的设计及研发战略合作，大量优质建成项目。
- 快速反应，高效精准，以成熟的设计体系确保客户的速度、质量、价值需求。
- 横向整合多专业的能力，整体掌控景观、室内、灯光、标识、装置艺术等专业。
- 从甲方视角、市场导向、客户角度出发，具有专门的研发中心，与时俱进的创新能力。
- 完善的内部资源库，独有的标准化设计体系：产品、立面、材料布品、延伸服务。

地址：上海市普陀区光复西路1107号苏河汇402-1　**电话：13162814410**
网址：www.rufarchitects.com　**电子邮箱：ruf@rufarchitects.com**

公司荣誉

2018年 北京万科翠湖国际产业园　荣获第13届“金盘奖”年度最佳产业地产奖
2018年 重庆天阅嘉陵　荣获第13届“金盘奖”年度最佳预售楼盘奖
2018年 重庆铂悦·澜庭　荣获“地产线”时代创新大奖
2018年 阳光城元垄·璞悦　荣获第13届“金盘奖”年度最佳预售楼盘奖
2018年 常州万科君望甲第　荣获第13届“金盘奖”年度最佳预售楼盘奖
2018年上海龙湖星悦荟　荣获第13届“金盘奖”年度最佳综合楼盘奖
2017年 重庆铂悦·澜庭　荣获全球人居环境规划设计奖
“金盘奖”最佳预售楼盘奖及年度最佳售楼空间奖
“地产线”时代创新大奖
2017年 入选中南集团优秀设计供应商
2016年 被评为龙湖集团优秀设计供应商
2016年 入选首创置业集团优秀战略设计供应商
2016年 重庆江山樾　荣获“金盘奖”2016年度最佳别墅
荣获龙湖地产颁发的最佳设计奖
2016年 重庆江山樾售楼处入选中国住建部《建筑设计资料集》范例
2015年 宁波万科海月甲第　荣获最佳创新别墅奖
2014年 万科青岛桃花源　荣获中国年度最宜居综合型社区
荣获龙湖地产颁发的最佳设计奖
2014年 入选万科集团战略设计供应商
2013年 昆明联想科技城　荣获2013年中国最优城市综合体
荣获龙湖地产颁发的最佳设计奖
2012年 宁波龙湖香醍漫步　荣获中国年度最美人居奖
荣获龙湖地产颁发的最佳设计奖
2011年 融科智地江阴朝宗原筑　荣获中国最有价值住宅项目奖
2010年 首创无锡悦府　荣获年度十大魅力社区

BEIJING VANKE CUIHU INTERNATIONAL INDUSTRIAL PARK

北京万科翠湖国际产业园

项目业主：北京万科　　建设地点：北京　　建筑功能：办公建筑
用地面积：38 309平方米　　建筑面积：155 679平方米　　设计时间：2015年
项目状态：建成　　设计单位：上海睿风建筑设计咨询有限公司
主创设计：钱明波　　参与设计：宋新华、张钊、郁翠凤、付慰远、朱亚龙
获奖情况：第13届“金盘奖”年度最佳产业地产奖

项目位于中关村智能硬件产业链重要整合基地，致力于引进智能制造产业以及国内外知名的IC设计服务企业；重点发展智能集成电路、智能家居、智能穿戴、智能医疗等领域，创建一流的高科技原创产业园区。项目周边均为待建设地块或者城市绿化带，城市界面基本孤立，属于城市高速建设中典型的点状不连续地块。设计尝试在一个孤立的场地特征基础上，赋予环境强烈的场所特征和动感、活力的城市界面。项目容积率高，如何化解其对环境带来的压力以及赋予环境强烈的场所特征，并塑造尺度宜人的园区界面是规划所要解决的主要问题。通过分析周边不同的界面特质与道路层级，研究不同密度空间、产品类型的组合布局方式，最终形成了“垂直生长型的高层办公群+水平延伸型的生活服务群+有机分布型的产业服务群+整体围合型的多层办公群”的空间布局。示范区建筑设计成连续的折叠界面，突破笛卡儿空间体系的束缚，墙、板、地等一切构件被组织到一个完整的形体中，形成连续、富有动感的空间，结合斜拼的钛锌板立面和简洁有力的泛光灯线，塑造了强烈的未来感和科技感。建筑同样关注到从周边看过来的第五立面，折面延续到屋顶交会，如一颗钻石落入整体环境之中。

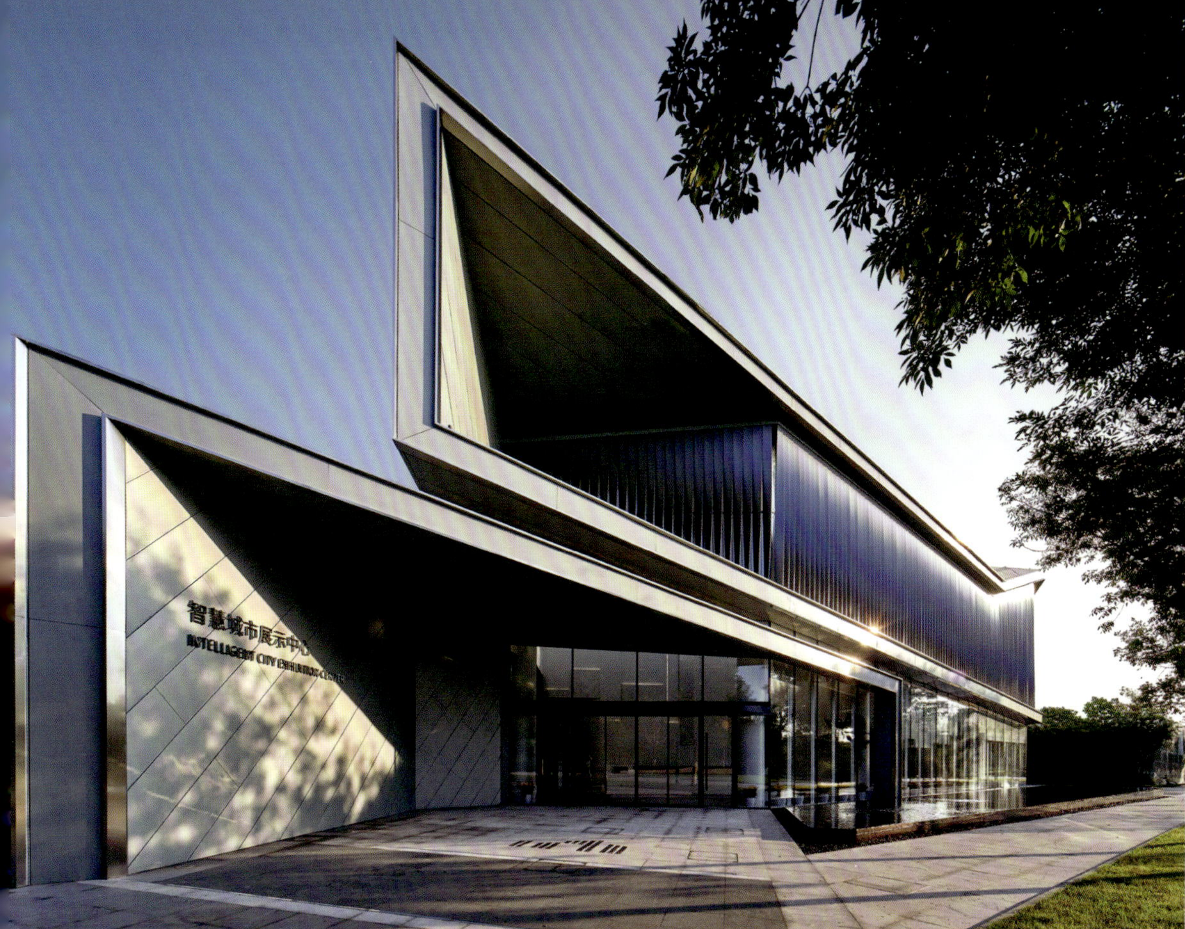

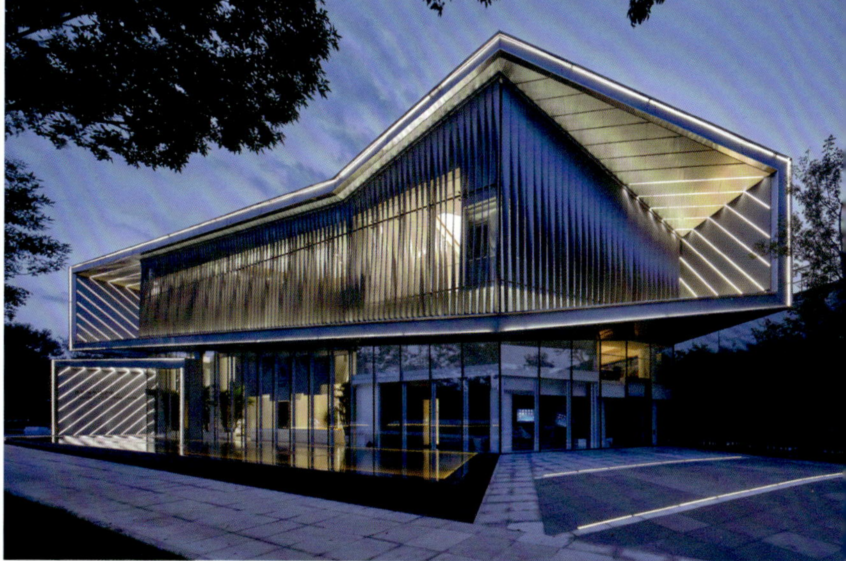

QINGDAO VANKE CHENGYANG COMPLEX

青岛万科城阳综合体

项目业主：青岛万科
建筑功能：商业建筑
建筑面积：79 800平方米
项目状态：建成
主创设计：钱明波

建设地点：山东 青岛
用地面积：21 937平方米
设计时间：2014年
设计单位：上海睿风建筑设计咨询有限公司
参与设计：尹飞、张钊、郁翠凤、朱亚龙

项目位于青岛市城阳区广告产业园区，周边围绕着万科玫瑰里、水榭花都等高端居住区和青岛国家广告产业园，目标客户以区域内年轻家庭消费群体为主，以此为商业定位。本方案通过相应的业态布局设计，全方位打造家庭主题一站式购物乐园。中庭空间取生态溪谷的设计理念，空间自由流动，赋予人时尚和充满趣味的购物体验。LED灯带的设计，强化了空间的灵活性。为了营造海滨城市时尚、活力的城市新地标，立面设计取“海上日出、云卷云舒”之意，采用米黄色及红褐色涂料，运用流畅的横线条，从层层叠叠的云朵的景象构思出错落有致的丰富图案，形成极富动感的立面效果。主入口的设计上，通过伸出的外挂玻璃幕墙和金属构件，创造出挺拔向上的气势，在不过度增加施工难度和成本的基础上创造出活跃的元素，增加入口标识感。

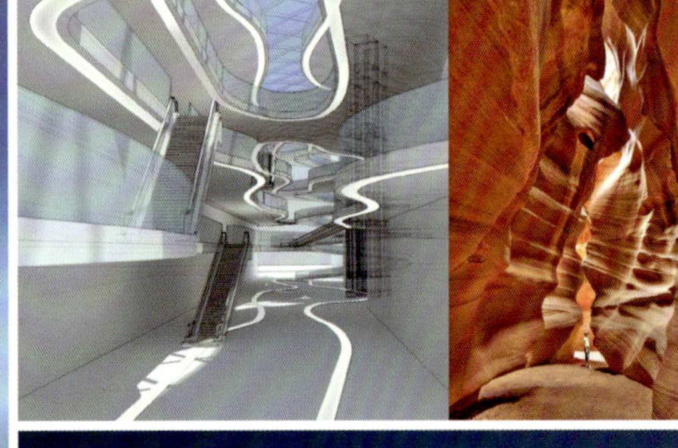

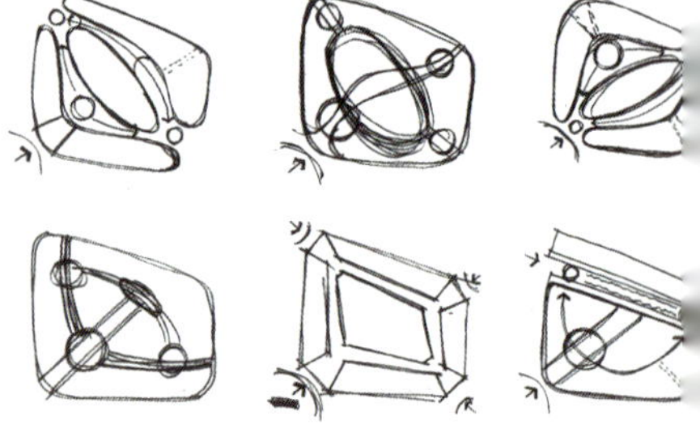

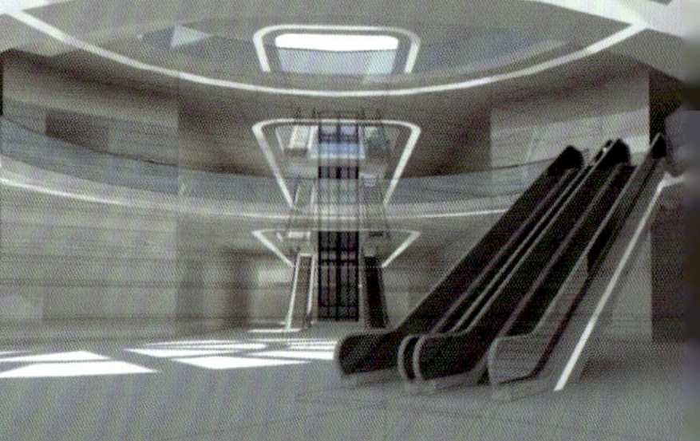

SHANGHAI LONGFOR STARRY STREET

上海龙湖星悦荟

项目业主：龙湖集团　　建设地点：上海
建筑功能：商业建筑　　用地面积：41 726平方米
建筑面积：155 679平方米　　设计时间：2016年
项目状态：建成
设计单位：上海睿风建筑设计咨询有限公司
主创设计：钱明波
参与设计：张钊、许昌福、符月、李福才
获奖情况：第13届“金盘奖”年度最佳综合楼盘奖

项目所在地马桥作为上海的“龙脊之地”，有着深厚的文化和人口基础，具有大生活圈特性，但是商业娱乐匮乏，缺少承载社会活动的场所，所以设计追溯古马桥镇传统商业空间，采用街巷式布局，将购物空间分散在一座座小型独栋与内院中，同时又以连廊进行局部衔接。采用非线性游憩商业空间，大胆导入村落式商业流线设计，赋予传统的生活情感。星悦荟商业街是龙湖目前配置最高的社区级商业，业态囊括了餐饮、零售、教育、生鲜超市、健身运动会所以及巨幕影院等。创造城市绿谷，260米长，约4 000平方米的MINI中央公园，提升办公区域的私密性，为内街商铺提供一个共享的外摆区。打造滨河公园，使取景最大化。不同角度不经意间的对景，让人想起《清明上河图》，舒适的街区，安静、安全、自由，给予使用者花园式的办公环境。星悦荟商业主体在造型上化整为零，将三个层次的界面拆分成大小比例适中的几个板块，然后用一条折线型大飘板整体联系为一体。追溯至古马桥的驿站历史，用一支“Y”形钢柱支撑的飘板来暗喻驿站特质，也作为星悦荟商业社区的场所限定，在材料运用上别出新裁，使用石材、铝板、玻璃、木格栅，材质由重到轻过渡，富有律动感。

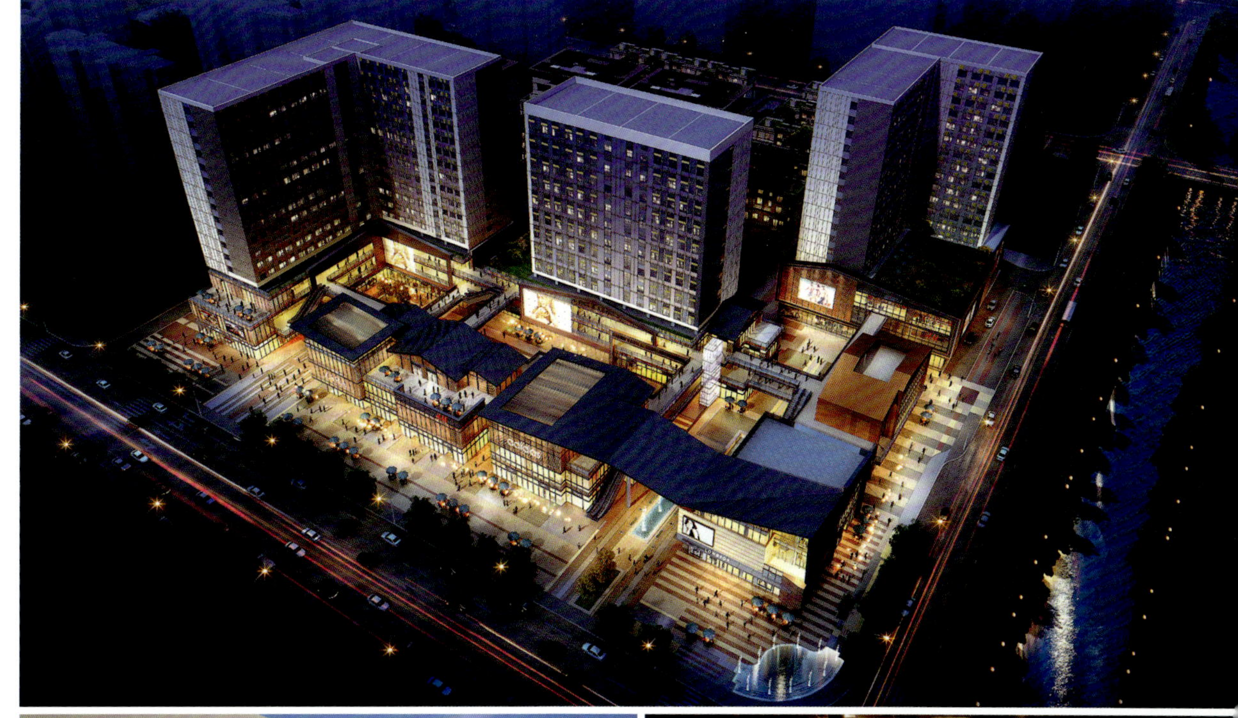

CHONGQING PRIME ORIENTING

重庆铂悦·澜庭

项目业主：华宇地产、旭辉集团、东原地产
建设地点：重庆
建筑功能：居住建筑
用地面积：150 945平方米
建筑面积：443 781平方米
设计时间：2016年
项目状态：建成
设计单位：上海睿风建筑设计咨询有限公司
主创设计：钱明波
参与设计：尹飞、宋新华、蔡悦、朱志文
获奖情况：第13届“金盘奖”上海赛区年度最佳综合楼盘奖
2017年全球人居环境规划设计奖
“地产线”时代创新大奖

项目位于南滨路北段弹子石滨江区域，为重庆高端住区注入新的血液，为城市重塑百年南滨轻奢人文豪宅。项目集墅适洋房、观江精装大平层、滨江购物中心为一体，是重庆“两江四岸”少有的低密度高档社区。铂悦·澜庭汲取中国传统文化精髓，采用东西结合的摩登设计手法，开创“门墙厅院”的建筑价值体系，依项目台地起伏而上，铺排组合墅适洋房和观江精装大平层，使之呈现出宏大的观赏效果，打造出摩登东方意境和空中山水园林的高端社区。“一条南滨路，百年尽繁华”是对重庆这座城市核心居住价值的最好注解，而铂悦·澜庭是对重庆滨江豪宅的再一次“定义与发现”：坐拥南滨路最后的一线江景，弹子石CBD的无限发展空间，多个城市级公园环绕，马戏城，洋人街……在规划设计上确保将最珍贵的资源最大化地导入，对江景资源做了深入的分级分析，最终确立了“环抱江湾，双轴入江”的规划格局。采用了“蝶”形产品布局，确保每户之间零遮挡。同时沿江打造了宽逾6米的江景阳台，将江湾景色尽收眼底。同时，间距适度的塔楼，修复了南滨路原本分散隔离的城市界面，为南滨路在城市中树立了崭新的形象。创建两条贯穿全区的绿色走廊，利用高差层层将视野导向江景，将东面、西面、北面三个城市公园导入社区，使社区开放空间与城市自然资源完美契合。

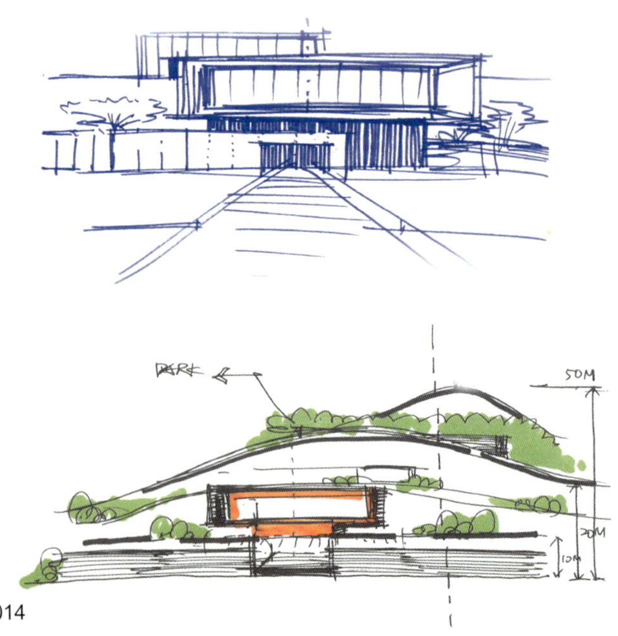

NINGBO VANKE HAIYUE REGENCY

宁波万科海月甲第

项目业主：万科集团　建设地点：浙江 宁波
建筑功能：居住建筑　用地面积：49 900平方米
建筑面积：115 800平方米
设计时间：2016年
项目状态：建成
设计单位：上海睿风建筑设计咨询有限公司
主创设计：钱明波
参与设计：张钊、尹飞、李福才
获奖情况：2015年最佳创新别墅奖

海月甲第有建筑面积165~200平方米坊巷院墅与建筑面积126~139平方米新亚洲宅院，让宁波城市中心再现甲第门风。其中，主力产品170平方米，“L”形合院别墅和130平方米高层公寓，格局巧妙，惊艳甬城！

海月甲第从项目初期就立足于寻找宁波地域的坊巷空间记忆，里坊的空间格局，保持了建筑的丰富多样与完整性，也延续了宁波地域文脉。整个别墅区规划梳理出了一条层次分明的归家流线：“迎宾大道—组团街道—入户小巷”三种不同尺度及界面。在这条层级分明的归家流线上，在“门”的处理更是延续了甲第门风对于“门”的等级秩序，即大区门、巷门、宅门三个等级，从跨度和装饰细节都经过精细考究的设计，完成了甲第门风的传承暗示。

连接组团的“骑楼”是小区另外一个特色，骑楼的相连形成了一个个组团公共空间，这些围合出来的尺度适宜的邻里空间便是中式居住文化的精髓，居民在这里活动、休息、娱乐、社交，这正是当代居住小区所应有的亲切生活尺度。

CHONGQING RIVER HILL VILLA

重庆江山樾

项目业主：东原地产、旭辉集团	建设地点：重庆
建筑功能：居住建筑	用地面积：325 000平方米
建筑面积：748 000平方米	设计时间：2015年
项目状态：一期建成	设计单位：上海睿风建筑设计咨询有限公司
主创设计：钱明波	参与设计：尹飞、张钊、朱志文

获奖情况：2016年售楼处入选中国建设部《建筑设计资料集》范例
“金盘奖”2016年度最佳别墅

江山越诞生于重庆的都市森林主义。

林荫道：一条林荫大道作为社区门户,奠定项目整体的基调，同时导入照母山板块的自然度假属性。

情景街：一横一纵的两条商业街形成不同商业氛围。高层区繁华的“快都市” 过渡为别墅区的“慢生活”。商业布局控制体量形成围合和对景。

三畔：高层区容纳商业街、幼儿园、邻里中心、城市公园、超高层住宅等多个业态，形成37万平方米的超大型复合社区。建筑布局围合三个主题公园形成三畔。

五坊：“山形主导产品形式”，结合重庆气候特点，衍生出爬坡院墅、坡地叠墅、宽景联墅、湖畔独院等几大产品系列。别墅区容积率达到1.0以上。

在示范区设计上考虑几个不同的主题元素：公园、图书馆、艺术馆、童梦馆、咖啡馆，形成一组完整的建筑群落，形成花园和庭院的空间，展开视野，绿意盎然，建筑入口环抱且轻盈。在处理场地与建筑的关系时，加入格栅元素，构筑灰空间，将人与环境、人与建筑有机地结合在一起。

CHONGQING TIANYUE JIALING

重庆天阅嘉陵

项目业主：首创置业
建筑功能：居住建筑
建筑面积：351 514平方米
项目状态：建成
主创设计：钱明波
建设地点：重庆
用地面积：81 544平方米
设计时间：2017年
设计单位：上海睿风建筑设计咨询有限公司
参与设计：宋新华、尹飞、朱志文

项目在规划设计之初，设计师多次勘查建设用地，对不同高度的建筑和不同角度的江景都用无人机进行精确定位，将珍贵的资源最大化地导入，最终确立了“双向揽江、水绿交融”的规划格局。通过吊层商业及高差设计，将江面取景范围锁定在30°~45°的最佳视角，创建一条贯穿全区的绿色走廊。示范区建筑单体轮廓源自歌乐山绵延起伏的山体主导天际线，如水无痕般融入自然。厚重巨大的屋顶之下漂浮着一个纯净的玻璃体，玲珑剔透。屋顶厚重如山，玻璃体轻盈如水。在如此优美丰富的自然背景之下，应该覆盖一层最纯净的表皮，建筑愈纯，山水愈美。为了致敬当地巴蜀的民居个性，建筑造型依山就势，陡壁悬挑。坡度平缓，出檐深远。山头起翘，横向成弧。轮廓鲜明，用材奔放，竹、木、石不拘一格，犹如巴蜀人豪放开朗的性格和极富乐感的川音。整个建筑形体中像竹子一样生长的有序钢架，进一步突出屋面的悬浮感；屋面水平延展，与镜面水景交相辉映，建筑秋水共长天一色。

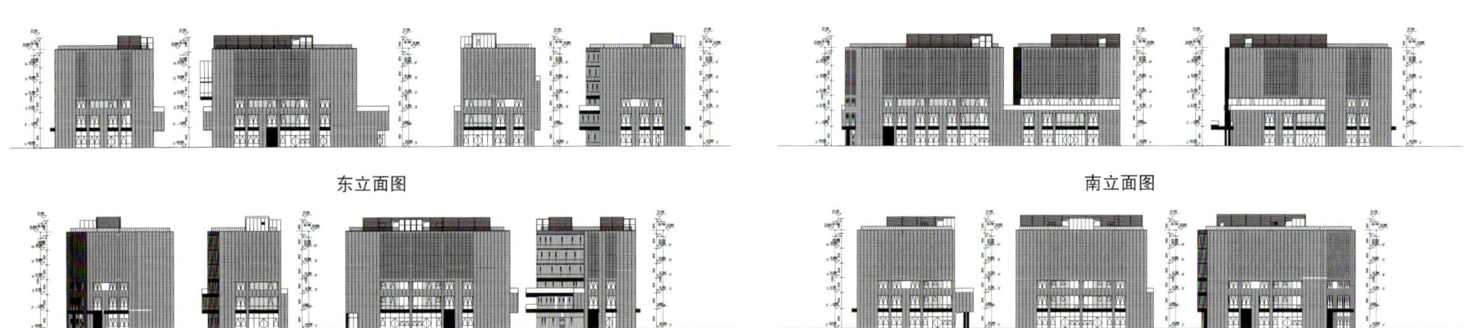

东立面图

南立面图

西立面图

北立面图

一层平面图

CHONGQING TIANYUE JIALING

重庆天阅嘉陵

项目业主：首创置业
建筑功能：居住建筑
建筑面积：351 514平方米
项目状态：建成
主创设计：钱明波
建设地点：重庆
用地面积：81 544平方米
设计时间：2017年
设计单位：上海睿风建筑设计咨询有限公司
参与设计：宋新华、尹飞、朱志文

项目在规划设计之初，设计师多次勘查建设用地，对不同高度的建筑和不同角度的江景都用无人机进行精确定位，将珍贵的资源最大化地导入，最终确立了“双向揽江、水绿交融”的规划格局。通过吊层商业及高差设计，将江面取景范围锁定在30°~45°的最佳视角，创建一条贯穿全区的绿色走廊。示范区建筑单体轮廓源自歌乐山绵延起伏的山体主导天际线，如水无痕般融入自然。厚重巨大的屋顶之下漂浮着一个纯净的玻璃体，玲珑剔透。屋顶厚重如山，玻璃体轻盈如水。在如此优美丰富的自然背景之下，应该覆盖一层最纯净的表皮，建筑愈纯，山水愈美。为了致敬当地巴蜀的民居个性，建筑造型依山就势，陡壁悬挑。坡度平缓，出檐深远。山头起翘，横向成弧。轮廓鲜明，用材奔放，竹、木、石不拘一格，犹如巴蜀人豪放开朗的性格和极富乐感的川音。整个建筑形体中像竹子一样生长的有序钢架，进一步突出屋面的悬浮感；屋面水平延展，与镜面水景交相辉映，建筑秋水共长天一色。

景观总图

清華大學建筑设计研究院有限公司
ARCHITECTURAL DESIGN & RESEARCH INSTITUTE OF TSINGHUA UNIVERSITY CO., LTD.

任飞

职务：清华大学建筑设计研究院有限公司第五分院院长
职称：高级工程师
国家一级注册建筑师

教育背景
1996年—2001年　清华大学建筑学院建筑学学士
2001年—2005年　清华大学建筑学院建筑学硕士
2001年—2005年　清华大学建筑学院工学博士

工作经历
2005年至今　清华大学建筑设计研究院有限公司

主要设计作品
北京建筑工程学院工新校区经管-环能学院建筑组团
北川抗震纪念园幸福园展览馆
钓鱼台国宾馆3号楼和网球馆
凌钢钢铁技术研发中心
长春中医药大学图书馆
中国南极考察“十五”能力建设项目中山站工程
菜市口220kV输变电工程及附属设施工程（电力科技馆）
清华大学南区学生食堂
河南省大学科技园（东区）新材料产业基地建设项目15#楼工程
浙江省科技信息综合楼易地建设项目
滇西应用技术大学总部校园规划设计

个人荣誉
2016年第十一届中国建筑学会青年建筑师奖

张维

职务：清华大学建筑设计研究院有限公司建筑策划与设计分院院长
职称：高级工程师
国家一级注册建筑师
国际建筑师协会职业实践委员会委员

教育背景
1998年—2003年　华中科技大学建筑学院建筑学学士
2003年—2005年　华中科技大学建筑学院建筑学硕士
2005年—2008年　清华大学建筑学院工学博士
2007年—2008年　美国得克萨斯AM大学建筑系访问学者

工作经历
2008年至今　清华大学建筑设计研究院有限公司

主要设计作品
国家会展中心（上海）
国家电网公司科技馆综合体
渭南市文化艺术中心
玉树藏族自治州行政中心
东北大学文科2楼
北京中医药大学中药学院
北京朝阳电力生产调度楼
中国第一历史档案馆迁建工程
石家庄国际展览中心
清华大学新建光华路校区大楼

个人荣誉
2016年第十一届中国建筑学会青年建筑师奖

张铭琦

职务：清华大学建筑设计研究院有限公司简盟设计所所长
北京2022年冬奥会和冬残奥会张家口赛区张家口市政府聘用专家
中国建筑学会城市设计分会理事
职称：高级建筑师
国家一级注册建筑师

教育背景
1995年—2000年　清华大学建筑学院建筑学学士
2000年—2003年　清华大学建筑学院建筑学硕士

工作经历
2003年—2011年　北京清华安地建筑设计顾问有限责任公司
2012年至今　清华大学建筑设计研究院有限公司

主要设计作品
北京2022年冬奥会国家跳台滑雪中心
国家越野滑雪中心
云顶滑雪公园（自由式与单板滑雪比赛）
张家口赛区冬奥村
北京2022年冬奥会太子城冰雪小镇
2019年北京世界园艺博览会园艺小镇
2010年上海世博会中国馆地区馆
2009年中国第七届花卉博览会主场馆

个人荣誉
2016年第十一届中国建筑学会青年建筑师奖

清华大学建筑设计研究院成立于1958年，为国家甲级建筑设计院。2010年11月，获教育部批准进行改制，于2011年1月5日改制为清华大学建筑设计研究院有限公司，注册资本人民币5 000万元。2011年11月，被批准成为北京市“高新技术企业”。

设计院作为国内久负盛名的综合设计研究院之一，业务领域涵盖各类公共与民用建筑工程设计、城市设计、居住区规划与住宅设计、城市总体规划和专项规划编制、详细规划编制、古建筑保护及复原、景观园林、室内设计、检测加固、前期可研和建筑策划研究以及工程咨询。

设计院拥有建筑行业（建筑工程）甲级资质、城乡规划编制乙级资质、文物保护工程勘察设计甲级资质、工程咨询甲级资质、施工图设计文件审查一类资质。

设计院现有工程设计人员800余人，其中中国科学院、中国工程院院士3人，勘察设计大师3人，国家一级注册建筑师134名，一级注册结构工程师63名，注册公用设备工程师31名，注册电气工程师15名，人才密集、专业齐全、人员素质高、 技术力量雄厚。设有6个综合性分院，6个专项研究设计分院（工程分院、城乡发展规划研究分院、文化旅游设计研究分院、建筑环境与节能设计研究分院、医疗健康工程设计研究分院、建筑产业化设计研究分院），3个建筑工程综合设计所，4个由院士和大师领衔的工作室，5个建筑专业所，绿色建筑工程设计研究所，工程咨询与建筑策划所，文化遗产保护中心，2个院级研究中心（照明与智能化研究中心、清华大学建筑设计研究院有限公司—康宁翰设计集团—清尚集团联合研究中心）。

地址：北京海淀区清华大学建筑设计中心楼
经营计划部　电话：010-62788579
　　　　　　电子邮箱：jzsjy@tsinghua.edu.cn
人力资源部　电话：010-62782687
　　　　　　电子邮箱：hr@thad.com.cn
企划部　　　电话：010-62789996
　　　　　　电子邮箱：thad_branding@thad.com.cn
网址：www.thad.com.cn

HENAN SCIENCE AND TECHNOLOGY PARK (EASTERN DISTRICT) 15# BUILDING CONSTRUCTION PROJECT OF NEW MATERIAL INDUSTRY BASE

河南省大学科技园（东区）新材料产业基地建设项目15#楼工程

项目业主：郑州高新区大学科技园发展有限公司
建设地点：河南 郑州
建筑功能：教育建筑
用地面积：44 000平方米
建筑面积：72 400平方米
设计时间：2012年—2013年
项目状态：建成
设计单位：清华大学建筑设计研究院有限公司
主创设计：任飞、董容鑫、许笑梅
获奖情况：2012年全国人居经典建筑规划设计方案竞赛规划建筑双金奖
2017年北京市优秀工程勘察设计奖综合奖公共建筑二等奖
2017年全国优秀工程勘察设计行业奖优秀建筑工程设计三等奖

项目作为河南省大学科技园东区的核心地块，定位为创意产业聚集区，是园区输配廊道上的重要节点，也是整体园区产业提升的重要标志。

建筑形体使用整体切削的造型，突出建筑组团内各单体建筑形态之间的有机联系，形成统一的特征，同时营造了丰富的近地空间，增强园区的活跃气氛，为创意产业参与者提供互动的平台，形成城市活力街区。园区采用紧凑高效的平面布局，形成统一合理的功能结构体系。建筑立面朝向城市的界面采用石材拼花幕墙呼应地域传统文化特质，对内界面采用浅色釉面玻璃幕墙突出时代感，对比强烈的材质运用使得建筑组团凸显整体感和现代感。

建筑设计控制了单体建筑的体量和尺度，最大限度利用自然采光通风，节约能源的同时也使功能布局上留有可变的弹性。

东立面图

南立面图

西立面图

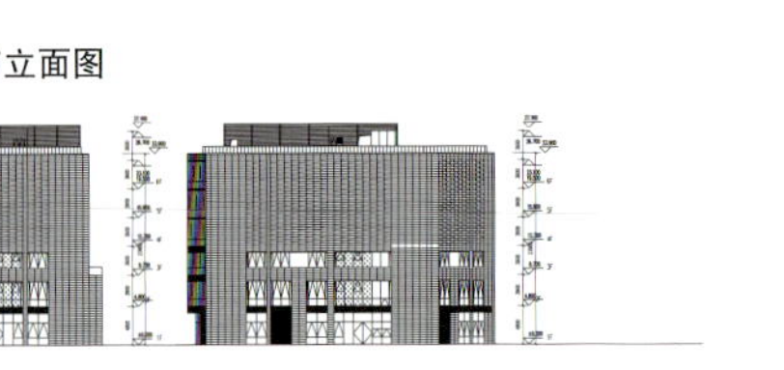

北立面图

一层平面图

15B
15H
河南绿程

THE ADMINISTRATIVE CENTER OF YUSHU TIBETAN AUTONOMOUS PREFECTURE

玉树藏族自治州行政中心

项目业主：玉树三江源投资有限公司　建设地点：青海 玉树
建筑功能：办公建筑　用地面积：63 000平方米
建筑面积：72 638平方米
设计时间：2010年—2011年
项目状态：建成
设计单位：清华大学建筑设计研究院有限公司
主创设计：庄惟敏、张维
获奖情况：中国勘察设计协会全国优秀工程勘察设计行业奖一等奖
教育部优秀建筑工程设计一等奖
中国建筑学会建筑创作银奖

该项目是玉树地震灾后重建十大重点工程之一。项目的设计有两个特质：一是借鉴藏传统文化中的宗山意象，折射出地方政权、文化和风情；二是通过藏式院落表达当代行政建筑亲民的内涵。项目设计的过程也是向藏文化学习的过程。

RIZHAO LANSHAN CULTURAL CENTER

日照岚山文化中心

项目业主：日照市岚山区人民政府
建筑功能：文化建筑
建筑面积：54 000平方米
项目状态：建成
主创设计：张铭琦、王雨峰、阎梓寒、段宇楠

建设地点：山东 日照
用地面积：132 000平方米
设计时间：2015年
设计单位：清华大学建筑设计研究院有限公司

岚山是中国著名的明代卫城“安东卫”的所在地。本设计以当代方式诠释“卫城”的原型，力图将这一公共文化建筑塑造出岚山当代城市建设急需的地域识别性功能。文化中心由群艺馆、规划馆、图书馆、科技馆、博物馆组成，沿建筑底层四周设供市民休憩的檐廊空间，屋顶设供市民游赏观景的城市开放平台。

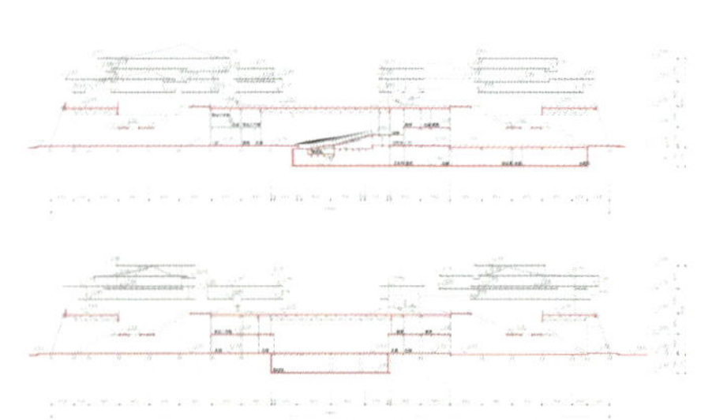

剖面图

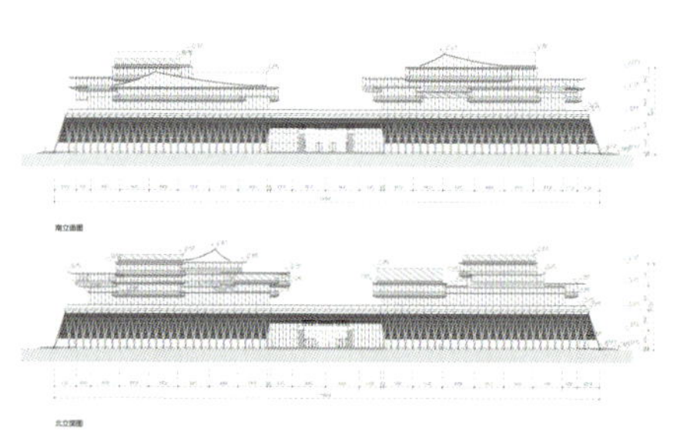

南北立面图

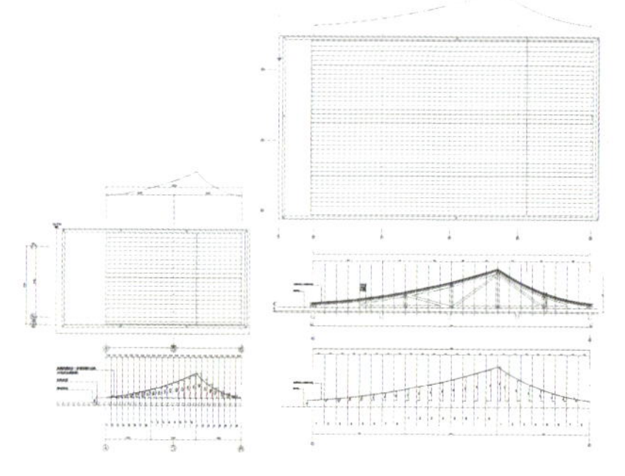

屋面图

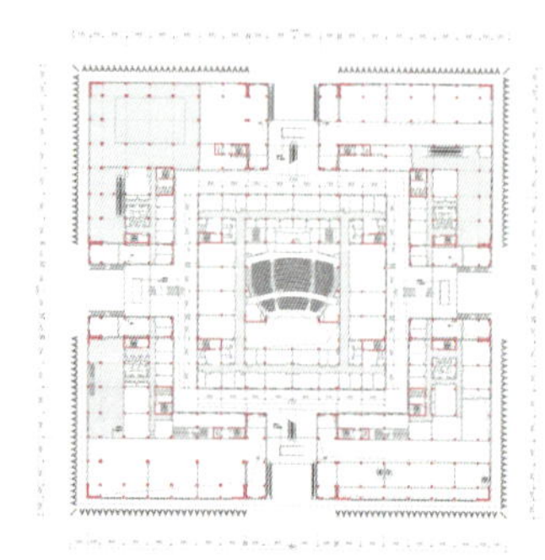

二层平面图

清華大學 建筑设计研究院有限公司
ARCHITECTURAL DESIGN & RESEARCH INSTITUTE OF TSINGHUA UNIVERSITY CO., LTD.

邹晓霞

职务： 清华大学建筑设计研究院有限公司建筑一所副所长
城市综合体研究中心副主任
青岛办事处主任
职称： 高级工程师
国家一级注册建筑师

教育背景
1997年—2001年　清华大学建筑学院建筑学学士
2004年　日本新泻大学交换留学
2001年—2006年　清华大学建筑学院工学博士

工作经历
2006年今　清华大学建筑设计研究院有限公司

主要设计作品
北京奥林匹克公园下沉花园2号院
徐州音乐厅
中国北方国际射击场及展览馆
威海市职业中学专业学校规划设计

个人荣誉
2016年第十一届中国建筑学会青年建筑师奖

黄献明

职务： 清华大学建筑设计研究院有限公司绿色建筑工程设计所副所长
可持续人居环境规划与设计工作室主任
职称： 高级工程师
国家一级注册建筑师

教育背景
1991年—1996年　清华大学建筑学院建筑学学士
2001年—2003年　清华大学建筑学院建筑学硕士
2003年—2006年　清华大学建筑学院工学博士

工作经历
1996年—2000年　中国航天建筑设计研究院有限公司
2007年至今　清华大学建筑设计研究院有限公司

主要设计作品
北京经济技术开发区海关办公楼
北京美丽园小区
北京市第十二中学新校区
联合国工发组织国际太阳能技术促进转让中心科研教学综合楼
三星奥运展示中心
大连獐子岛生态城市设计
天津中新生态城空气质量监测站

个人荣誉
2016年第十一届中国建筑学会青年建筑师奖

韩孟臻

职称： 清华大学建筑学院副教授
国家一级注册建筑师

教育背景
1993年—1998年　东南大学建筑学院建筑学学士
1998年—2001年　清华大学建筑学院建筑学硕士
2001年—2004年　日本京都大学建筑系工学博士

工作经历
2005年—2009年　清华大学建筑学院讲师
2009年至今　清华大学建筑学院副教授
2015年—2016年　美国哈佛大学设计研究生院访问学者

主要设计作品
河北博物院
清华大学图书馆北馆
仰韶文化博物馆
徐州工程学院图书馆
河南中医药大学图书馆
南开大学理工组团教学楼
郑州大学人文社科组团
海南大学第二、第四教学楼

个人荣誉
2016年第十一届中国建筑学会青年建筑师奖

清华大学建筑设计研究院成立于1958年，为国家甲级建筑设计院。2010年11月，获教育部批准进行改制，于2011年1月5日改制为清华大学建筑设计研究院有限公司，注册资本人民币5 000万元。2011年11月，被批准成为北京市“高新技术企业”。

设计院作为国内久负盛名的综合设计研究院之一，业务领域涵盖各类公共与民用建筑工程设计、城市设计、居住区规划与住宅设计、城市总体规划和专项规划编制、详细规划编制、古建筑保护及复原、景观园林、室内设计、检测加固、前期可研和建筑策划研究以及工程咨询。

设计院拥有建筑行业（建筑工程）甲级资质、城乡规划编制乙级资质、文物保护工程勘察设计甲级资质、工程咨询甲级资质、施工图设计文件审查一类资质。

设计院现有工程设计人员800余人，其中中国科学院、中国工程院院士3人，勘察设计大师3人，国家一级注册建筑师134名，一级注册结构工程师63名，注册公用设备工程师31名，注册电气工程师15名，人才密集、专业齐全、人员素质高、 技术力量雄厚。设有6个综合性分院，6个专项研究设计分院（工程分院、城乡发展规划研究分院、文化旅游设计研究分院、建筑环境与节能设计研究分院、医疗健康工程设计研究分院、建筑产业化设计研究分院），3个建筑工程综合设计所，4个由院士和大师领衔的工作室，5个建筑专业所，绿色建筑工程设计研究所，工程咨询与建筑策划所，文化遗产保护中心，2个院级研究中心（照明与智能化研究中心、清华大学建筑设计研究院有限公司—康宁翰设计集团—清尚集团联合研究中心）。

地址：北京海淀区清华大学建筑设计中心楼
经营计划部　电话：010-62788579
电子邮箱：jzsjy@tsinghua.edu.cn
人力资源部　电话：010-62782687
电子邮箱：hr@thad.com.cn
企划部　电话：010-62789996
电子邮箱：thad_branding@thad.com.cn
网址：www.thad.com.cn

CHINA NORTH INTERNATIONAL SHOOTING RANGE AND EXHIBITION HALL

中国北方国际射击场及展览馆

建设地点：北京
建筑功能：文体建筑
用地面积：60 000平方米
建筑面积：21 000平方米
设计时间：2008年—2011年
项目状态：建成
设计单位：清华大学建筑设计研究院有限公司
主创设计：祁斌、邹晓霞、赵鹏
获奖情况：2013年北京市优秀工程二等奖

项目位于北京军都山脚下，空气干净。设计采用140米长的白色体量，诗意般提升了园区整体环境。创新性地将废旧弹壳作为骨料加入装饰混凝土，作为主体外墙材料，近人尺度采用木质挂板，粗糙而温润，二者相得益彰。“斗”形射击位巧妙地解决了安全性和声环境的双重问题。

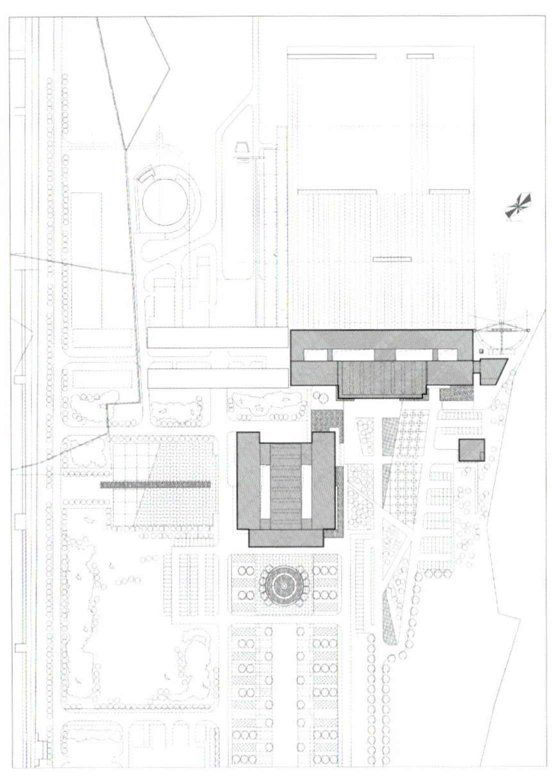

总平面图

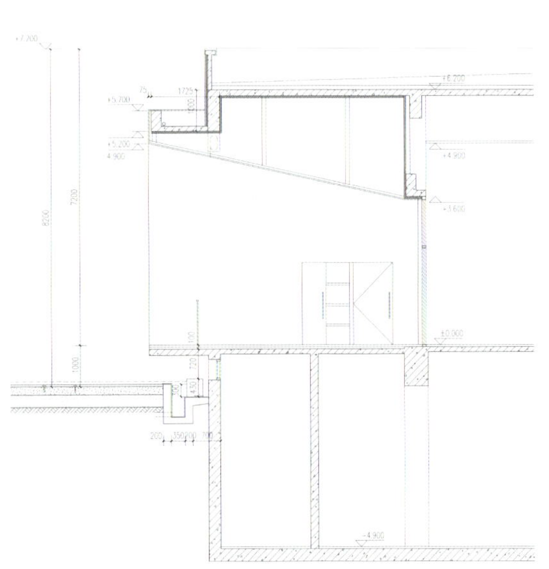

射击位剖面图

TONGLU INTERNATIONAL EXPO CENTER

桐庐丝绸国际博览中心

项目业主：浙江达利文化创意有限公司
建设地点：浙江 桐庐
建筑功能：博览、展示、酒店、会所综合体
用地面积：62 605平方米
建筑面积：53 777平方米
设计时间：2014年
项目状态：在建
设计单位：清华大学建筑设计研究院有限公司
主创设计：黄献明、夏伟、许珍杰、马津

设计针对桐庐湿热气候特点，结合山地特征和不同使用功能对空间的需求，以浙江民居的三合院形制，将文创单元依山就势散布在山岗上；将需要对外展示、交流而人流集中的商业、博览中心、博物馆等部分，集中放置在山脚下平坦而狭长的区域，并以隐喻“丝绸”的聚酯纤维布基复合材料作为表皮，遮蔽夏季来自南向、西向和屋顶的阳光直射。整个空间的组织、形态的雕琢，都与风环境、太阳辐射模拟相结合，力图通过空间的合理设计，实现对自然风最大限度的利用、对太阳辐射最大限度的遮蔽。

HEBEI MUSEUM

河北博物馆

项目业主：河北博物院　建设地点：河北 石家庄
建筑功能：文化建筑　用地面积：78 548平方米
建筑面积：33 000平方米　设计时间：2005年
项目状态：建成　设计单位：清华大学建筑学院关肇邺工作室
主创设计：关肇邺、刘玉龙、韩孟臻、屈小羽
获奖情况：2013年全国优秀工程勘察设计行业奖建筑工程公建一等奖
2014年中国工程咨询协会FIDIC工程项目提名奖
2015年中国威海（国际）建筑设计大赛优秀奖

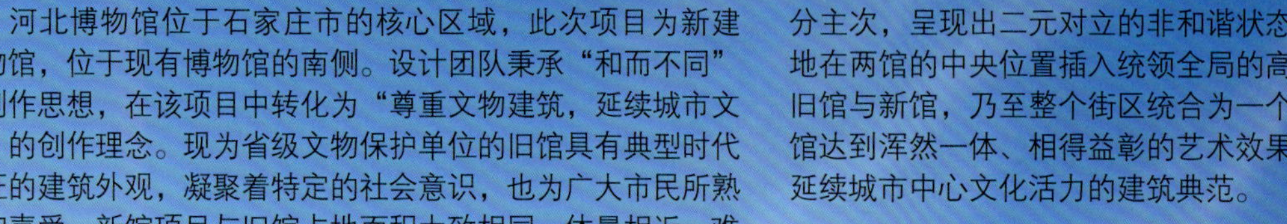

河北博物馆位于石家庄市的核心区域，此次项目为新建博物馆，位于现有博物馆的南侧。设计团队秉承“和而不同”的创作思想，在该项目中转化为“尊重文物建筑，延续城市文脉”的创作理念。现为省级文物保护单位的旧馆具有典型时代特征的建筑外观，凝聚着特定的社会意识，也为广大市民所熟悉和喜爱。新馆项目与旧馆占地面积大致相同，体量相近，难分主次，呈现出二元对立的非和谐状态。设计中，通过创造性地在两馆的中央位置插入统领全局的高大共享大厅的方法，将旧馆与新馆，乃至整个街区统合为一个整体。建成后，新旧两馆达到浑然一体、相得益彰的艺术效果，深受市民喜爱，成为延续城市中心文化活力的建筑典范。

NORTH MANSION OF TSINGHUA UNIVERSITY LIBRARY

清华大学图书馆北馆

项目业主：清华大学　建设地点：北京
建筑功能：文化建筑　用地面积：10 790平方米
建筑面积：15 000平方米　设计时间：2007年
项目状态：建成　设计单位：清华大学建筑学院关肇邺工作室
主创设计：关肇邺、刘玉龙、韩孟臻、程晓喜、王彦

清华大学图书馆现有馆舍经历过两次扩建，是文脉主义设计的代表作品。新落成的第四期北馆项目，以尊重既有环境与前人的设计为创作理念，再次成功续写了图书馆建筑群的文脉，完善了使用功能，与之前的各期建筑形成“和而不同”的和谐关系。具体设计策略包括：①建筑选址于现图书馆北侧，仅与三期建筑相联系；②建筑体量、高度均不超过图书馆三期建筑，保障从清华大学早期建筑群中看不到本期扩建；③建筑形式追求与现有图书馆相协调的构图效果与比例关系，延用红砖材料，采用类坡屋顶形式，同时简化装饰，更多使用玻璃幕墙，清晰地表现出各期建筑随时间演变的个性特征。

任慧强

职务： 华商国际工程有限公司建筑设计研究院总建筑师
职称： 教授级高级工程师
国家一级注册建筑师

教育背景
1992年—1997年　哈尔滨建筑大学建筑学学士

工作经历
1997年至今　华商国际工程有限公司

李丹

职务： 华商国际工程有限公司建筑设计研究院建筑A1工作室经理
职称： 高级工程师
国家一级注册建筑师

教育背景
1997年—2002年　东南大学建筑学学士

工作经历
2002年至今　华商国际工程有限公司

李文奇

职务： 华商国际工程有限公司民用建筑设计研究院总建筑师
职称： 高级工程师

教育背景
2002年—2007年　华北水利水电大学建筑学学士
2007年—2010年　湖南大学建筑学硕士

工作经历
2010年至今　华商国际工程有限公司

主要设计作品

获奖作品

天津中信物流科技园	荣获2011年全国优秀工程设计银奖 第四届全国商物粮优秀工程设计一等奖 第十四届全国优秀工程勘察设计奖银奖
北京顺鑫广场	荣获2006年全国优秀工程设计铜奖
东方夏威夷威毕欧溪谷	荣获第四届全国商物粮优秀工程设计一等奖
东方夏威夷小区	荣获第三届全国商物粮行业优秀工程设计一等奖
脐带血干细胞冷冻库和研究开发生物技术GMP实验室	荣获第二届全国商物粮行业优秀工程设计一等奖
武警重庆市总队机关营房	荣获2004年全国商物粮行业优秀工程设计一等奖
中远船务工程集团有限公司总部及技术中心	荣获第三届全国商物粮行业优秀工程设计一等奖

设计精品

武汉光谷世界城
广西玉林国际中药港
昆明马街新城
利嘉国际商贸城
马连道新年华购物中心
包头国家稀土高新区休闲度假公园
北京宇飞大厦
中国·泸州天下川江欧洲风情小镇
援吉布提国家图书档案馆
蒙古工商会大楼
库克群岛警察总局
凯里市东湖湿地公园建设项目
北京新机场中国航空油料集团公司调度中心

地址： 北京市丰台区右安门外大街99号华商科技大厦
电话： 13581876817
网址： www.itedri.com.cn
电子邮箱： 648190868@qq.com

华商国际工程有限公司创建于1954年，原名商业部设计院，1994年更名为国内贸易工程设计研究院，2016年更名为华商国际工程有限公司，现隶属于中央大型骨干企业中粮集团中粮工程科技有限公司。

公司设计资质齐全，具有国家颁发的建筑行业甲级、商物粮行业甲级、工程总承包甲级、工程监理甲级、工程咨询甲级、城市规划设计乙级等资质，是一个大型综合性科研设计单位。同时公司具有国家授予的对外经营权、设备进出口自营权、对外承包工程经营权。受国家委托，公司作为主编单位编制了20多项国家规范和行业标准。

公司的业务范围包括城市规划设计、建筑设计、室内装饰设计、园林景观设计、建筑智能化系统工程设计、绿色建筑设计、工程概预算编制、弱电工程、装饰工程、工程总承包领域。建筑设计涵盖商业建筑、办公建筑、酒店建筑、住宅建筑、医疗建筑、文化建筑、公共建筑、交通建筑、旅游建筑、改造加固、物流建筑及工业建筑等内容。

BEIJING SHUNXIN SQUARE

北京顺鑫广场

建设地点：北京
建筑功能：商业、办公建筑
用地面积：14 000平方米
建筑面积：59 000平方米
设计时间：2006年
项目状态：建成
设计单位：华商国际工程有限公司

建筑风格采用新古典主义，具有较强的历史感，外观造型厚重，建筑用材考究，色彩品位醇厚，使得建筑不会随着时代的变迁和风格潮流的变化而过时，历久弥新。

WUHAN OPTICAL VALLEY WORLD CITY

武汉光谷世界城

建设地点：湖北 武汉
建筑功能：商业、办公、酒店、公寓建筑
用地面积：340 000平方米
建筑面积：1 350 000平方米
设计时间：2006年
项目状态：建成
设计单位：华南国际工程有限公司

1 350米长的光谷步行街自西向东依次规划为现代风情街、西班牙风情街、意大利风情街、法式风情街和北欧风情街。定义明确、尺度合理、商业动线设计先行、主题突出、景观节点多样、游览购物相互结合。

HUIFU BANYAN TREE HARBOUR

汇福悦榕湾

建设地点：河北 燕郊
建筑功能：住宅建筑
用地面积：227 100平方米
建筑面积：750 000平方米
设计时间：2014年
项目状态：建成
设计单位：华商国际工程有限公司

绿色、人文、健康、自然为本设计的主题，力求创造一个园林式、环保型的充满活力的新型居住小区。规划设计提倡为积极健康的生活提供空间，强调大面积绿化和体育运动空间对提高住宅小区环境质量及生活质量的作用。从建筑学的角度探索当代住宅建筑应具备的时代风格和文化特征。

LOUIS VUITTON
SSHOP
PARFUMS
CoSTUME NATION
STA★R 星时达

FUQING LONGJIANG NO. 1

福清龙江壹号

建设地点：福建 福清
用地面积：20 000平方米
设计时间：2013年
设计单位：华商国际工程有限公司
建筑功能：商业、住宅建筑
建筑面积：84 700平方米
项目状态：建成

项目地势平坦，交通便利，环境宜人，是理想的商业、居住用地。在建筑布局上以气势磅礴的主体建筑围合出城廓的形式，壮观华丽、丰富气派的空间序列无不渲染着尊贵的气氛。景观与绿化设计突出庭院的层次感和空间的领域感，通过不同的私密性空间和高低错落的丰富层次，创造与众不同的广场文化。

TIANJIN CITIC LOGISTICS TECHNOLOGY PARK

天津中信物流科技园

建设地点：天津
建筑功能：物流、办公建筑
用地面积：50 000平方米
建筑面积：37 000平方米
设计时间：2009年
项目状态：建成
设计单位：华商国际工程有限公司

项目引入新加坡票据物流的先进理念，采用全信息化存储管理模式，适应国际国内多方现代物流发展的需求，为客户提供了跨越式发展平台。

孙超

职务：VVS岭界总裁、创始人
职称：荷兰注册建筑师

教育背景
荷兰代尔夫特理工大学建筑学硕士

主要设计作品
青岛万象城
连捷福州佰悦城
昆明博阅城商业综合开发项目
旭辉莘庄中心
万科厦门五缘湾项目
万科厦门海西智汇城
万科徐州新都会
祥生杭州百石项目
升龙郑州商业综合体
中粮长风地下商业改造项目
绿城建德商业项目
中南南京空港G65地块商业开发项目
中南海门熙悦商住项目
南昌中唯项目
中锐苏州星尚天地
合肥左能泰和街
高明区荷城沿江路以东地块项目
上海浦江镇鲁汇项目

任晖

职务：VVS岭界副总裁、创始人
职称：国家一级注册建筑师

教育背景
清华大学建筑学学士

主要设计作品
青岛万象城
重庆万象城
中锐苏州星尚天地
昆明博阅城商业综合开发项目
升龙郑州1号3号4号院地块住宅项目
万科昆山印象花园商业综合体
万科徐州新都会
万科温州瑶溪北项目
中粮长风地下商业改造项目
绿城建德商业项目
中南烟台磁山旅游度假村
中南泰兴四期商业地块
中南南京空港G65地块商业开发项目
上海浦江镇鲁汇项目
万科厦门海西智汇城
连捷福州佰悦城
旭辉莘庄中心

刘斌松

职务：VVS岭界董事
职称：国家一级注册建筑师

教育背景
华南理工大学建筑学学士

主要设计作品
中南南通通州区R2018-009地块住宅设计
南通崇川区CR17034项目
高明区荷城沿江路以东地块项目
珠海万科金域蓝湾
郑州中牟路劲九郡
武汉路劲时代城
太原绿地中央广场
绿地太原山鼎二期
绿地太原半山五期
绿地大同世纪城
绿地哈尔滨文林
绿地太原中央广场
华夏幸福沈阳孔雀城
华夏廊坊固安公检法综合楼
华夏任丘商业街
万科上海白马花园
朱家角海源别墅
宜昌康龙国际广场

姜超

职务：VVS岭界高级建筑师

教育背景
西安建筑科技大学建筑学学士

主要设计作品
青岛万象城
重庆万象城
旭辉莘庄中心
南昌中唯项目
中锐苏州星尚天地
合肥左能泰和街
南京中航城
天津深国投商业中心
长沙三一街区项目
中南时代外滩2-2地块
金地湖城大境购物中心
万科新都会
中南海门熙悦
漕河泾枫泾办公区
青岛万象城
重庆万象城
无锡九龙仓73号地块住宅项目
常州九龙仓雅苑

邓志峰

职务：VVS岭界设计总监

教育背景
湖南大学建筑学学士

主要设计作品
青岛万象城
杭州金成科技公司地块
南昌绿地九龙湖
南京景枫六合综体项目
海口甸岛地块商业综合体
云南白药大理双溪苑度假及居住项目
合肥海尔智慧城综体项目
上海联虹置业西桥项目
深圳前海中铁项目
青岛万象城二期
中航里程湖广会馆
长沙富兴环球金融中心

地址：上海市杨浦区昆明路739号文通大厦1001室
电话：021-65796726
传真：021-65797526
网址：www.vvsarchitect.com

VVS岭界是一家在商业及住宅地产领域顶尖的设计公司。公司服务内容包括策划咨询、建筑设计、室内设计、景观设计、城市规划等几大板块。公司最早成立于香港，内地总部位于上海，有各类专业设计成员近百人。团队成员和专家顾问皆来自国际顶级设计事务所的主案核心成员。多元的文化背景和成熟的团队构成是公司最大的竞争优势。公司深谙国际设计的趋势，熟悉中国市场的特点，在设计过程中竭力为客户提供高品质的设计服务。

设计不止关乎设计师的美学判读，更是建筑物和空间使用者的理想实现；不仅是初期的感官感受，更是多年后的精神归属。

VVS岭界多元价值精神是公司的核心设计理念。每一个项目都是量身定制的精品，每一个创意都是项目及地块价值的体现。重视沟通、关注策略、苛求细节、追求完美是公司对每一个客户的承诺。

NANCHANG ZHONGWEI COMMERCIAL CENTER

南昌中唯商业中心

项目业主：上海万晟
建筑功能：商业综合体
建筑面积：265 609平方米
项目状态：设计中
主创设计：孙超、任晖
建设地点：江西 南昌
用地面积：363 496平方米
设计时间：2017年
设计单位：VVS岭界

项目位于南昌市红谷滩区，包括2栋办公楼、1栋五星级酒店以及1栋精品公寓共4栋塔楼。其中酒店及公寓均为超高层塔楼，使整个项目在沿江面呈现了恢宏磅礴的天际线，具有鲜明的标志性。

在裙房部分设置了10 000平方米的高级别博物馆，如何组织各功能的流线成为项目形象之外至关重要的挑战。总图设计上，本着“开放、便捷、清晰、舒适”的理念进行有效组织，开放空间的设置使整个项目呈现了开放包容的姿态，与现代人群所追求的自我价值实现更加匹配。在立面设计上，整体手法以横向线条为主，使塔楼在挺拔姿态之外进一步增加表皮的丰富性，使其更加契合现代都市简洁、商务、时尚的形象。

XUHUI XINZHUANG CENTER

旭辉莘庄中心

项目业主：旭辉集团
建设地点：上海
建筑功能：商业、办公建筑
用地面积：34 050平方米
建筑面积：67 205平方米
设计时间：2016年
项目状态：在建
设计单位：VVS岭界
主创设计：孙超、任晖

项目包含持有办公、销售办公以及商业三大类产品。在产品设计上，对原始规划条件作进一步细分，根据区域市场需求形成商业、甲级写字楼、花园独栋及公寓为主体的功能组合。在场地规划上，在场地中央设置了一个富有活力的城市花园。通过对城市空间的定义，形成了本方案鲜明的空间主张及独特的场所体验，同时花园空间也赋予本项目的办公、商业和公寓极大的附加价值。在具体的建筑设计上，通过丰富的体块构成，在有限的高度条件下，探索建筑表现和城市形象的最佳解决方案。

独具特质的公共空间、简洁细腻的建筑表达、灵活丰富的平面规划，使本方案成为新一代花园总部办公规划设计的典范。

HAIMEN XIYUE COMMERCIAL AND RESIDENTIAL PROJECT, CENTRAL SOUTH GROUP

中南海门熙悦商住项目

项目业主：中南集团
建设地点：江苏 海门
建筑功能：商业、住宅建筑
用地面积：116 856平方米
建筑面积：80 000平方米
设计时间：2016年
项目状态：在建
设计单位：VVS岭界
主创设计：孙超、任晖

项目位于海门市新区的核心地带，即整个城市未来规划的核心轴线的中段。项目包含住宅、集中商业、商业街等多种复杂的城市功能，开发总量达340 000平方米。在规划层面上，通过充分研究和解读周边现状及交通的基础，对各类城市功能进行了精准的定位，发挥了各功能的优势，让各个功能的组成都有了最大程度的价值提升。

在商业规划上，通过建筑、景观、室内的联动，沿城市主干道形成了富有层次和变化的空间体验。从现代大气的综合商业到细腻精致的商业广场，再到端庄风情的时光小镇商业，每一个节点都充分体现了新一代城市旗舰商业在区域环境下的精心设计。遵守市场逻辑，定制区域文化在建筑上的转折和表达是项目的关键词，也让本方案有了与众不同的气度和风范。

VANKE XUZHOU NEW METROPOLIS

万科徐州新都会

项目业主：万科集团
建设地点：江苏 徐州
建筑功能：商业综合体
用地面积：10 025平方米
建筑面积：83 334平方米
设计时间：2017年
项目状态：在建
设计单位：VVS岭界
主创设计：孙超、任晖

项目位于徐州市铜山区的核心地块，是区域乃至整个城市的商务中心，项目包含办公、公寓、集中商业、商业街区等复杂的城市功能，周边日照及交通条件有限。从规划层面上，针对周边条件，对各类城市功能进行了严谨的逻辑比选，最终形成了集中商业、商业街、150米地标塔楼的形体组合。

超高层的设计，结合产品特点形成高区公寓、低区办公的逻辑结构，在立面表达上，充分结合平面功能需求以及形体空间构成的审美，创造了完美的城市天际线。

商业设计是对于区域配套升级商业和运动文化主题商业的一次探索。丰富的室内外体验、惬意的空中花园、充满生机的城市广场、饱含活力的空中运动公园等场景，展示着现代都市生活对艺术、文化、商业的个性需求。

DESIGN OF THE PROJECT SCHEME OF EAST TO YANJIANG ROAD BLOCK IN HECHENG STREET, GAOMING DISTRICT

高明区荷城沿江路以东地块项目方案设计

项目业主：中南置地
建设地点：广东 佛山
建筑功能：商业、住宅建筑
用地面积：83 583平方米
建筑面积：401 096平方米
设计时间：2018年
项目状态：设计中
设计单位：VVS岭界
主创设计：孙超、刘斌松

项目位于佛山市高明区荷城街道，作为高明区的核心门户地块，功能包含武术馆、办公、酒店、公寓、商业街、住宅，集文、旅、商、住于一体。建成后的项目将成为高明区的新地标，也是西江景观带的重要节点。

具有国际标准的武术比赛场馆在整个地块最具展示性的东南角，通过其新颖独特的形体表达和丰富绚烂的夜景灯光营造出一个西江河畔独一无二的文化地标。富有岭南风情的街区建筑形态和丰富的整体景观营造，全力打造一个24小时的区域活力中心，结合大型中央花园和全龄配套设施的植入，也将成为新一代的社区典范。

每一个城市都是独一无二的，每一个地块也都是不可多得的。希望通过功能的合理布局、武术文化的深层植入、建筑形象的整体打造，让城市焕发出全新的活力。

NANJING AIRPORT G65 PLOT COMMERCIAL DEVELOPMENT PROJECT, CENTRAL SOUTH GROUP

中南南京空港G65地块商业开发项目

项目业主：中南集团
建设地点：江苏 南京
建筑功能：商业建筑
用地面积：14 271平方米
建筑面积：40 771平方米
设计时间：2016年
项目状态：在建
设计单位：VVS岭界
主创设计：孙超、邓志峰

项目是现代化区域性商业综合体。方案在体现独特功能和特色的同时，结合了院落、空间、流线等多种当代建筑设计元素，力图营造一处具购物、娱乐、休闲、交友等复合功能的城市空间。

在建筑布局上，采用了开放式街区设计，在用地中心地带设置的商业景观广场，不但可以满足氛围浓厚的多种商业活动，而且可以为市民提供一处放松、休憩交流的公共景观空间。商业部分由外而内形成一个环形商业动线，利用空间的开合收放，为顾客提供有趣、高效的商业场所。

从整体空间的立意层次上，项目以合院为母题，充分考虑了中国传统建筑在“院”这一形式上的表达，形成了“水院”“木院”“天院”等多种围合空间，达到院落相扣、空间重叠的人文意境，将一系列主题场景与相应的商业形态完美融合，以独特的视角诠释了传统空间在现代商业中的建筑表达。另外，项目也从设计和规划角度定义了新一代社区精品商业所需要的元素和要点。

QINGDAO LAOSHAN GLOBAL FINANCIAL CENTER PHASE II, NANXIN GROUP

南信青岛崂山环球金融中心二期

项目业主：南信集团
建筑功能：商业、公寓建筑
建筑面积：210 400平方米
项目状态：拟建
主创设计：孙超、任晖
建设地点：山东 青岛
用地面积：27 729平方米
设计时间：2016年
设计单位：VVS岭界

项目位于青岛市崂山区的核心地块，是城市的商务中心，包含办公、公寓、集中商业及商业街区等多种复杂的城市功能。从规划层面上，针对周边现有条件，对各类城市功能进行了反复的研究，最终形成了集中商业、商业街及300米地标塔楼的形体组合。

在商业设计上，项目对区域配套商业和文化主题商业进行探索，丰富的室内外体验展示了现代都市生活中中小型艺术文化商业的个性和要求。在立面设计上，引入崂山的肌理、山水的意向，从超高层到街区再到集中商业，丰富的立面表达及整体大气的形体表达也让项目从整体上有了鲜明的个性和时尚的气息。

CR17034 PROJECT IN CHONGCHUAN DISTRICT, NANTONG

南通崇川区CR17034项目

项目业主：中南置业
建筑功能：商业、住宅建筑
建筑面积：218 343平方米
项目状态：在建
设计单位：VVS岭界
主创设计：孙超、刘斌松、黄鹏程
建设地点：江苏 南通
用地面积：123 395平方米
设计时间：2018年

项目位于南通市崇川区钟秀路北侧、孩儿巷路西侧以及大港河东南侧，项目共分为三大功能区、六块建设用地。

功能区一：为南北相邻的两块住宅用地，规划布局西高东低，对称的景观中轴连接两个住宅地块，并把小区内的各组团空间有序地层层组织，体现小区的尊贵感，为住户提供良好的品质生活空间。功能区二：为2层商业街及15层的酒店塔楼，丰富的商业形象，展示出现代建筑的简洁大方，使这一重要城市节点呈现出焕然一新的面貌。功能区三：为2层商业风情街，以开敞的邻里中心取代固有封闭连续的街铺模式，提供给市民一个休闲娱乐的聚集场所。

三个功能区建筑是既相对独立又有机联系的生态型居住环境，高端的商业氛围和休闲中心，优化了该地区的公共城市环境。

RESIDENTIAL DESIGN OF BLOCK R2018-009, TONGZHOU, NANTONG, CENTRAL SOUTH GROUP

中南南通通州区R2018-009地块住宅设计

项目业主：中南置地
建设地点：江苏 南通
建筑功能：居住建筑
用地面积：33 299平方米
建筑面积：101 633平方米
设计时间：2018年
项目状态：在建
设计单位：VVS岭界
主创设计：刘斌松、杨志

项目位于南通市通州区，用地北临的世纪大道为城市主要交通干道；东侧为枫林路，西侧为竹林路，南侧为空地，西南侧为河流。在规划层面上，设计摒弃了惯常的手法，采用纯高层布局，将建筑和建筑之间的南北间距最大化处理，空间大开大合，给用户的空间体验是项目的亮点。

立面采用了新亚洲风格，传统经典的三段式比例手法奠定了高层住宅的稳重感。基座的稳重、中段墙身的细节以及顶部的挑檐，再通过中式细节元素的刻画，凸显东方文化情怀。

宋贤武

职务： 陕西省建筑设计研究院有限责任公司
主创建筑师

教育背景
2006年—2011年 西安科技大学建筑学学士

工作经历
2011年至今 陕西省建筑设计研究院有限责任公司

主要设计作品
西安特种飞行器产业园
陕西省青年职业学院
鼎和国际
宝鸡欧陆小镇
中交一公院生产辅助综合大楼

设计理念
建筑设计是一个探索的过程，在以实际需求为前提的情况下，不断探索各种可能性，这包括材料、形式、文化等等有形和无形的内容通过建筑实体呈现出来的过程。

包人逸

职务： 陕西省建筑设计研究院有限责任公司
建筑设计师

教育背景
1998年—2003年 西安建筑科技大学建筑学本科

工作经历
2005年—2006年 陕西省建筑设计研究院
2007年—2008年 中山市中国华西工程有限公司中山分公司
2008年至今 陕西省建筑设计研究院有限责任公司

主要设计作品
珠海市海鑫园住宅小区
中山市小榄镇联众厂区
陕西省武功县普集高中教学综合楼
陕西省镇安县骊珠广场住宅小区
汉中市西港星座住宅小区
渭南市富平县庄里镇市民综合服务中心
兴平市店张镇丝绸之路第一古镇规划
榆林市西港锦天城
西安市职工大学新校区建设项目规划设计
西北工业大学长安校区军工素质教育实践中心

设计理念
尊重周边环境，满足甲方要求，化解各种矛盾，创造出一个符合当地人文、地理、环境的富有人情味的方案。

魏青

职务： 陕西省建筑设计研究院有限责任公司
主创建筑师
参数化建筑研究中心的部门负责人

教育背景
2004年—2009年 西安建筑科技大学建筑学学士

工作经历
2009年至今 陕西省建筑设计研究院有限责任公司

个人荣誉
2015年—2017年 院先进个人
2016年陕西省设计规划三等奖

主要设计作品
青海贵德古城
西安外国语大学长安校区学术科研大楼
杨凌示范区丝绸之路展示园
杨凌种子产业园种子大厦
重庆固高科技产业园
杨凌示范区种子产业园企业孵化中心

设计理念
设计是执着者的游戏，通关不是最重要的，重要的是带有自己的性格，重要的是聪明地通关。对于我，是怎样用最少的招数，怎样站在尽可能高的高度。这个游戏粗看是枯燥的，只有花费足够多的精力，才能体味其中的奥妙。

杨芳

职务： 陕西省建筑设计研究院有限责任公司
主创建筑师

教育背景
长安大学建筑学学士学位

工作经历
2007年—2009年 大连市建筑设计研究院
2009年至今 陕西省建筑设计研究院有限责任公司

个人荣誉
陕西省建筑专项工程二等奖
2017年陕西省建设工会“雷锋式职工”

主要设计作品
西安艾力特电子实业有限公司高新厂区规划设计
西安市精神卫生中心迁建工程
咸阳医药园公共服务平台规划设计
甘肃天水西关古城综合保护与利用项目一期规划方案
甘肃天水西关古城牌楼

设计理念
建筑师首先要做一个诗意的实用主义者，带着感动去追寻根源，用简单的建筑语言，描绘独特的建筑气质。

陕西省建筑设计研究院有限责任公司成立于1953年4月，是陕西省省属规模最大的建筑设计单位，现有职工636人，整体技术力量雄厚，生产管理严格，设备配套齐全，实践经验丰富。公司在各类大型公共建筑、医疗建筑、学校建筑、体育建筑、博物馆建筑、传统仿古建筑、超高层建筑、大型商业综合体、大型高档住宅小区规划及设计、环境景观和古建园林设计等方面具有显著优势，工程设计项目遍及全国。公司先后被评为“诚信单位”“5A级信用企业”“当代中国建筑设计百家名院”等，进入了全国建筑设计先进行列。

公司的参数化建筑研究中心部门成立于2015年，专业从事以参数化为辅助手段的规划、设计及相关专业的技术研发。自成立以来，一直致力于研究和实践建筑参数化辅助设计在各类区域规划、公共建筑特别是非线性建筑的设计深化方面的应用。

设计院将继续坚持“创新设计、确保质量、诚信服务、顾客满意”的质量方针，为顾客提供符合国家、地方法规要求的优秀设计产品和服务。

地址： 西安经济技术开发区文景路58号
电话： 029-87271682
网址： www.sadria.com
电子邮箱： sadria@163.com

XI'AN SPECIAL AIRCRAFT INDUSTRIAL PARK

西安特种飞行器产业园

项目业主：陕西中科博亿电子科技有限公司
建设地点：陕西 西安
建筑功能：办公建筑
用地面积：66 728平方米
建筑面积：151 720平方米
设计时间：2017年
项目状态：报批
设计单位：陕西省建筑设计研究院有限责任公司
主创设计：宋贤武
参与设计：央金拉姆、张祎娇、刘龙平、王嘉伟

设计师充分考虑了基地所处的环境为高新区科技产业板块，将来会形成科技创新、科技服务等高科技产业的聚焦地，因此，总体方案以“内外环”的空间形式组织各个建筑单体，外环主要是直接对外的商业空间，内环则形成相对安静的办公、研发空间，最中心位置为共享中心，承担会议、研讨、展示等功能。各单体建筑之间则通过绿化和道路加以联系。建筑造型以简洁方正的“框”为原型，是集成电路的一种高度抽象，暗喻科技创新园区的属性。

MILITARY QUALITY EDUCATION PRACTICE CENTER OF CHANG'AN CAMPUS OF NORTHWESTERN POLYTECHNICAL UNIVERSITY

西北工业大学长安校区军工素质教育实践中心

项目业主：西北工业大学
建设地点：陕西 西安
建筑功能：教育建筑
用地面积：40 000平方米
建筑面积：22 130平方米
设计时间：2017年
项目状态：局部修改中
设计单位：陕西省建筑设计研究院有限责任公司
主创设计：包人逸
参与设计：苏昊

方案设计将各个不同功能的单元通过中部的具有一定精神象征的雕塑中庭，设计形成了一个“X”形的平面格局，通过垂直交通，良好地解决了建筑内各人流的交叉混行问题。建筑风格强调与周边现有的建筑有所区别，突出“三航”的特色，打破原有方正平面，通过外张的平面构成隐喻飞行器的属性。外立面通过统一的具有一定造型的穿孔铝板展现出现代飞行器及隐身航船的折线特征，同时表达了现代数字化精密加工的特点，并且减少了太阳光照及能耗；通过统一的银灰色外表皮建筑元素构成富有韵律且整体大气的建筑形态。整个建筑在各个入口处增加了斜向铝折板，其高高扬起的巨大折板，增加了天际线的动感，为其严谨平实的外立面增添几分“舒展、活泼、灵动”的非凡气质。

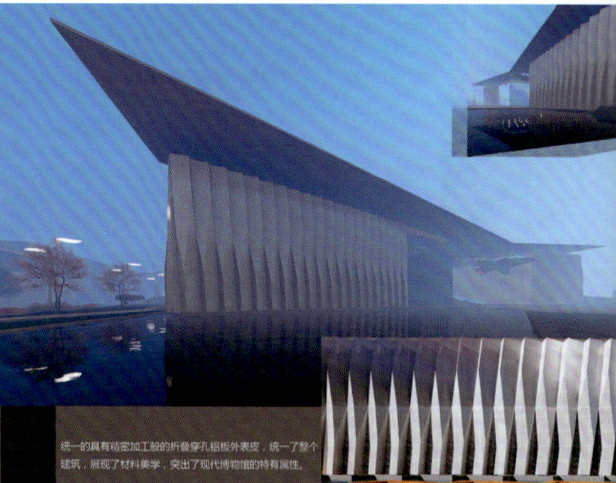

统一的具有精密加工般的折叠穿孔铝板外表皮，统一了整个建筑，展现了材料美学，突出了现代博物馆的特有属性。

PLANNING AND DESIGN OF THE NEW CAMPUS CONSTRUCTION PROJECT OF XI'AN EMPLOYEES'S UNIVERSITY

西安市职工大学新校区建设项目规划设计

项目业主：西安市总工会
建筑功能：教育建筑
建筑面积：110 584平方米
项目状态：设计修改中
设计单位：陕西省建筑设计研究院有限责任公司
主创设计：包人逸
参与设计：黄昆

建设地点：陕西 西安
用地面积：76 594平方米
设计时间：2017年—2018年

由于本地块为不规则地块，内部功能较为繁杂，为了合理有效地组织好各功能流线，将中部入口处设计为中心广场，广场南侧为学生活动中心及学生食堂，东侧为培训、实训用房，西北侧为教学大楼，西南侧为宿舍区，各功能布置合理且联系紧密。由于东侧400米为古迹胜景草堂寺，所以整体建筑风格为新中式风格。

SEED BUILDINGS OF YANGLING SEED INDUSTRIAL PARK

杨凌种子产业园种子大厦

项目业主：杨凌现代农业示范园区开发建设有限公司
建设地点：陕西 杨凌
建筑功能：办公建筑
用地面积：49 437平方米
建筑面积：46 407平方米
设计时间：2015年
项目状态：在建
设计单位：陕西省建筑设计研究院有限责任公司
主创设计：魏青
参与设计：王欢

设计灵感来自于发芽的种子。基地东西长、南北短，故设计两株相互依偎的嫩芽作为母题进行演绎，两颗种子作为种子大厦的设计雏形，茎相缠绕形成的空间作为种子餐厅和博物馆的所在位置，以此作为设计的出发点。从建筑单体到景观布置，整体造型采取流线型，以建筑为主线，种子的形状作为母题延展开去，使整个平面呈现出仿生、高级的态势，凸显“种子谷”作为农业高科技产业园的基本气质。

ACADEMIC RESEARCH BUILDING IN CHANG'AN CAMPUS OF XI'AN INTERNATIONAL STUDIES UNIVERSITY

西安外国语大学长安校区学术科研大楼

项目业主：西安外国语大学
建设地点：陕西 西安
建筑功能：建筑建筑
用地面积：16 304平方米
建筑面积：45 110平方米
设计时间：2016年
项目状态：在建
设计单位：陕西省建筑设计研究院有限责任公司
主创设计：魏青
参与设计：王欢

西安外国语大学是一座有着悠久历史与深厚人文底蕴的高校，项目作为其地标，有必要与人文主题进行呼应，方案取意“舌灿莲花”，本为佛教用语，形容人口才好，有如莲花般的美妙。本案在科研楼主楼的立面上营造完美的花瓣形曲线，层叠形成花瓣包裹着的塔楼，如梦如幻。裙房造型运用塔楼曲线延伸，如同原野，绵延不断。塔楼每层的垂直绿化空间，形成流线型而又前卫的造型，入口处进行大空间缩进，凸显作为地标建筑的科研楼。

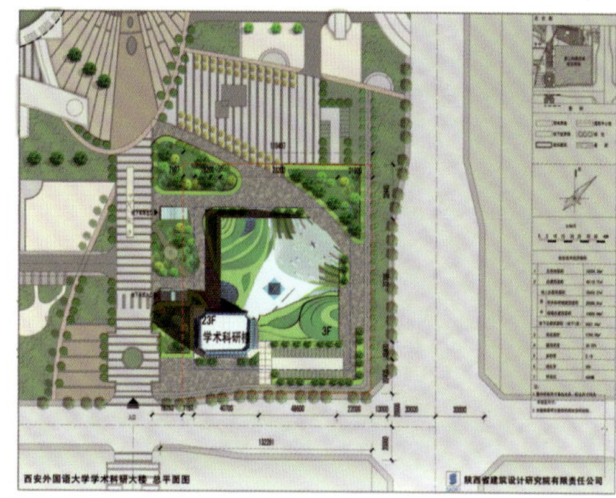

PLANNING AND DESIGN OF HI-TECH FACTORY AREA OF XI'AN ELITE ELECTRONICS INDUSTRY CO., LTD.

西安艾力特电子实业有限公司高新厂区规划设计

项目业主：西安艾力特实业发展有限公司
建筑功能：办公建筑
建筑面积：33 120平方米
设计时间：2013年
项目状态：建成
设计单位：陕西省建筑设计研究院有限责任公司

建设地点：陕西 西安
用地面积：20 000平方米

形简心精，纳气聚风。

建筑设计简洁清新，可以体现科研办公建筑的特点，在空间上寻求与周边道路交通环境平衡。整体的空间及形态紧凑合理，使得几何形、通透的功能实体间拥有连续而流畅的开放空间。实验室与厂区均采用竖向条窗，严谨的比例划分体现出建筑简单明快、轻盈通透的风格，既突出建筑内部的空间关系，又强调科研建筑的严谨性。

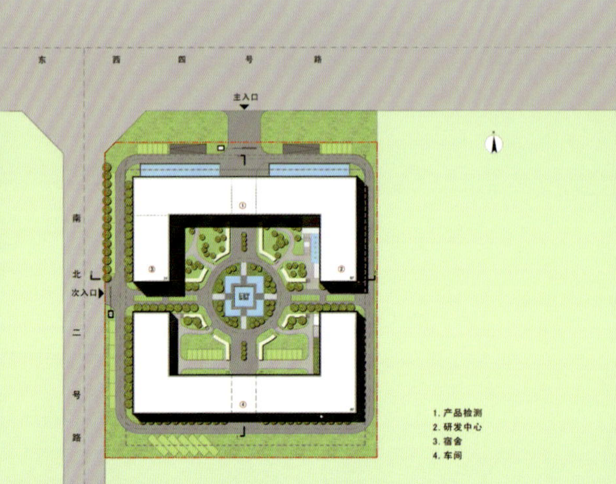

PLANNING AND DESIGN OF PUBLIC SERVICE PLATFORM FOR XIANYANG PHARMACEUTICAL PARK

咸阳医药园公共服务平台规划设计

项目业主：咸阳高新技术开发区管委会
建筑功能：办公建筑
建筑面积：745 000平方米
项目状态：未建
主创设计：杨芳

建设地点：陕西 咸阳
用地面积：170 000平方米
设计时间：2014年
设计单位：陕西省建筑设计研究院有限责任公司

依据规划理念将整个地块分为三个区，即金融商业区、研发检测综合区、生活服务区，三个区域由一条中心景观轴串联起来，创造人与自然的亲切关系，将自然作为创造力和生产力的源泉，使人的工作和生活场所融于自然之中，生产场所与休闲娱乐及生活融为一体，形成地域综合体。

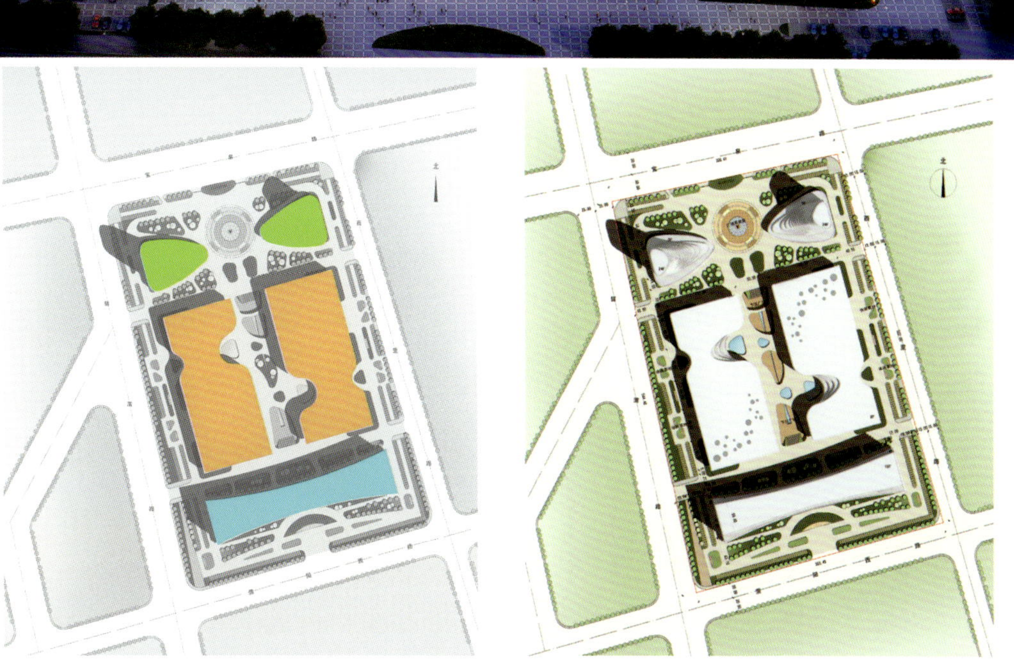

功能分析图

总平面图

中国中建设计集团有限公司直营总部

宋铁峰

职务： 中国中建设计集团有限公司总部设计一院副总建筑师、设计所所长
职称： 高级建筑师

教育背景
哈尔滨工业大学建筑学院建筑学学士

个人荣誉
中国民族建筑研究会颁发的2017中国最具特色“十大影响力设计人物”荣誉称号。
“山西尧京酒庄”荣获中国民族建筑研究会颁发的2017年中国最具特色“建筑设计一等奖”荣誉称号。

主要设计作品
大庆奥林国际公寓
上京国际
呼伦贝尔新城区体育场
黑龙江科技学院第一实验中心
伟恒时代商务中心
中央储备粮哈尔滨直属库
抚顺职工疗养院
西宁市西关大街改造实施方案
张家界酒店
华彬健康管理中心
沈阳保利嘉园
北京英才会所连云港市连岛规划方案
北京双桥动漫产业园
海尔临天下
太原市南沙河沿线改造
尧京酒店
丁陶风情街
蓝光·海悦城

地址：北京市海淀区三里河路15号
中建大厦6层
邮编：100037
电话：010-88083900
传真：010-88083588
网址：http://ccdg.cscec.com

中国中建设计集团有限公司直营总部，隶属于中国建筑股份有限公司（世界财富500强第23位），是国内专业最全、规模最大的国有甲级建筑企业之一。主要资质有建筑行业（建筑工程）甲级、城市规划编制甲级、文物保护工程勘察设计甲级、风景园林工程设计专项甲级、房屋工程及市政工程监理甲级等，在同行业内率先通过ISO9001、ISO14001、OHSAS18001三标认证体系。依托于“中国建筑”强大的资源优势，提供“策划、规划、设计、投资、建造”全产业链服务。主要业务范围包括工程策划咨询、城市规划设计、风景园林设计、装配式建筑设计、文物保护工程设计、建筑设计、室内装饰设计、基础设施勘察设计、PPP业务、工程总承包业务及工程监理、招投标代理等业务。

直营总部现有在岗员工（含海外）2 100余人，其中经国务院批准享受政府特殊津贴的专家4人，各类（一级注册建筑师、一级注册结构工程师、注册设备工程师、注册暖通工程师、注册监理工程师等）国家级执业注册人员210余人；科技研发人才240余人；本科及以上学历1 600余人；教授级技术职称24人，中、高级职称以上技术人员900余人；博士占2%，硕士及研究生占20%，本科占65%。

“十三五”期间，中国中建设计集团有限公司直营总部将认真贯彻“创新、协调、绿色、开放、共享”五大发展理念，紧密围绕“拓展幸福空间”的企业使命，深入践行“厚知健行、内圣外强”的企业文化，坚持推进“横向多元化，纵向一体化”的发展战略，全力打造“城市规划、建筑设计、基础设施设计、装配式建筑设计、工程总承包、文化旅游”六大业务板块，努力成为国内一流、国际知名的科技型工程设计咨询企业集团。

RECONSTRUCTION OF THE SOUTHERN SHAHE ALONG TAIYUAN

太原市南沙河沿线连片改造

项目业主：太原市规划局
建设地点：山西 太原
建筑功能：综合体
用地面积：249 300平方米
建筑面积：1169 800平方米
设计时间：2014年

项目属于太原市南沙河第三、第四片区，通过对总平面进行科学、合理的布局，协调河道景观及其周边空间关系。对片区的建筑形态、体量、色彩、质地及风格等方面进行城市设计，做到人与自然、建筑与环境在色彩、形态上的和谐统一，同时考虑空间层次的丰富性。

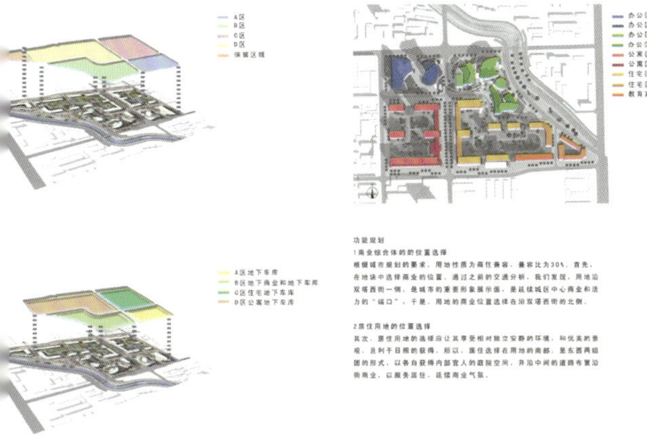

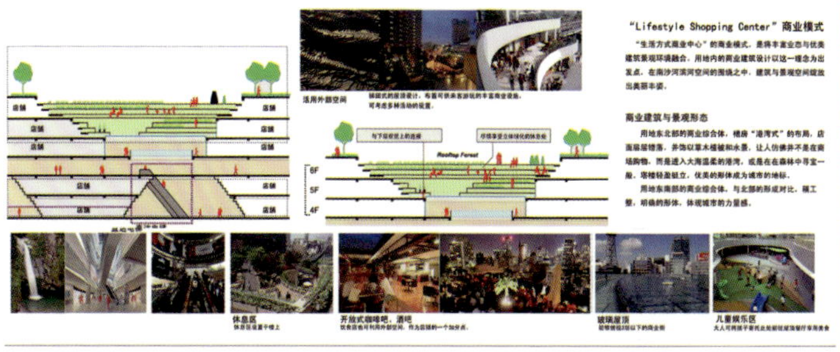

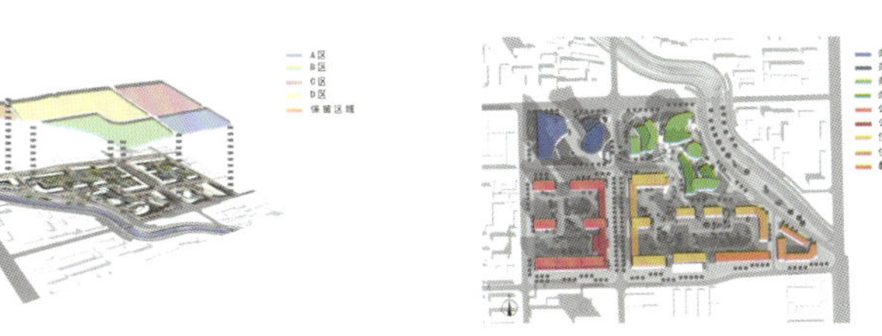

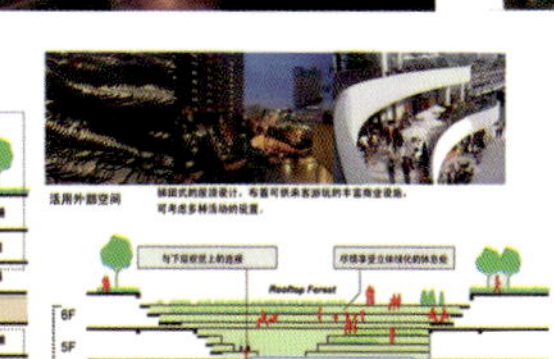

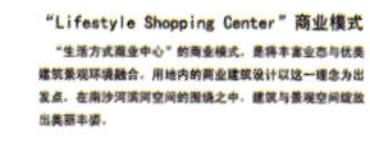

DINGTAO STYLE STREET

丁陶风情街

项目业主：山西光大绿地房地产开发有限公司
建设地点：山西 临汾
建筑功能：商业建筑
用地面积：42 646平方米
建筑面积：123 286平方米
设计时间：2015年
项目状态：建成

项目作为商业街道设计尝试，空间完成度较高。项目位于晋南地区的一个县城——襄汾县，县城居民的固有生活习惯与对未来生活的期盼之间的鸿沟，需要建筑师小心翼翼地填充，既不能自以为是强硬地植入，也不能无所顾忌地顺从。风情街建成后，街道上的人们或平静，或欢愉……是设计者最大的欣慰。

CHENGUANG COMMERCIAL BUILDING

晨光商业楼

项目业主：山西光大绿地房地产开发有限公司
建设地点：山西 临汾
建筑功能：商业建筑
用地面积：1 648平方米
建筑面积：2 825平方米
设计时间：2016年
项目状态：已建

项目用地位于襄汾县滨河景观带东侧，沿河景观资源较好，周边为住宅区及学校。该商业楼可对周边住宅板块进行完善，提升小区整体品质。对街角场地的处理、沿河形象的打造、小体量建筑去除单调及东西高差的处理，设计以此展开。

FUN YOUNG WORKSHOP

放羊工社

项目业主：放羊文化传播（天津）股份有限公司
建设地点：北京
建筑功能：娱乐建筑
用地面积：3 000平方米
建筑面积：6 287平方米
设计时间：2016年
项目状态：建成

该项目是与国内知名社会艺术家进行的一次合作，以鸟巢作为幕布，打造的一个泛娱乐舞台。

STEREO VISION CHINA TECHNOLOGY DEVELOPMENT AND EXHIBITION CENTER

立体视觉中国技术开发和展示中心

项目业主：立体视觉中国技术开发和展示中心
建设地点：北京
建筑功能：综合建筑
用地面积：12 000平方米
建筑面积：20 066平方米
设计时间：2016年

项目用地紧连艺术家之村，场地留有一个几十年的废旧厂房，对于老厂房，设计持有“能留则留，该舍则舍”的态度，为了保护而保护是没意义的。

WINE INDUSTRY BASE OF CHINA AGRICULTURAL UNIVERSITY

中国农业大学葡萄酒产业基地

项目业主：中国农业大学
建筑功能：酒庄
建筑面积：6 046平方米
建设地点：北京
用地面积：53 360平方米
设计时间：2014年

本项目通过对北京四合院的基本屋顶形式进行延续，从北京传统建筑提取外部形态基本元素，以院落为基本构成单元，作为场域规划的主结构。

THE GENERAL PLAN FOR THE DEVELOPMENT OF THE YILE TOWN

以勒小镇发展总体规划

项目业主：昭通市市政府
建设地点：云南 昭通
建筑功能：综合建筑
用地面积：3.01平方公里
设计时间：2017年

本案以天然的山地资源和环境资源为基础，以便利的交通为依托，构建高铁活力心、乌蒙商务港（陆港商务区）、三省大商汇（现代商贸区）、生态产业园（物流加工厂）、大雄双创区（创新创业区）、葡泉康养区（生态康养区）、学校等七大区域。

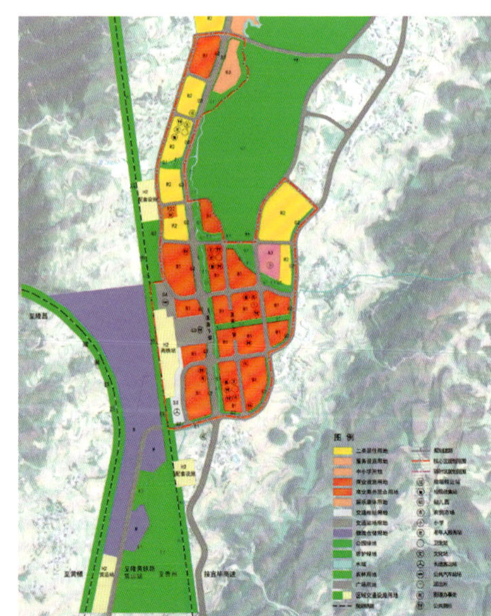

PUWAN THE INN BOUTIQUE

葡湾精品酒店

项目业主：山西光大绿地房地产开发有限公司
建设地点：山西 临汾
建筑功能：酒店建筑
用地面积：1 072平方米
建筑面积：2 484平方米
设计时间：2014年

本项目拟建于尧京酒庄的种植园区，结合经营需求，选址于种植区西北角的龟山脚下。酒店为一个嵌入式崖体建筑，在空间的设定上，力求增加维度，例如在嵌入山里的主体进行裂缝式处理，在露出山体部分以玻璃幕墙维护，等等。游客在平时可体验到高品质的趣味空间；在月满或月缺的特定时段，客人们可体味到葡萄庄园特有的意境。

XIANGYUAN FLOWER WORLD ECOTOURISM AREA PROJECT EXHIBITION CENTER

祥源花世界生态旅游区项目展示中心

项目业主：祥源花世界生态旅游区项目展示中心
建设地点：安徽 合肥
建筑功能：综合建筑
用地面积：12 803平方米
建筑面积：8 898平方米
设计时间：2015年

项目地点位于合肥市肥西县东南侧。通过对总体规划的解读和场地现状的分析，将高度作为方案的第一要素。适当的高度可以使建筑从环境中脱颖而出，形成场地之中的“标志物”。对传统空间围合体——立方体进行数字化推演，形成“花开”韵律，以便于多维度观景。

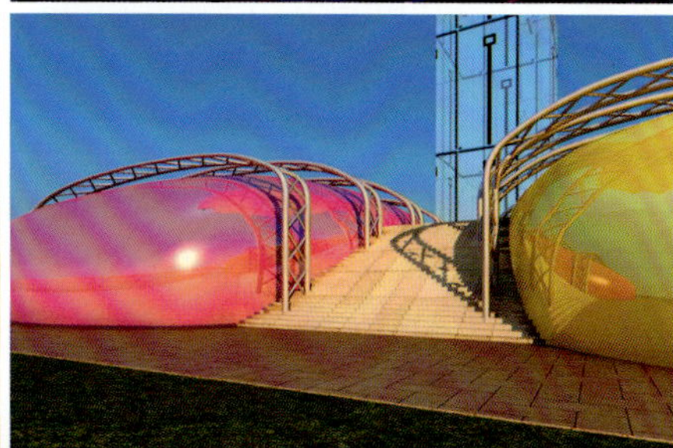

YICHANG CENTRAL CULTURE AND ARTS DISTRICT PROJECT

宜昌中央文化艺术区项目

项目业主：富盛（宜昌）房地产发展有限公司
建设地点：湖北 宜昌
建筑功能：综合建筑
用地面积：141 218平方米
建筑面积：638 522平方米
设计时间：2017年

该项目的社会业态相对齐整，生活、商业链条闭合，以一条场地内的天然“峡谷”为起始点发散，成为本方案的特点。在解决“峡谷”内外复合交通的处理上突破常规，利用空间“单线性”对时间进行压缩或拉长。

总平面图

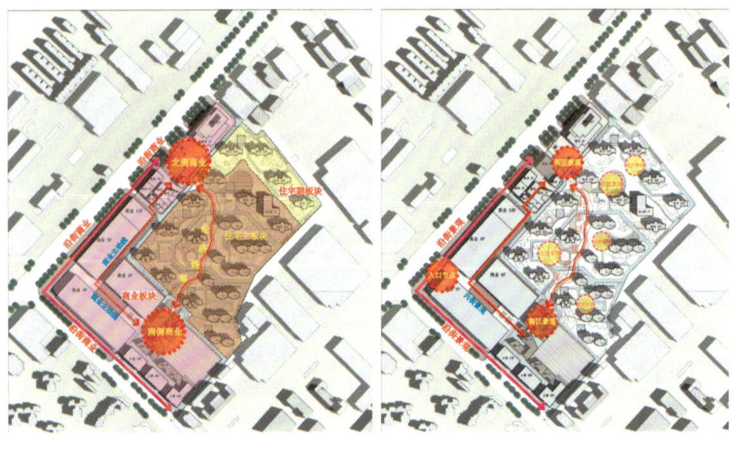

空间结构分析图

景观系统分析图

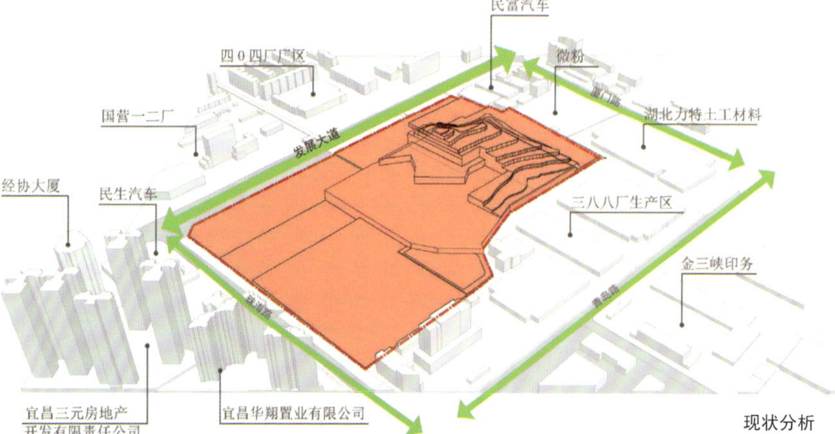

现状分析

本项目用地地形成梯形，北至发展大道，东至厦门路，西至珠海路，南至青岛路三八八厂区。

TERRITORY WINERY

领地酒庄

项目业主：山西光大绿地房地产开发有限公司
建设地点：山西 临汾
建筑功能：酒庄
用地面积：9 859平方米
建筑面积：4 929平方米
设计时间：2014年
项目状态：建成

作为一个重力酿酒法的葡萄酒生产车间，本设计平面采用六边形作为母题，设计灵感来自当地最重要保护村落“丁村”，建筑展开直线距离达百米以上，是一个真正的“躺下的巨人”。在最前端升起部分，建筑以表情示人，赋予场地以情绪。

YAOJING WINERY

尧京酒庄

项目业主：山西光大绿地房地产开发有限公司
建设地点：山西 临汾
建筑功能：酒庄
用地面积：56 394平方米
建筑面积：63 320平方米
设计时间：2013年

本项目通过对当地传统民居的基本屋顶形式进行延续，从当地传统建筑中提取外部形态基本元素，把产业类型与本土建筑风格进行融合。将传统意义上的生产类型建筑与园区未来发展同步升级——生产厂房视觉艺术化，以院落为基本构成单元，作为场地规划的主结构，以此展开全方位设计。

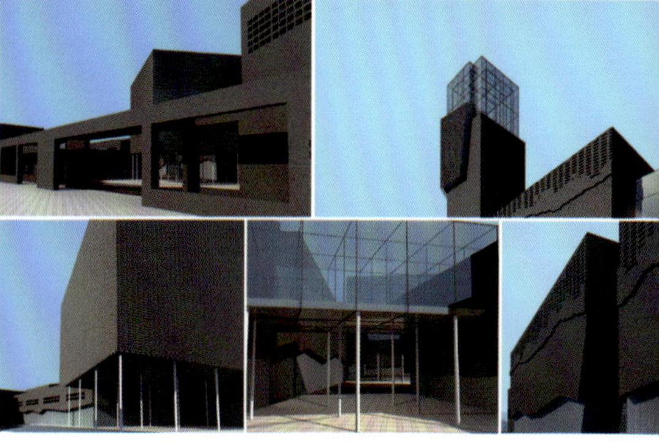

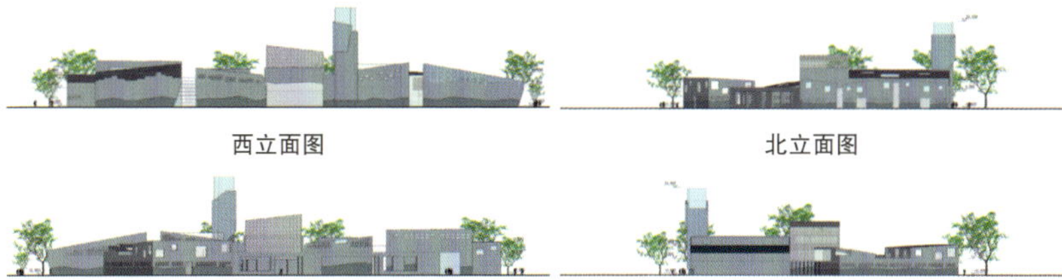

西立面图　北立面图

东立面图　南立面图

总平面图

道路系统分析图

粟焕章

职务： 怀化市建筑设计研究院方案创作室主任
职称： 高级工程师
高级房地产策划师

教育背景
1983年　怀化学院美术系油画专业
1987年—1989年　研修于北京建筑工程学院（现北京建筑大学）建筑系

工作经历
1985年—1993年　怀化市建筑设计研究院
1993年—1999年　惠州市大亚湾建筑设计院
1999年—2000年　香港纬明房地产开发有限公司
2000年—2003年　东莞黄江宝湖置业投资有限公司
2003年—2005年　美国熊猫中国置业有限公司
2005年至今　怀化市建筑设计研究院

个人角色
怀化市规划局技术评审专家评委
怀化市专家库成员
民盟中央美术院怀化分院成员

学术研究
《解构主义建筑的造型与空间设计》发表于国家级期刊《中外建筑》
《原生态的健康住宅——记湖南洪江地区的窨子屋》发表于国家级期刊《建筑技术及设计》

主要设计作品
怀化市政协大楼(德天广场)
怀化市城建舞阳小区
湘西自治州大剧院
怀化天府饭店
怀化市西都银座
怀化市第二人民医院门诊楼
怀化市第五人民医院新住院楼
怀化市湘运新城
洪江市（原黔阳县）人民医院住院大楼
洪江市博物馆图书馆美术馆（三馆）
易图境美术苑
怀化高新区国家级创业大厦与管委会新楼
怀化市第三中学西大门
洪江市东方商业广场
中国人民解放军火箭军某部大门
广东惠州大亚湾公安小区
广东惠州华师大大亚湾附属中学
广东大亚湾惠印纺织原料有限公司外商接待中心
广东罗浮山粤丰度假山庄
东莞黄江宝湖山庄

地址： 湖南省怀化市鹤城区迎丰中路160号
电话： 0745-2240957
传真： 0745-2240957
网址： www.hhsjy.com
电子邮箱: huhuming23@qq.com

怀化市建筑设计研究院创立于1973年，位于怀化市迎丰中路160号，是怀化市唯一具有甲级设计资质的大型综合建筑设计院。我院现有职工400多人，其中享受国务院政府特殊津贴专家2人、高级工程师20人、工程师52人、研究生8人、国家一级注册建筑师5人、国家二级注册建筑师1人、国家一级注册结构师5人、二级注册结构师2人、注册岩土工程师2人、造价工程师1人、一级注册建造师1人、二级注册建造师1人、注册城市规划工程师1人、中级城市规划工程师2人、注册设备工程师1人。

怀化市建筑设计研究院具有甲级建筑设计资质，乙级勘察（岩土工程）资质，三级建筑工程施工资质，省级建材产品质量监督检测资质，怀化市水力水电工程质量监督授权检验站，装饰设计资质。该院可从事建筑、规划、结构、给排水、暖通空调、电气照明、自动控制、经济技术分析、岩土工程、城镇规划、景观与环境设计和室内装饰设计等专业设计方向。主要承接民用建筑设计、工业建筑设计、城镇规划及居民住宅和住宅小区规划设计，承接民用与工业建筑项目的可行性研究、工程咨询、建筑工程监理、工程项目总承包及建材产品质量监督检测等业务。为更好地开展业务，研究院相继在沅陵、通道、溆浦、靖州、洪江、岳阳、芷江、辰溪、中方、麻阳等地成立分院。

近几年来，研究院完成了岳麓欧城、宏宇新城、长乐天城、国际名品城、银湾小区、福兴数码广场、水岸蓝城、尚龙名苑、安江隆平国际、张家界永定财富、英泰国际、怀化国际商城、金大地水泥厂、瑞丰园住宅小区、鹤城区人民法院、国画大师易图境美术苑及洪江市博物馆、图书馆、美术馆（三馆）和怀化市图书馆、怀化市委市政府大院改造、怀化医学高等专科学校教学实验楼等一批大中型建筑项目，以全新的设计理念和现代新技术，展示了该院的技术实力和创新水平。

GUANGDONG DAYA BAY HUIYIN TEXTILE MATERIAL CO., LTD. FOREIGN BUSINESSMEN RECEPTION CENTER

广东大亚湾惠印纺织原料有限公司外商接待中心

项目业主：惠印纺织原料有限公司
建设地点：广东 大亚湾
建筑功能：会所建筑
用地面积：3 160平方米
建筑面积：1 560平方米
设计时间：2003年
项目状态：建成
设计单位：怀化市建筑设计研究院
主创设计：粟焕章

该项目体现对“建筑文化与合院的中和理念”与运用现代平面立体构成手法的探求。

平面功能与空间组合设计的“U”形布局充分体现“院子+环境+创新意识”，以基地现有的湖面和“U”形布局形成的庭院为中心，强调水平方向横线条的构成关系，各房间的构成强调内部空间与外部空间的互相穿插和流动，其中形成的“气”“中和”，融入寻求阴阳和谐的建筑；将各功能块形成相对围合、独立与半独立开敞的庭院空间，庭院内既拥有公共绿地等日常休闲、健身、运动的公共空间，又继承了传统的布局形态，增强了相互之间的交流，也非常符合岭南的地理气候。

建筑造型延续平面水平方向横线条的构成关系，灰色外墙极简、明快、内敛，现代感很强，与建筑的功能内涵也极吻合。

内庭院
南侧庭院
北侧庭院
已有湖面
总平面图
已有湖面
前庭院
停车场
前庭院

HONGJIANG CITY MUSEUM, LIBRARY AND ART MUSEUM

洪江市博物馆、图书馆、美术馆（三馆）

项目业主：洪江市文广局
建设地点：湖南 洪江
建筑功能：文化建筑
用地面积：16 586平方米
建筑面积：24 516平方米
设计时间：2016年—2017年
项目状态：在建
设计单位：怀化市建筑设计研究院
主创设计：粟焕章

洪江市博物馆、图书馆、美术馆（三馆）建筑的初始构思，就是从千年历史的黔阳古城（全国重点保护文物）悠久灿烂的传统文化和地方特色吸取营养。博物馆的主要功能是收藏与展示，构思时，将其隐喻为收藏珍品与散发神秘魅力的宝盒。

三馆建筑造型以黔阳古城醇厚的城墙、城楼，如鸟斯革、如翚斯飞的芙蓉楼，内敛的窨子屋及有着考古重大发现的“洪江高庙文化”为设计元素，与黔阳古城一脉相承，和谐共生。

创造性解读黔阳古城特色传统建筑类型——窨子屋，设计成“书院式院落三馆”，与紧邻的现代书院——芙蓉中学相得益彰，与黔阳古城及政府要求的明清建筑内涵相一致。藏露结合，并随人的移动而变换，外实内虚，外俭内繁，外高调（明快）内低调（亲和）。简洁的外形是传统地方元素的提炼再现，三馆统一于整体大坡屋面元素之下，展馆之间相互呼应、协调、统一。博物馆正面的“艺术浮雕墙” 与“图腾柱”，取材于7 800年前新石器考古重大发现的“洪江高庙文化”，使建筑具有强烈而又独特的地方属性，体现传统文化与现代建筑文化的高度融合，塑造成洪江市继往开来的标志性文化博览建筑。

HUNAN HUAIHUA HIGH-TECH ZONE (NATIONAL LEVEL) ENTREPRENEURSHIP BUILDING (HIGH-RISE)

湖南怀化高新区（国家级）创业大厦（高层）

项目业主：湖南怀化高新区管委会
建设地点：湖南 怀化
建筑功能：办公建筑
用地面积：10 371平方米
建筑面积：28 238平方米
设计时间：2010年—2011年
项目状态：建成
设计单位：怀化市建筑设计研究院
主创设计：粟焕章

项目构思紧紧抓住地处舞水河畔的工业园区是市政府“工业兴市富民”战略定位的发展平台这一政治经济特色，同时强化“创业大厦”并非一般意义上的办公大楼的特性，强调“形象功能”，综合形成主体功能——“经济大船”的构思，建筑主楼、裙楼两端大尺度斜墙体现扬帆出海的意向。项目是湖南怀化工业园区的形象代表、园区的地标性建筑，承担着园区中心广场中轴线与城市中心区高度轮廓线的主导。

标志性的空间尺度，凸显现代城市空间序列的公共性、开放性与亲民性，尊重环境并强调与广场环境的结合与互动，营造亲近的公共建筑空间氛围。主楼正背面为会议展览中心，与主楼相连接，屋顶为OTC生态构架花园，形成室外公共休闲空间，建筑造型采用现代简约风格，现代感极强，深化了工业园建筑的性格内涵。

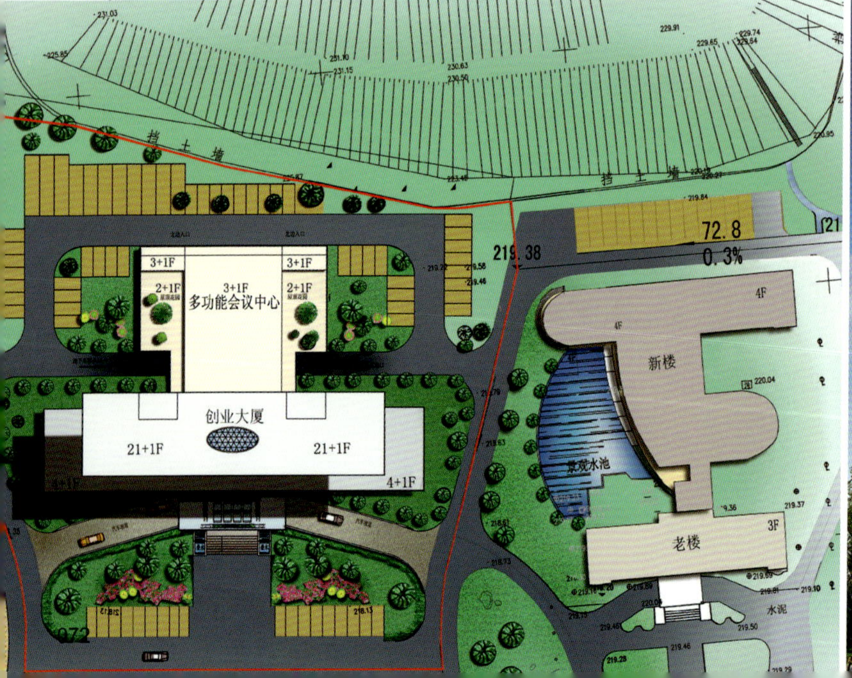

HUNAN HUAIHUA HIGH-TECH ZONE (NATIONAL LEVEL) NEW BUILDING OF MANAGEMENT COMMITTEE (MULTI-STOREY)

湖南怀化高新区（国家级）管委会新楼（多层）

项目业主：湖南怀化高新区管委会
建筑功能：办公建筑
建筑面积：2 986平方米
项目状态：建成
设计单位：怀化市建筑设计研究院
主创设计：粟焕章

建设地点：湖南 怀化
用地面积：1 689平方米
设计时间：2006年—2007年

把新、老建筑视为一个整体的建筑群，从功能、造型、交通、景观、形态与空间等方面综合考虑。前后两栋建筑形成怀化传统建筑特有的“两手推车”的半开敞院落布局，院落的设计采用“藏风”“聚气”的理念，通过连廊及共享大厅融为一体，又自然形成中轴线，成为一个多功能的建筑群体，贯彻生态、信息的主题。新楼的西端为半圆形平面，与新、老建筑连接体中间的半圆形大会议室反向呼应，室外弧形水池与共享大厅弧形倾斜玻璃墙也反向呼应，这源自中国太极八卦的阴阳互补，你中有我，我中有你，体现周而复始、生生不息的活力。建筑物的前部弧形“驾驶窗”造型又恰似一艘出海航行的“经济”大船！

THE NEW INPATIENT BUILDING OF THE FIFTH PEOPLE'S HOSPITAL OF HUAIHUA CITY

怀化市第五人民医院新住院楼

项目业主：怀化市第五人民医院
建设地点：湖南 怀化
建筑功能：医疗建筑
用地面积：56 548平方米
建筑面积：98 295平方米（其中新住院楼33 000平方米）
设计时间：2013年—2015年
项目状态：建成
主创设计：粟焕章

依山就势，自然天成。基地地形复杂多变，大规模开发难度较大。规划充分尊重现状的自然生态环境，摒弃粗放的处理手段，依循山势，使建筑、道路、景观与自然环境有机融合，为患者营造一个自然生态、环境优美的治疗康复环境。规划区域划分为综合医疗区、康复医疗区、服务后勤区、生态景观区四个片区。

住院楼造型设计遵循现代、简洁、流畅、塑性的原则，注重空间的阳光感、流动感与体量感。在细部处理上充分体现了材质的轻重、粗细、虚实的对比。主楼形体舒展，配合着强烈规整的肌理，产生纯洁素雅的效果。理性的立面分隔，使底部形体得到统一。住院大楼色彩打破常规，局部采用原木暖色调，明亮、温馨，富于光影变化，形成典雅稳重的建筑风格，在整个医院医疗氛围中渗透出以人为本的温暖气氛，从而为病患者及城市空间带来愉悦的视觉享受。

新型医院模式的建构与实践——现代“医院街”设计构筑科学医疗流线，一个贯穿医院建筑的公共体系，为所有人提供了一个生动的景观空间。各功能区通过“街”来组织，暗示了医院内部的逻辑关系，提供了明确的导向性，产生舒适的空间感受。

医院的流线组织和洁污分区是设计的重点。包括各种人流的组织，医院系统内外的物流安排。洁污分区是为防止医院系统内的交叉感染，而将医院的清洁区与污染区加以划分与隔离。它应在具体的流程设计中给予充分的考虑。结合“医院城”的设计理念，从整体性的角度逐层解决矛盾是设计师的思考路径与设计方法。

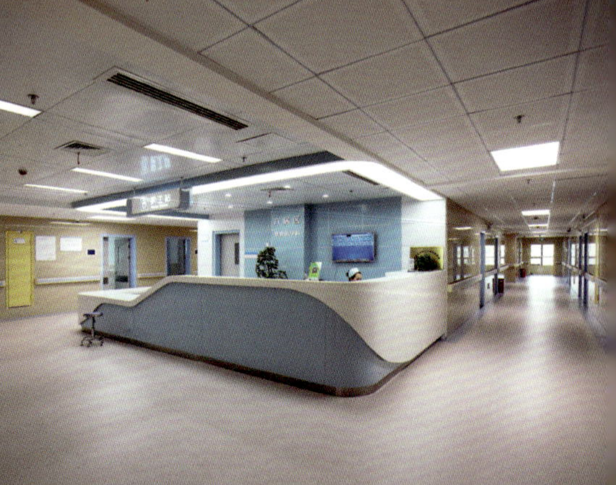

YI TUJING ART GARDEN

易图境美术苑

项目业主：易图境
建设地点：湖南 洪江
建筑功能：美术馆别墅
用地面积：1 899平方米
建筑面积：998平方米
设计时间：2009年
项目状态：建成
设计单位：怀化市建筑设计研究院
主创设计：粟焕章

易图境是我国著名的国画大师。项目建在易老家乡花柳坪，建设基地依山面水，坐北朝南，环境十分优美。为了为易老这样一个有深厚文化底蕴的写意大师设计集居住、画室与展馆于一体的美术苑，设计采用了延续和体现易老的绘画语言：简约风格。

极简主义倾向：立面处理上力求简练，就像一幅大气、极简的横幅构图的写意画！避免在技巧上的炫耀，当有了光影及整体环境之后则空间颇有光彩，而与院落园林绿化相结合，变得异常丰富起来，让人们充分感受到简洁的美丽。

素：在色彩处理上特别渲染“素”的意味。中国传统民居在外观色彩上一直比较节制，或者说一直比较“素”，没有过多的颜色，可以说“黑、白、灰”这三种素色系列长期在传统民居的外观上占据着统治地位，所谓黑瓦、白灰墙。本项目在色彩上“舍艳求素”，追求朴素而简洁的外观效果。这也与易老为人朴实大气、艺术风格“我行我素”是相吻合的！

外立面入口门廊采用构架的形式，源自怀化传统建筑的“穿斗”结构，让地方传统建筑在现代建筑中寻找到一种恰当的表达方式，局部用马头山墙、小青瓦，既有韵律感，又有地方传统建筑的风貌。

一层平面图

涂洛雅

职务：筑弧建筑设计总裁兼设计总监
AIA美国建筑师协会会员
环境能源设计领域资深专家

教育背景
2004年　天津大学建筑学学士
2008年　美国加州大学洛杉矶分校建筑学硕士

个人荣誉
地产建筑师大会地产行业卓越设计贡献奖
中建集团优秀建筑设计奖一等奖
美国华人营建公会华人建设卓越奖
亚太华人设计邀请赛建筑规划设计类金奖
芝加哥雅典娜美国建筑奖
郑州大学西亚斯国际学院客座教授
MIPIM建筑评论未来奖

主要设计作品
瀚海晴宇住宅
瀚海北金商业综合体
蚌埠百乐门
瀚海黄河路综合开发
重庆北大附中
希尔茨住宅
西亚斯产业园
瀚海海尚广场
宁波鄞州市民中心
思念城商业综合体

2007年，涂洛雅女士怀着她的建筑梦想以及在中国工作的丰富专业经验来到美国求学。她扎实的包豪斯式专业训练的功底，结合UCLA前沿学科探索的高端技术，让她的设计作品充满了对社会、艺术、人文等深层次理解和建筑探索。这样的融会贯通，在她就职于洛杉矶著名事务所AMPHIBIANARC（双栖弧事务所）创作的作品中，得到非常充分的体现。

涂洛雅女士在中美两国都拥有极为丰富的从业经验。在成立ARCHIMORPHIC（筑弧建筑设计）之前，涂洛雅女士曾任AMPHIBIANARC的设计总监及副总裁。自从2009年加入AMPHIBIANARC以后，她参与了众多获奖项目的设计与管理。在此之前，她就职于悉地国际北京分公司，曾参与了多个高知名度的项目，从小型住宅项目到数百万平米的大型综合开发项目。她带领的团队曾获得众多的建筑设计竞赛大奖和建筑工程奖项。

陶瑛

职务：上海公司总监、项目主创

教育背景
2009年　天津大学建筑学学士
2011年　美国莱斯大学建筑学硕士

个人荣誉
MIPIM建筑评论未来建筑奖
宜昌新区博物馆获国际竞赛二等奖
宁波鄞州CBD门户区城市设计获国际竞赛一等奖

主要设计作品
瀚海晴宇住宅
瀚海海尚广场
西亚斯住宅
果岭李宅
思念城商业综合体
宁波鄞州市民中心

陶瑛女士对建筑形式和功能的关系深感兴趣并进行了不断的探索与研究。2011年毕业后，陶瑛进入了洛杉矶著名的AMPHIBIANARC事务所工作，逐渐成长为该公司重点项目的设计师。她参与设计的作品也接连获得国际大奖，如红星美凯龙北京旗舰店获MIPIM建筑评论未来建筑奖，宜昌新区博物馆获国际竞赛二等奖，宁波鄞州CBD门户区城市设计获国际竞赛一等奖等。

2014年起，陶瑛来到AMPHIBIANARC上海办公室，参与了多个在建项目的施工沟通工作，如瀚海晴宇住宅、瀚海海尚广场等。她对于非常规建筑材料的运用有着非常深刻的理解以及极强的实际项目掌控能力。

2015年底加入ARCHIMORPHIC之后，陶瑛作为上海办公室总监，在负责上海公司的日常事务及管理工作的同时，还深度参与公司大型的商业综合体及住宅区的设计及管理协调工作，如：西亚斯住宅、西亚斯产业园、宁波鄞州市民中心和思念城商业综合体等。

ARCHIMORPHIC
筑弧建筑设计

洛杉矶办公室
2917 W Temple Street, Los Angeles, CA 90026
T: +1213-537-0252 / 213-908-2313 Ext. 100

上海办公室
上海市虹口区乍浦路512号SOHO 3Q, 1-R03
电话：86-21-5569-8903

网址：www.archimorphic.com
电子邮箱：info@archimorphic.com

ARCHIMORPHIC（筑弧建筑设计）有着一群充满激情的设计师和建筑师，他们来自北美、欧洲和亚洲，可以为建筑设计项目和客户提供具有艺术创意的设计解决方案。

ARCHIMORPHIC的设计非常注重对造型的运用，认为“造型”虽然只是建筑设计最表面的一层，但却是建筑设计理性思考及结合社会、艺术、经济及管理等诸多层面后的最终体现，也是建筑师与公众沟通的最直接通道。

ARCHIMORPHIC常将自然元素作为灵感来源，并通过参数化设计运用到项目实践里。Autodesk Revit已被广泛应用在筑弧建筑设计项目的各个阶段，目前公司的建成或在建项目均为Autodesk Revit出图。多个BIM正向设计的实践项目以及强大的BIM团队，足以说明筑弧建筑设计有杰出的能力将建筑信息化模型应用于其各个设计的全过程中，并帮助项目取得更大的成功。

ARCHIMORPHIC设计的项目包含中美两地的商业综合体、高端住宅、公共建筑、工业园区、立面改造及总体规划等。无数个不眠的奋战之夜，创作出了无数获奖的设计和建筑项目。其中，包括众多的中国项目，如瀚海北金商业综合体、瀚海晴宇住宅、西亚斯产业园、宁波鄞州CBD门户区等。

ARCHIMORPHIC正在设计和在建的项目包括蚌埠百乐门、宁波鄞州市民中心、洛杉矶希尔茨住宅、瀚海海尚广场、郑州瀚海尔湾、思念城商业综合体等。

HANHAI QINGYU LUXURY CONDOMINIUMS

瀚海晴宇住宅

项目业主：河南瀚海置业有限公司　建设地点：河南 郑州
建筑功能：住宅建筑　用地面积：65 333平方米
建筑面积：224 622平方米
设计时间：2012年—2016年
项目状态：建成
设计单位：筑弧建筑设计ARCHIMORPHIC
双栖弧事务所AMPHIBIANARC
主创设计：王弄极、涂洛雅
获奖情况：2017年—2018年中国地产设计大奖地产项目银奖
卓越设计贡献奖
最佳生态楼盘

瀚海晴宇住宅由双栖弧事务所及筑弧建筑设计共同完成。项目也是两大事务所在郑州郑东新区CBD 副中心所做的一个全新尝试：与自然和谐共生的住宅。由9个高层住宅楼和3个生活辅助建筑围合超大面积的中央花园组成。3个生活辅助设施分别是专供小区居民娱乐的会所、物业用房和一个9个班级的幼儿园。瀚海晴宇住宅行云流水般的跳层处理，塑造了创新的公建化建筑立面，极具趣味性和标志性。

设计考虑用户对于私密性和舒适性的需求，利用大面积的露台与阳台设计，以垂直森林、空中泳池、空中花园为特色，营造独特的垂直景观空间，让建筑如同生在园林之中，将室外景观引入室内，让人在城市竖向居住空间亦可体验别墅般的优越感和舒适感，重新定义都市高层住宅。

HANHAI BEIJIN MIXED USE DEVELOPMENT

瀚海北金商业综合体

项目业主：河南瀚海置业有限公司
建设地点：河南 郑州
建筑功能：商业建筑
建筑面积：115 000平方米
设计时间：2011年—2015年
项目状态：建成
设计单位：筑弧建筑设计ARCHIMORPHIC
双栖弧事务所AMPHIBIANARC
主创设计：王弄极、涂洛雅

项目地块偏离原城市中心，周边多为同质的多层住宅建筑，在城市空间上缺乏兴奋点。设计师运用雕塑感强烈的设计，利用连续的流线型设计整合高层与裙房的关系，使整个建筑超越了传统的商业综合体，是一个欧普表现主义的建筑设计作品。同时，建筑幕墙上的流线也同基地附近的步道、水流和交通动线相映成趣，在三维空间内塑造了一个动态的图案，犹如中国传统的书法艺术在建筑空间上的升华，是该事务所独特的“三维书法”设计理念。

WANG'S VILLA

王氏住宅

项目业主：私人
建设地点：美国 加州
建筑功能：住宅建筑
用地面积：28 328平方米
建筑面积：1 072平方米
设计时间：2016年
项目状态：设计中
设计单位：筑弧建筑设计ARCHIMORPHIC
主创设计：涂洛雅

项目坐落在美国加州帕萨迪那市中一个高端山地社区之中。这座位于山顶的高品质住宅希望能够最大限度地环抱其周围的优美山景。

跟随着自然地形和景观变化，线性的建筑体量随之旋转和变化。作为主入口的西立面使用了相对较多的实墙设计，考虑了主人私密性的需要；而面向无敌山景的东侧立面，则是270度完全向山景敞开，大量通高玻璃推拉门的设置，使得室内外空间交融渗透。

几个主要的建筑体块分别由单独的片墙和挑檐包裹，实墙与悬挑之间则是为室内带来更多光线的玻璃悬窗，使得整座建筑更加轻盈和飘逸，塑造了戏剧化的光影效果和层次景深的变化。

挑檐和片墙作为整体，运用的是深褐色的混凝土板材料，结合仿混凝土的抹灰涂料，与大面积的玻璃面形成了强烈的对比，是20世纪中期南加州独特的“mid-centry”建筑形式的当代演绎。

HANHAI HAISHANG PLAZA

瀚海海尚广场

项目业主：河南新瀚海东风置业有限公司
建设地点：河南 郑州
建筑功能：商业建筑
用地面积：66 765平方米
建筑面积：175 708平方米
设计时间：2014年
项目状态：在建
设计单位：筑弧建筑设计ARCHIMORPHIC
双栖弧事务所AMPHIBIANARC
主创设计：王弄极、涂洛雅
获奖情况：2018年亚太华人设计邀请赛（华腾奖）建筑规划设计奖金奖

项目位于郑州西北的高档住宅区，设计融入引领购物空间和环境的最新概念，将集中商业与街区商业空间进行了组合。集中商业位于场地西侧，街区商业位于场地东侧。

集中商业有5层，布置零售、餐饮、娱乐、文化诸业态。

街区商业部分的二层有连廊相通，并设置绿化、瀑布等景观元素，使二层成为新的地面层，较好地支撑了三、四层商业业态。诸多不同高度的平台、屋顶花园与中心广场，营造出融为一体的竖向绿色空间，致力于为市民打造一处生态的城市公共空间。项目将于2019年年初建成。

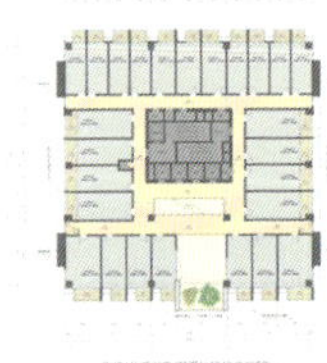

NINGBO YINZHOU CITIZEN CENTER

宁波鄞州市民中心

项目业主：鄞州区城市建设投资发展有限公司
建筑功能：公共建筑
建筑面积：33 000平方米
项目状态：在建
设计单位：筑弧建筑设计ARCHIMORPHIC
主创设计：涂洛雅、陶瑛

建设地点：浙江 宁波
用地面积：13 245平方米
设计时间：2016年

项目设计主要功能包括行政服务中心（包括公共服务）、公共交易中心、公共事务受理中心、项目代办中心、会议中心、集中档案室等。预计每天的工作人员和人流量分别在550人和3 000人左右。它是鄞州区政府对外重要的服务中心和形象展示。

建筑形体大气简洁，属于现代简约风格。设计中利用石材穿插玻璃幕墙的手法，强调了建筑南立面的仪式感和庄重感。建筑立面设计忠实地反映建筑内部功能，采用简单而巧妙的建筑构件横向元素，强调虚实立面的大对比。运用玻璃幕墙和铝板百叶竖向线条设计，既满足功能上对采光的需要，又能有效阻挡西晒，同时形成富有韵律的建筑立面趣味。

融入绿色建筑设计的理念，在建筑体块完整的基础上，运用做减法的手段，产生了大量的屋顶平台、绿化、花园的设计，实现一个内外皆绿的建筑。

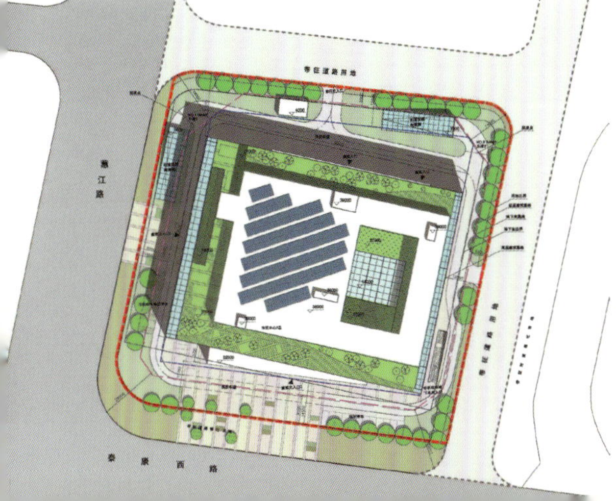

SINIAN CITY COMMERCIAL COMPLEX

思念城商业综合体

项目业主：河南瀚海置业有限公司
建设地点：河南 郑州
建筑功能：商业建筑
建筑面积：204 000平方米
设计时间：2016年
项目状态：在建
设计单位：筑弧建筑设计ARCHIMORPHIC
主创设计：涂洛雅、陶瑛

项目独特的设计布局使街区商业和集中商业拥有非常好的关系，相互依存，相互带动。由三个室外广场串联起来的街区商业流线灵动流畅。利用入口广场、主题广场和庆典广场的不同的个性，创造了独特的室外商业空间，并在其顶部增设了跑道和屋顶室内游泳馆，极富体验性，还有极具热带风情的屋顶情调餐饮。

办公塔楼引入了绿色办公的概念，在每个标准层平面上都配置了公共的开放绿色空间，为办公的人群提供了休闲、商谈、放松的多元空间，充分体现了当前绿色生态办公、人性化办公的潮流。LOFT塔楼流线立面造型与办公塔楼相得益彰，连贯流畅，流光溢彩。

SIAS INDUSTRIAL PARK

西亚斯产业园

项目业主：郑州大学西亚斯国际学院　建设地点：河南 郑州
建筑功能：产业建筑　用地面积：13 2357平方米
建筑面积：376 000平方米　设计时间：2017年
项目状态：在建
设计单位：筑弧建筑设计ARCHIMORPHIC
主创设计：涂洛雅、陶瑛

西亚斯产业园区位于郑州金水科教新城，是一个以小型企业的孵化、中型企业的发展以及高端企业的升级为主要服务对象以及服务方向的综合型园区。

规划结合不同办公阶段的配套需要，从不同建筑功能和社交空间的品质出发，开发出了丰富的建筑类型。在社区的中部和东部，是低密度的合院类型的软件园。在社区西侧和南侧的沿街面，一个有着兰博基尼流线动感设计的塔楼是一系列的孵化器办公集群。错落的塔楼群定义了社区的西南城市界面。塔楼群的裙楼底座，是提供了近千个机动车停车位的停车楼。线性动感的绿墙立面设计弱化了停车楼的形象，与整体立面的动态设计一气呵成。

位于社区西南角部的初始孵化器集群综合办公楼尤为瞩目。建筑立面上的一个动态造型缺口将竖向景观从地面延伸到80米高的空中。建筑灵动的动态绿色立面设计使之成为整个建筑园区的地标建筑。

建筑的内外环境和公共空间形成重要的交流场所和商务配套，表达了新时代办公建筑的开放性和时尚感。社区中央的绿色开放广场，是开发商在开发强度和开发品质的博弈取舍中贡献出来的一个开放的公共绿色空间，尤其配置了空中跑道，动态地将各个集群塔楼联系起来，为生活和居住在这个园区的人们提供了丰富的室外活动空间。

GALAXY

上海云汉建筑设计事务所有限公司
Shanghai Galaxy Architectural Design & Research Institute

谭东

职务： 上海云汉建筑设计事务所有限公司总建筑师

教育背景
德国斯图加特大学建筑系建筑学博士
同济大学建筑与城市规划学院建筑学硕士

工作经历
2006年—2007年　同济大学建筑设计研究院都市分院
2007年至今　上海云汉建筑设计事务所有限公司

主要设计作品
上海市横沙文化馆
上海市世华国际广场
沈阳智富五洲国际商贸城
黄山市新南国大酒店改扩建工程
江西新余文化馆
青岛市职业教育中心
青岛市黄岛区全民健身中心
青岛市黄岛六中
青岛市黄岛区看守所
青岛市董家口综合商务区
中国海军博物馆
济宁市任城区政府
淄博市人民检察院综合业务大楼

陈志文

职务： 上海云汉建筑设计事务所有限公司主创建筑师

教育背景
福州大学工程技术学院建筑系建筑学学士

工作经历
2009年至今　上海云汉建筑设计事务所有限公司

主要设计作品
天府名郡
青岛西海岸交通商务中心
城南壹号花园
淄博中房大厦
盛世壹号花园
张冉村村民安置房

庞珍珍

职务： 上海云汉建筑设计事务所有限公司主创建筑师

教育背景
汕头大学文学（环境艺术设计）学士

工作经历
2012年—2014年　上海半间建筑设计有限公司
2014年至今　上海云汉建筑设计事务所有限公司

主要设计作品
淄博檀林文化创意产业园
孝妇河湿地公园服务配套建筑
临淄市民文化中心
齐商银行总行客户服务及运营中心
钱裕园小学
淄博火车站南站房
沂源市民中心

黄杰

职务： 上海云汉建筑设计事务所有限公司主创建筑师

教育背景
南京三江学院建筑学学士

工作经历
2010年至今　上海云汉建筑设计事务所有限公司

主要设计作品
齐商银行总部
张店区市民中心
淄博尚水大厦
淄博中房大厦
盛世壹号花园
淄博齐润花园

王帅

职务： 上海云汉建筑设计事务所有限公司主创景观设计师

教育背景
鲁迅美术学院文学（环境艺术设计）学士

工作经历
2010年—2013年　中景汇景观设计有限公司
2013年—2016年　中景汇景观设计有限公司上海分公司
2016年至今　上海云汉建筑设计事务所有限公司

主要设计作品
淄博金融中心景观设计
城南壹号景观设计
钱裕园小学景观设计
新区创业商务大厦室外景观设计
齐商银行总行客户服务及运营中心景观设计

地址：上海市淞沪路303号创智天地广场三期1102室
邮编： 200433
电话： 021-33623936
传真： 021-33626289
网站： www.yunhan2006.com
邮箱： yunhan2006@126.com

上海云汉建筑设计事务所有限公司成立于2006年，属建筑事务所甲级单位。自创办以来一直致力于当代建筑的设计探索，是现代主义在当代中国建筑的实践者之一。上海云汉主要致力于各类大中型公共建筑、高端住宅和城市领域的设计研究，设计任务涵盖了各类民用与工业建筑类型。上海云汉强调发掘设计过程的内在逻辑，积极推行整体化的设计解决方案，以严谨的逻辑分析指导设计，并将城市设计、建筑设计、景观设计与室内设计视为完整的设计整体加以对待，力图为使用者提供最适合的一体化解决方案。

ZIBO HIGH-SPEED RAIL NORTH STATION

淄博高铁北站

建设地点：山东 淄博
建筑功能：交通建筑
建筑面积：35 000平方米
设计时间：2016年—2018年
项目状态：在建
设计单位：上海云汉建筑设计事务所有限公司
设计团队：谭东、郑浩

项目位于淄博市张店区北部淄博国家高新技术产业开发区，青银高速公路以北、丁庄路以南、西五路以西。

采用上进下出的高架跨线式站型，规划设计为南站房及广场，北面为下沉式广场。在靠近站前广场一侧，站房平面呈“凸”字形，站台总长约450米，在靠近站前广场一侧，结合高架落客平台设计了一个富有现代感和未来感的“舱体”，形成了一个内部通高25米的高挑空间。整合了入口雨棚和遮阳设施等多种功能，为主入口落客平台上高频度的室外活动提供了通风、遮阳、挡雨的室内外过渡空间，同时也营造了独特和趣味盎然的空间感受。

整体造型以疾驰列车的形象为隐喻，采用高技派手法，赋予站房建筑时代感和炫目的视觉冲击。设计以高铁速度诠释高速发展的城市形象。

HISTORICAL BUILDING REHABILITATION AND RENEWAL PROJECT OF SILK STREET DISTRICT, ANCIENT MARKET, ZHOUCUN STREET

周村大街古商城丝市街片区历史建筑修复与更新项目

建设地点：山东 淄博
用地面积：5 600平方米
设计时间：2015年—2016年
设计单位：上海云汉建筑设计事务所有限公司
主创设计：谭东、陈志文、褚晓颖 、杨国其、张维宇、王小强

建筑功能：商业建筑
建筑面积：5 925平方米
项目状态：方案

周村大街古商城历史建筑群始建于明代，20世纪初达到繁荣的顶峰，是北方地区古老的传统商业中心之一，素有“旱码头”的美誉。

本项目位于周村大街古商城丝市街和保安街之间，基地内除遗存的部分历史建筑外，其他建筑早已湮没缺失。本次设计任务除了对现存历史建筑加以修缮、保护和利用外，还要依据古商城的空间机理，对该区域进行复原，赋予其全新的商业功能并加以利用。更新后的街区延续了清末到民国初的传统建筑风格，并植入了餐饮、商业、住宿等商业功能。新的设计保留了古商城的传统商业空间，延续地方文化的传统记忆，同时加入现代的商业元素，使一个已经破败并正在消失的街区重新焕发出活力。

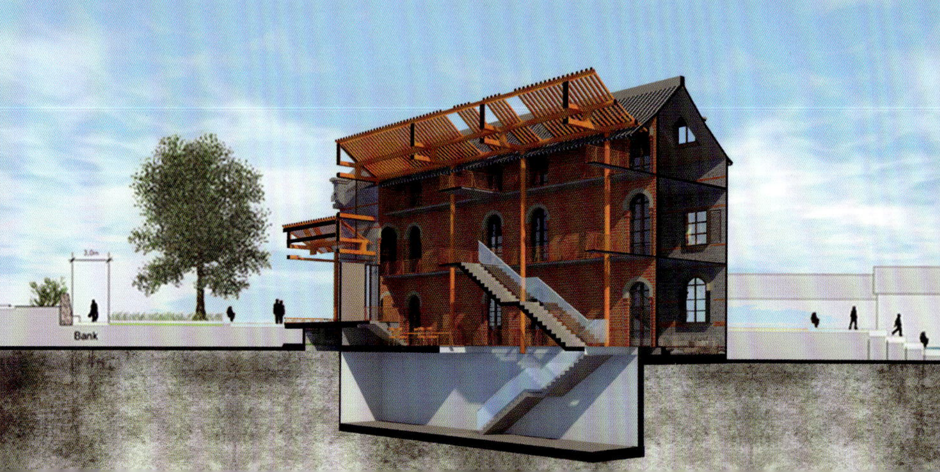

DINGCHENG GLOBAL PORT TRAVEL PROJECT

鼎成环球港文旅项目

建设地点：山东 淄博
建筑功能：居住、酒店、商业、办公建筑
用地面积：74 086平方米
建筑面积：30 700平方米
设计时间：2018年
项目状态：方案
设计单位：上海云汉建筑设计事务所有限公司
设计团队：谭东、张丹阳、解小楠、张维宇、
孙小琳、王帅、黄杰、杨国其、刘奇

项目位于淄博市张店区房镇镇，基地东临天津路，南临房文路，西接房宁路。酒店和公寓的主出入口设置在东侧的天津路上，面向城市主要道路，间隔城市绿化带。住宅主出入口设置在基地南侧的房文路上，次出入口设在房宁路上，远离城市主干道交叉口。

基地沿着天津路自北向南分别布置4栋高层酒店、公寓及其裙房；沿房文路布置2栋16层的住宅及其底层商业，基地中部错落有致布置6栋16层的住宅楼，西南角布置一座6个班级的幼儿园，北侧设有沿街商业。

立面主要采用现代的设计手法，注重发挥建筑结构本身的形式美，整体造型简洁大方。住宅设计追求舒适、自然、生态，设置大尺寸观景种植阳台。建筑外墙材料主要采用米色石材、深灰色铝板和玻璃幕墙结合，色彩协调，层次丰富。色彩上深浅搭配，材质上互相衬托，让建筑形体更加舒展、气派。

ZIBO ENTREPRENEURIAL INNOVATION VALLEY

淄博创业创新谷

建设地点：山东 淄博
建筑功能：办公、商业建筑
用地面积：304 060平方米
建筑面积：719 700平方米
设计时间：2016年
项目状态：方案
设计单位：上海云汉建筑设计事务所有限公司
设计团队：谭东、庞珍珍、闫鹏

项目位于淄博市中心城区张店区的西部的淄博新城区，东起世纪路，西至滨莱高速公路，南起309国道，北至济青高速公路，规划定位为行政办公、文化教育、金融信息、高端服务业，淄博市未来的政务、文化、体育、教育、金融中心，是推动淄博加快发展、带动产业转型升级的龙头功能区。

整个项目划分为A~H 8个地块，分别为公共科技创业孵化中心、专家人才公寓、企业定制孵化中心、高端科技创业孵化中心、商业配套及办公、文化创意开发中心、信息技术研究中心和预留发展用地。

整体围绕开放式中央公园展开，开敞的城市公园绿地空间为整个园区增添城市活力，围绕公园的东南西侧为多层花园式办公楼，内部多为可分可合的灵活式孵化空间，为中小型企业提供多样性的办公空间。北侧为高层办公区，作为文化创意开发中心。

S
淄博创业创新谷
S

SHANDONG PRECISION MEDICAL INDUSTRIAL PARK

山东省精准医疗产业园

建设地点：山东 淄博　　建筑功能：办公、商业建筑
用地面积：53 629平方米　　建筑面积：91 457平方米
设计时间：2018年　　项目状态：在建
设计单位：上海云汉建筑设计事务所有限公司
设计团队：谭东、庞珍珍、闫鹏

山东省精准医疗产业园位于周村区北郊镇，隶属于山东省淄博市，位于淄博西部，东邻张店区，南接淄川区，西南与章丘县接壤，西北与邹平县毗邻，东北与桓台县连界。

项目基地北侧联通路是城市主干道，西侧毗邻淄博职业技术学院周村校区，南侧是杏园子村，东侧是次干道学院东路。

基地东西方向沿街长度达200余米，南北方向平均进深190米左右，用地方正，基因大厦布置在基地北侧，其他多层办公楼和高层办公楼布置在基地南侧，尽量给建筑保留更多采光。主入口位置设置于靠近道路的北侧，留出入口广场，使空间更加舒适。建筑外墙材料主要采用浅米黄色石材和玻璃幕墙结合，层次丰富。营造在色彩上深浅搭配、材质上互相衬托、形体上更加舒展的立面效果。

ZIBO BIG DATA TOWN

淄博大数据小镇

建设地点：山东 淄博
建筑功能：办公、商业建筑
用地面积：127 993平方米
建筑面积：188 760平方米
设计时间：2018年
项目状态：方案
设计单位：上海云汉建筑设计事务所有限公司
设计团队：谭东、庞珍珍

项目位于淄博市高新区，地处淄博市中心城区张店区与周村区的交界处。地块北临华光路，往东连接淄博市中心，东侧靠西十五路，南侧和西侧皆为城市规划道路，基地整体地块方正，交通便利，地理位置优越。

地块整体规划遵循南低北高的原则，南侧多为4层小栋花园式办公楼，北侧则为10层的高层办公楼，地块中心为长宽皆为120米的围合型多层建筑，作为会议中心服务于整个园区，同时在体块上也作为园区的中心形象。主入口设置在北侧的华光路上，正对着会议中心，作为城市展示面。西侧沿规划道路设置三层的商业建筑。

园区整体采用石材与玻璃幕墙相结合的立面形式，呈现出现代化、科技化的整体园区形象，与园区的定位相契合。

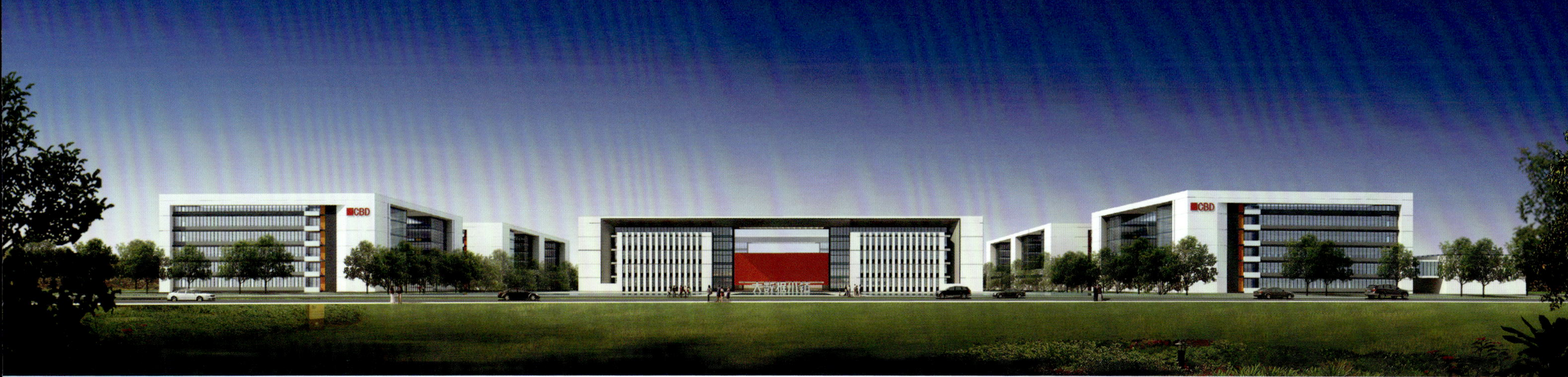

ARCHITECTS

张曙辉

职务： 北京八作建筑设计事务所创始人、设计总监、主持建筑师

教育背景

1998年—2003年　太原理工大学建筑学学士
2003年—2006年　天津大学建筑学硕士

工作经历

2006年—2013年　中国中元国际工程有限公司
2013年至今　北京八作建筑设计事务所

主要设计作品

银川滨河新区国际医疗城
建平县红十字会医院
巴嘎乡卫生院
丁青县藏医院
那曲地区人民医院
拉萨市中心医院

王淼

职务： 北京八作建筑设计事务所创始人、运营总监、主持建筑师

教育背景

1998年—2003年　河北建筑工程学院建筑学学士
2003年—2006年　北京工业大学建筑学硕士

工作经历

2006年-2013年　中国中元国际工程有限公司
2013年至今　北京八作建筑设计事务所

主要设计作品

西藏自治区妇产儿童医院
天津滨海新区中医医院
河南省洛阳正骨医院郑州医院
西藏自治区疾病预防控制中心
林芝市人民医院
西藏自治区藏医院

北京八作建筑设计事务所
Bazuo Architecture Design Studio

地址： 北京市西城区白塔寺东夹道40号
电话： 010-83326063
传真： 010-83324858
网址： www.bazuo.com.cn
电子邮箱： mwang@bazuo.com.cn

北京八作建筑设计事务所成立于2013年，是一家专注于医疗建筑及文化建筑领域的设计机构。事务所力求以设计改变人们的生活，让本土的医疗建筑更加亲切、有趣和生态；在文化建筑中探讨当代与传统的对话。

事务所的主要作品有：丁青县藏医院（荣获2018年“中国最美医院”）、巴嘎乡卫生院（冈仁波齐神山下的卫生院）、西藏自治区妇产儿童医院（海拔最高的儿童医院）、建平县红十字会医院（花园医院的典范）、简园（2015年北京国际设计周作品）、“玛尼堆中”（2017年天津国际设计周跨界作品）。

JIANPING RED CROSS HOSPITAL

建平县红十字会医院

项目业主：建平县红十字会医院
建设地点：辽宁 建平
建筑功能：医疗建筑
用地面积：25 914平方米
建筑面积：70 898平方米
设计时间：2017年
项目状态：在建
设计单位：北京八作建筑设计事务所
主创设计：张曙辉、王淼
参与设计：贾若天、谢馨伟、葛静、李阳、范争

圆与简：古有“天圆地方”之说，圆者发展变化，方者收敛稳定。“天圆地方”则效法自然“天人合一”。方形的医技主体体现了功能的干练，圆与简相得益彰。

看景：错落的平台和环抱的姿态为了可以时时赏景。

医养结合：以医养老，养老助医，形成新时代良好的医养结合模式。

TIBET AUTONOMOUS REGION MATERNITY CHILDRENS HOSPITAL

西藏自治区妇产儿童医院

项目业主：西藏自治区卫计委
建设地点：西藏 拉萨
建筑功能：医疗建筑
用地面积：40 000平方米
建筑面积：89 000平方米
设计时间：2016年
项目状态：在建
设计单位：北京八作建筑设计事务所
合作设计：中国建筑西南设计研究院有限公司
主创设计：张曙辉、王淼
参与设计：石岚、杨志强、李斌

本项目位于拉萨市柳梧新区，是西藏自治区最大的儿童专科医院，也是全国海拔最高的儿童专科医院。

分区与共享：儿童人群和妇产人群是两种不同的就医人群，儿童的特点是吵闹、好动，产妇需要安静、康宁的环境，需要对两种人流进行独立分区，通过中心共享空间实现使用上的联系。

光：场地与正南北朝向有约22°的夹角，倾斜的建筑是为了迎接正南的阳光。

舞动的哈达：哈达是吉祥的象征，舞动的哈达从现代的角度把藏文化与妇儿空间完美结合。

BAGA TOWN HOSPITAL

巴嘎乡卫生院

项目业主：阿里地区卫计委
建设地点：西藏 普兰
建筑功能：医疗建筑
用地面积：4 071平方米
建筑面积：2 079平方米
设计时间：2015年
项目状态：建成
设计单位：北京八作建筑设计事务所
主创设计：张曙辉、王淼
参与设计：刘继霞

冈仁波齐：巴嘎乡位于冈仁波齐脚下，这座世界公认的神山足以让这片神奇的土地世界闻名。

转山：山在藏民心中具有特殊的位置，尤其是一些在宗教中负有特殊意义的神山，将“转山”这种西藏特有的修行活动，尤其是转冈仁波齐作为本项目的灵感显得自然而然。

石：本项目所用石材与被誉为“吉祥须弥山”的扎什伦布寺的石材采自同一座山，相信该寺的吉祥会普照巴嘎乡。

DINGQING TIBET HOSPITAL

丁青县藏医院

项目业主：丁青县卫生局
建设地点：西藏 昌都
建筑功能：医疗建筑
用地面积：6 528平方米
建筑面积：3 753平方米
设计时间：2015年
项目状态：建成
设计单位：北京八作建筑设计事务所
主创设计：张曙辉、王淼
参与设计：贾若天、杨志强、刘欢
获奖情况：中国民族建筑研究会2017年全国最具特色十佳项目奖

台地的巧妙处理：10米断坎为基地不利因素，本设计利用屋顶拓展断坎以上活动空间，利用建筑减少护坡面积，形成独有空间和景观。

传统的层间布局：西藏传统建筑分为3层，上一神一治愈，中一人一住院，下一牲畜一支持，本次设计呼应西藏传统文化。

藏医的现代化：传统藏医仅有治疗空间，本设计采用现代工艺优化藏医治疗，实现“患者一治疗一医护”的模式。

LHASA CENTER HOSPITAL

拉萨市中心医院

项目业主：拉萨市卫计委
建设地点：西藏 拉萨
建筑功能：医疗建筑
用地面积：230 000平方米
建筑面积：209 000平方米
设计时间：2016年
项目状态：在建
设计单位：北京八作建筑设计事务所
合作设计：中国中建设计集团有限公司
主创设计：张曙辉、王淼
参与设计：刘继霞、石岚、李阳、葛静

藏式院落：现代的医疗系统规划，呈现的却是传统藏式的“回”字形院落。

生长：医疗主街设计为可南北生长的模式，为未来发展留足空间。

标准化：8.1米的柱网贯穿景观、建筑及室内，一气呵成。

NAGQU DISTRICT PEOPLE'S HOSPITAL

那曲人民医院

项目业主：那曲市民医院　建设地点：西藏 那曲
建筑功能：医疗建筑　用地面积：54 479平方米
建筑面积：67 911平方米　设计时间：2016年
项目状态：在建
设计单位：北京八作建筑设计事务所
主创设计：张曙辉、王淼
参与设计：李阳、贾若天

针对功能分散进行集中医技：原场地中门诊、医技、住院功能分散凌乱。对原有功能进行重新整合，集中布置医技功能，方便使用。

针对流线乱进行医患分流：原有场地因为功能分散的原因，造成混乱的交通流线。通过重新规划场地功能，将内部医、患、洁、污流线相对独立。

针对易污染进行集中处理：原有污物处理与医疗主体的距离过近，同时分散设置，容易对医疗区域造成污染。设计对污染源进行集中处理，远离医疗主体。

王聪

职务：梵朴设计创始人

教育背景

1999年　大连理工大学建筑学学士

工作经历

1999年　毕业后先后就职于张在元喜马拉雅空间设计、余加工作室、AECOM、华森建筑设计院

2009年　加入深圳华汇设计，独立带领团队，2013年成为董事

2016年　创立梵朴设计

建筑思想

设计始终关注建筑与城市、建筑与自然、建筑与人的和谐关系，将人文关怀融入建筑空间设计，用建筑去修复城市文脉，追求宁静与优雅的设计风格。

主要设计作品

中海云麓公馆
昆明招商雍景湾
富阳水榭山
广州万科爱地住区
康利工业园城市更新
东莞中天联科国际信息产业园
深圳碧桂园沙埔旧改项目
空中生活（流动峡谷）
深圳凸版印刷工业区城市更新
贵州铜仁梵净山居度假酒店
宁波天一文苑酒店
衢州粮仓艺术酒店
南山文化艺术博览馆

个人荣誉

1. 广州万科爱地住区　荣获2012年世界华人建筑师公寓设计金奖
2. 杭州莱蒙水榭山　荣获2012年地产风尚奖
   2013人居规划金奖
   2014世界华人建筑师协会住宅与住区设计银奖
3. 重庆东原湖山樾别墅　荣获2014年全国人居建筑、环境双金奖
4. 深圳南山艺术博览馆　荣获竞赛第一名
5. 深圳市高级中学泥岗校区　荣获竞赛创意奖
6. 深港城市双年展未来城市竞赛入围前十

地址：深圳市宝安区新湖路华美居B区811-812
电话：0755-23202617
网址：www.fanpu-sz.com
邮箱：fanpu@fanpu-sz.com

梵朴设计创立于2016年，项目以深圳为核心，覆盖中国各个地区。梵朴设计以创新、实用、低碳、优雅为宗旨；以设计创新为灵魂；以引领市场打造精品为目标；以建筑设计为出发点，延伸到景观、室内、家具、部品设计等。

随着社会的不断进步，大众对设计的要求将愈加注重个性化的体现。梵朴设计旨在打造以项目为核心、专业化的、具有创造力的设计团队，对建筑场景进行全方位思考和营造，对建筑的全过程跟踪控制。梵朴设计凭借创新的设计思维、高品质的设计质量、优秀的服务态度连年获得业内的认可。同时梵朴设计也积累了众多卓越的合作伙伴（万科、中海地产、广东中天集团、碧桂园、招商蛇口、保利地产、协信、大海智地、远洋等），并与他们互利共赢。

URBAN RENEWAL OF KANGLI INDUSTRIAL PARK

康利工业园城市更新

项目业主：布吉・康利集团
建设地点：广东 深圳
建筑功能：商业、公寓、办公建筑
用地面积：41 607平方米
建筑面积：249 642平方米
容 积 率：6.0
设计时间：2018年
项目状态：方案设计
主创设计：王聪、于峰
参与设计：陈俊杰、秦阳、肖晶、龚晗、何丽丹、黎文淞

项目旨在打造集消费、娱乐、亲子于一体的城市商业综合体。组合多种业态，打造完整的集中商业模式。利用景观资源营造高端居住品质空间，根据原始地形高差充分发掘城市立体空间的价值。

以古典比例控制立面，运用由下至上的虚实变化、三段式的手法，生成超群的现代塔楼形象，成为地区新地标。

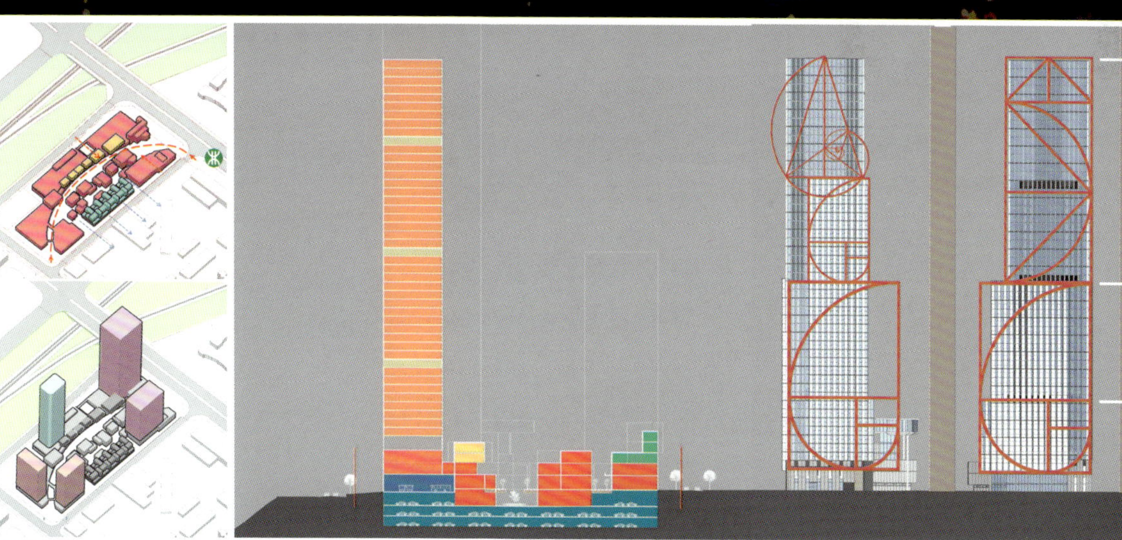

URBAN RENEWAL OF SHENZHEN RELIEF PRINTING INDUSTRIAL ZONE

深圳凸版印刷工业区城市更新

项目业主：深圳市宏正达房地产开发有限公司
建筑功能：商业、住宅、办公建筑
建筑面积：257 694平方米
设计时间：2016年
项目状态：方案设计
主创设计：王聪、廖世游
参与设计：林福扬、赵銮、郑立鹏
建设地点：广东 深圳
用地面积：29 249平方米
容 积 率：6.7

项目的设计理念

以“山、水、树、云”四种自然意向打造1+1+1+1>4的大社区生活理念。

山——办公与居住；　　水——商业流线；

树——景观绿化；　　　云——地标。

总体的围合布局形态是大社区理念的基础，三个不同性质的地块，办公需要绿色生态，灵活可变；商业需要流线便捷、人员密集；住宅公寓需要环境、配套和活动空间。设计师将三者联动都贡献出一部分彼此需求，三者合而为一，从而实现价值最大化。

建筑的围合布局形成峰峦起伏的天际线，统一连续的购物环境，宛若涓涓流水穿流于山间，树的景观无处不在，“山腰”浮云翩跹，漂浮着的餐厅与豪宅，不仅自身景致极佳，更是整个项目的视觉焦点。

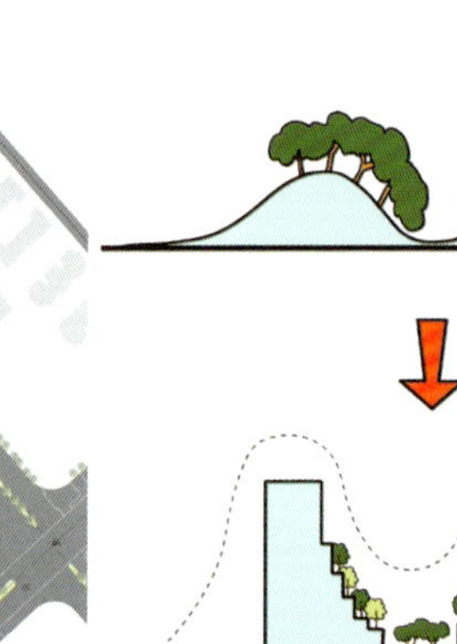

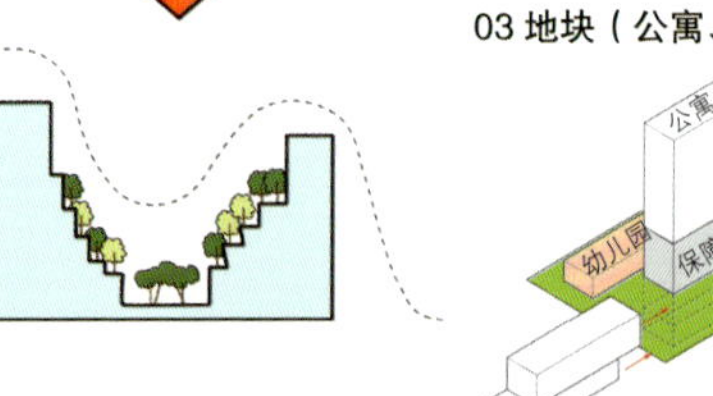

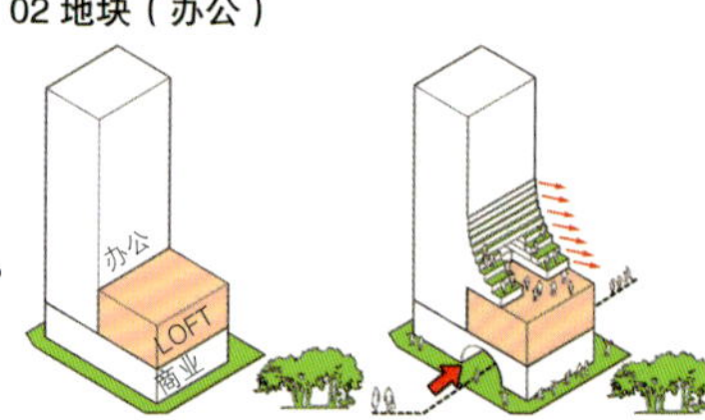

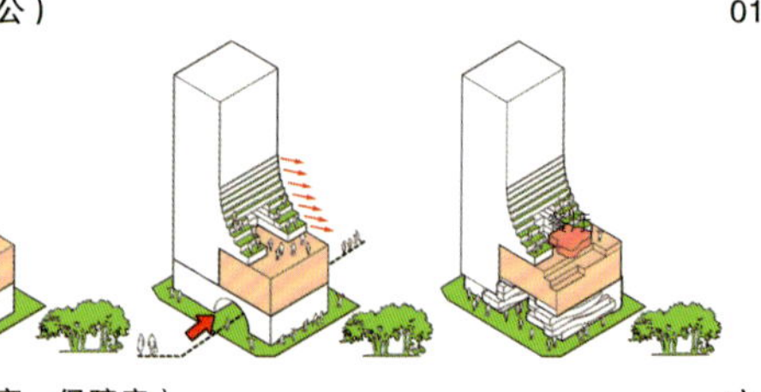

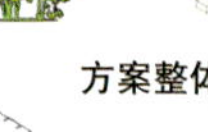

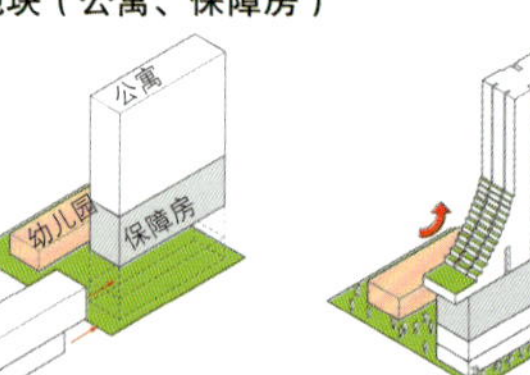

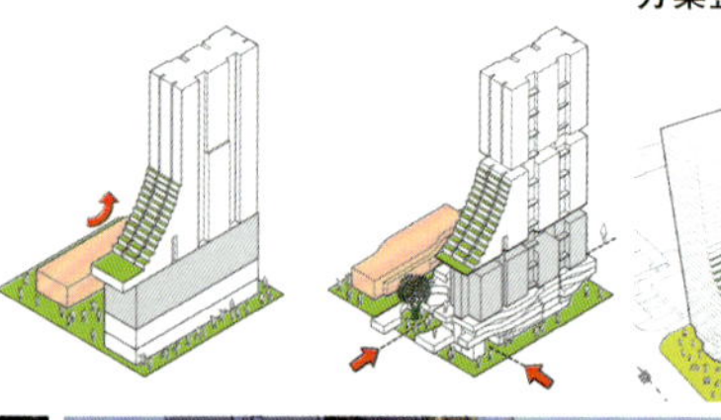

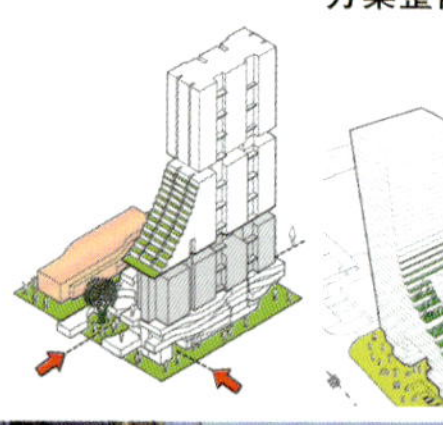

LIFE ON AIR—FLOWING CANYON

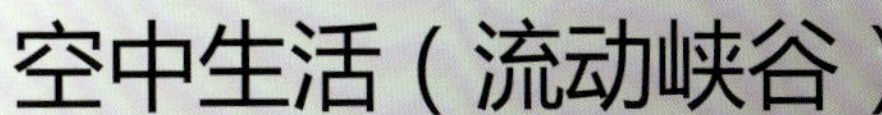

空中生活（流动峡谷）

建筑功能：商业、住宅、办公建筑
用地面积：100 000平方米
建筑面积：1 000 000平方米
容 积 率：10.0
设计时间：2013年
项目状态：方案设计
主创设计：王聪
参与设计：郑昕、刘希
获奖情况：深港城市双年展未来城市竞赛入围前十

未来建筑不仅是多种功能的组合，而它也是多种生活方式的载体。

在考虑层高的前提下，设计师采用的是减法：在250米×400米的基地上去雕塑一个山谷之城。让新建筑融于环境，景观视线在山与广场之间流动，让新建筑成为景观的一部分。

设计师用抛物线结构解决大跨度问题；用光庭和采光通道解决大进深带来的采光问题；将文化与展览功能置于中庭之中，让文化与生活紧密结合；引导人们从地面走向屋顶，走进峡谷，走向远山，提倡步行，减少对能源的浪费；希望峡谷成为鸟类的栖息地，让自然重新回到人们身边。也许这就是未来。

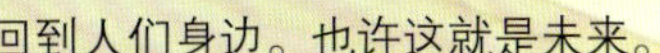

南立面图

体量演变

引入高迪弧线形成景观通廊

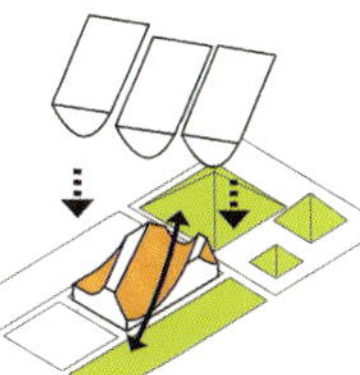

打通体量，接驳城市道路

置入空中连廊与中庭，联系各个功能，创造共享空间

景观挑台的引入带来高品质的绿化生活体验

运用采光井，保障室内空间的采光性

通过地铁扶梯直达空中平台，打造城市的生态休憩空间

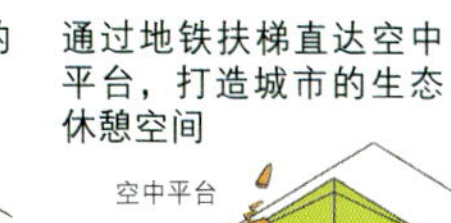

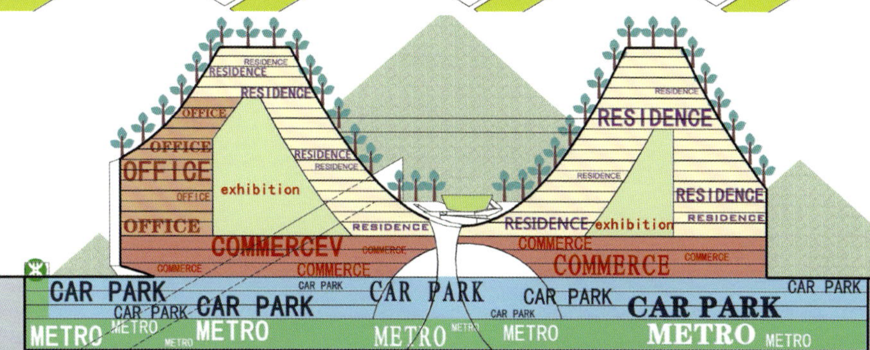

MERCHANTS GUANGMING SCIENCE AND TECHNOLOGY PARK

招商光明科技园

项目业主：招商局光明科技园有限公司
建设地点：广东 深圳
建筑功能：办公建筑
用地面积：16 346平方米
建筑面积：52 380平方米
容 积 率：2.2
设计时间：2017年
项目状态：中标方案
主创设计：王聪
参与设计：于峰、陈海、秦阳

项目寻求与现有园区建筑的协调，创造与周边道路的界面互动，形成“8”字形的“无穷”布局形式。挖掉中心体量得到南北两院，再突破“无穷形”将中间体量抬起直指长空，然后打通南北两院，获得底层一体空间，形体由平面的“无穷”变为立体的“无穷形”，犹如盘龙而上，寓意科技蓬勃创新、蒸蒸日上。

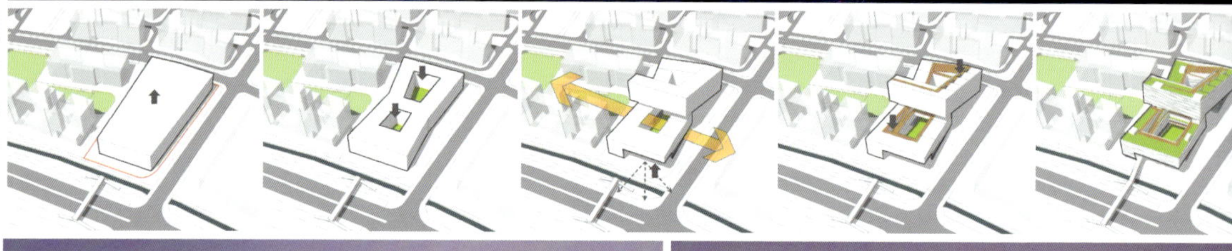

ZHONGHAI PIEDMONT MANSION

中海云麓公馆

项目业主：中海地产
建设地点：广东 东莞
建筑功能：住宅建筑
用地面积：73 071平方米
建筑面积：222 407平方米
容 积 率：2.0
设计时间：2017年
项目状态：建成
主创设计：王聪、廖世游
参与设计：乔光庆、林福杨、赵鸾、秦阳

东莞是广东历史文化名城，设计师在客侨文化中寻求新的方向，中西合璧，让云麓公馆成为既适合现代生活又有文化底蕴的新名片。

“云麓”定义了诗意的栖居，凝聚了“岭南风情”的别墅和“大都会风格”的高层住宅，成就了诗和远方与现代都市生活的并存。

在别墅区的规划中融入了中国传统礼序思想，梳理出一街二巷七坊的规划制式。讲究仪式性的规划理念，使住户的居住体验在感官和精神层面得到极大的满足，是现代生活和传统文化思想的完美结合。

FUYANG HIDDEN VALLEY

富阳水榭山

项目业主：莱蒙置业（富阳）有限公司
建设地点：浙江 杭州
建筑功能：住宅建筑
用地面积：280 000平方米
建筑面积：297 640平方米
容 积 率：1.1
设计时间：2010年
项目状态：建成

主创设计：王聪
参与设计：郭翰平、乔光庆
获奖情况：2012年地产风尚奖
2013年人居规划金奖
2014年世界华人建筑师协会住宅与住区设计银奖

项目最开始推出漂浮的村落概念，在村落之间设计岛居、谷居等生活方式围绕其展开。由于别墅面积的不断增加，使得漂浮的岛居变得拥挤，但仍保留着居住者回家路径不断变换的仪式感。

ARCHITECTS

吴正

职　　务：上海大小建筑设计事务所有限公司设计总监
职　　称：国家一级注册建筑师
高级建筑师
中国建筑学会会员
中国绿色建筑工程师（高级）
国际注册高级绿色建筑工程师

教育背景
1995年—2000年　同济大学建筑系学士

工作经历
2000年7月—2011年4月　华东建筑设计研究院有限公司
2011年4月至今　上海大小建筑设计事务所有限公司

个人荣誉
特立尼达和多巴哥国西班牙港国家艺术中心　荣获2011年全国优秀工程勘察设计行业建筑工程三等奖及第四届上海市建筑学会建筑创作奖佳作奖
南通智慧之眼　荣获上海市建筑学会第六届建筑创作奖公共建筑类佳作奖
浙江安吉两山创客小镇　荣获2016年国际空间设计大奖——艾特奖最佳公共建筑设计入围奖
北京银河财智中心　荣获2016年国际空间设计大奖——艾特奖最佳公共建筑设计入围奖
上海市建筑学会第七届建筑创作奖提名奖
首届全国建筑玻璃艺术设计大赛建筑艺术类铜奖
海门謇公湖农产品展销中心　荣获2017年国际空间设计大奖——艾特奖中国上海赛区公共建筑铜奖
上海弘奥投资总部　荣获2016年国际空间设计大奖——艾特奖最佳办公空间设计入围奖
上海万达信息云数据中心　荣获上海市建筑学会第七届建筑创作奖提名奖

主要获奖设计作品
南通智慧之眼
北京银河财智中心
浙江安吉两山创客小镇
上海弘奥投资办公总部
特立尼达和多巴哥国家剧院
北京唐韵山庄

学术成就
编制《现代设计集团及华东院协同设计导则》
编制《建筑门窗自动统计系统软件》，并获国家专利，软著登字第0187071号

大小建築
SLASTUDIO

地址：上海市恒丰路568号恒汇国际大厦906室
邮编：200070
电话：021-32261209
传真：021-32261016
电子邮箱：sla_shanghai@126.com
网址：www.sla.net.cn

上海大小建筑设计事务所有限公司成立于2011年4月，是一家由主持建筑师李瑶、设计总监吴正等数位资深建筑师创建的富有经验和创意的甲级建筑设计事务所。设计作品屡获嘉奖，在包括酒店、办公、商业等城市综合体设计中表现了成熟的设计理念。

公司非常注重项目的环境因素与文化因素，借助建筑前沿的技术手段将设计理念和客户愿景充分结合。通过全过程把控对项目进行整体设计，同时也展现出对建筑细节的关注和刻画，以"小而精致、大至精彩"的原创设计精神创作不同类型的设计作品。

HAIMEN JIANGONG LAKE AGRICULTURAL PRODUCTS EXHIBITION CENTER

海门謇公湖农产品展销中心

项目业主：海门沿江淡水养殖场
建设地点：江苏 海门
建筑功能：商业建筑
用地面积：11 130平方米
建筑面积：4 955平方米
设计时间：2014年—2015年
项目状态：建成
设计单位：上海大小建筑设计事务所有限公司
主创设计：李瑶、吴正
参与设计：龚嘉炜、傅俐俊、仲濛晖
获奖情况：2017年国际空间设计大奖——艾特奖
中国上海赛区公共建筑铜奖

项目位于海门市謇公湖北侧地块，南临上海路，北临大丰路，西临东江路，东临黄浦江路。现以农家鱼塘为主要用途，周边地势平坦。现阶段目标重新规划B2地块红线区域，丰富功能体块，增加此区域的用途。

基地地势平坦，南北进深约82米，东西面宽约135米，用地规整。地块东、南两侧拥有良好的交通面，西侧面朝农家鱼塘，拥有良好的自然生态。

项目作为该区域渔业、农耕产业的主要基地之一，为扩大其影响力，改善产业结构的原始性，推广先进技术下的农业产品，目标打造謇公湖农产品展销中心，提供“新鲜、直供、品质优良”的农产品销售服务。

项目立意取自最具江南特色的园林建筑，通过坡顶的自由变换，凸显一种水的韵律，江南水韵由此而生。项目充分体现了绿色环保、以人文本的建筑理念，与周围环境达成完美的契合。

NANTONG EYE OF WISDOM

南通智慧之眼

项目业主：江苏星湖置业有限公司
建设地点：江苏 南通
建筑功能：办公建筑
用地面积：17 912平方米
建筑面积：68 711平方米
设计时间：2011年—2013年
项目状态：建成
设计单位：上海大小建筑设计事务所有限公司
主创设计：李瑶、吴正
参与设计：孙涛、项辰、高海瑾
获奖情况：2015年上海市建筑学会第六届建筑创作奖
公共建筑类佳作奖

南通智慧之眼是由江苏星湖置业有限公司投资以金融商业办公为主的甲级办公楼。项目基地位于南通技术开发区核心区域，北邻能达大厦，南接润华国际大厦和财富大厦，属于开发区核心CBD区域，是对整个商务区功能业态的补充和完善。基地用地南北进深约136米，东西面宽约144米，用地规整。地块四周均有良好的交通及良好的景观。

设计立意为“智慧之眼”，通过简洁流畅的造型、先进的绿色节能概念，表现独特的建筑风格。立面造型设计结合功能设计，表现承载与传承文化的“卷轴”理念，寓意“智慧内敛，智珠在握”，与智慧之眼的主题呼应，以柔性的线条和流畅的空间激发人们无尽的灵感与想象。

建筑立面采用参数化的设计手法，通过多方位的电脑模拟和精算，获得最佳的视觉效果和最合理的造价控制。

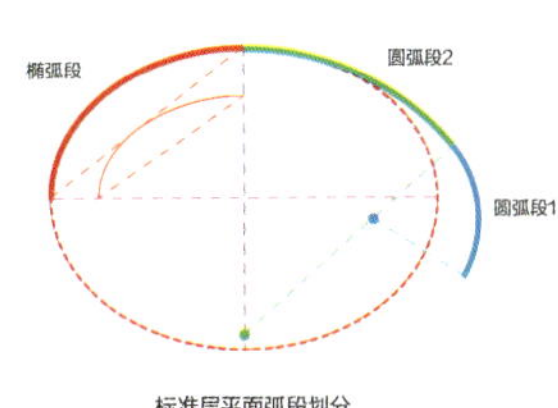

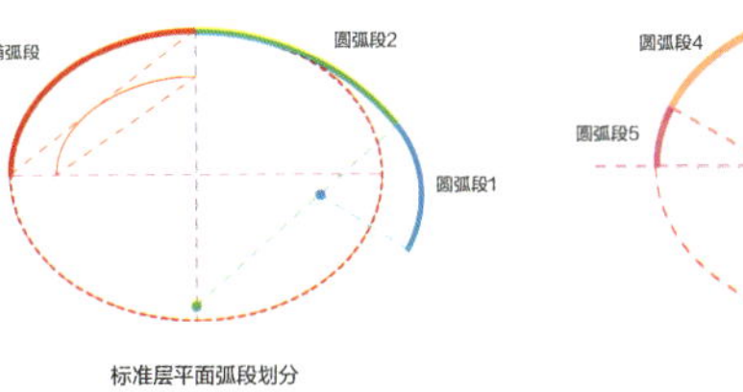

标准层平面弧段划分

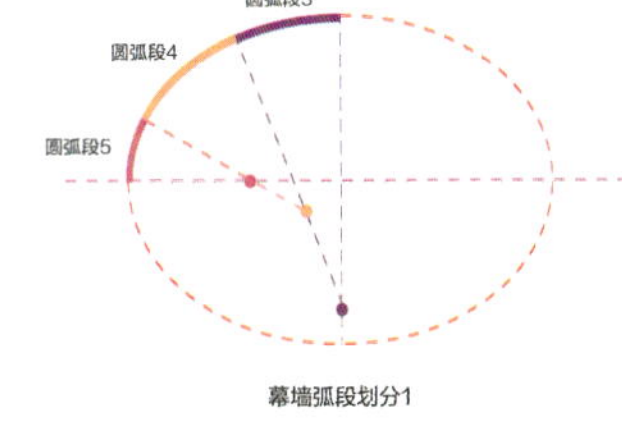

幕墙弧段划分1

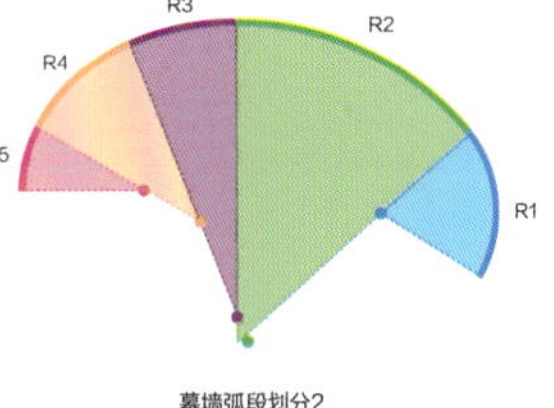

幕墙弧段划分2

按圆弧等分是最简单的方式，玻璃的竖向线条是上下贯通的，能充分地表现立面效果，但是这样会产生大量的玻璃尺寸，简单计算就有 5（圆弧的数量）× 16（建筑的楼层数）×3（每段玻璃再划分为三段）=240种玻璃尺寸，每层由15种尺寸的玻璃组成。

从经济性考虑将采用平板玻璃拟合双曲面，但由于椭弧段等分后的线段与上部等分后的线段不平行，无法形成平板玻璃的分段，所以将椭弧段用三段圆弧去拟合。

这样标准的平面就化解为5段弧的拼接，简化接下来的划分工作。

5层划分结果

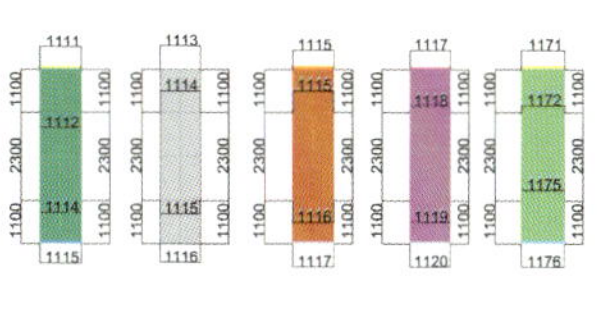

5层幕墙单元尺寸

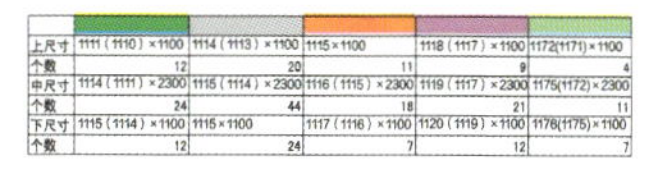

上尺寸	1111（1110）×1100	1114（1113）×1100	1115×1100	1118（1117）×1100	1172(1171)×1100
个数	12	20	11	9	4
中尺寸	1114（1111）×2300	1115（1114）×2300	1116（1115）×2300	1119（1117）×2300	1175(1172)×2300
个数	24	44	18	21	11
下尺寸	1115（1114）×1100	1115×1100	1117（1116）×1100	1120（1119）×1100	1176(1175)×1100
个数	12	24	7	12	7

5层幕墙单元数量统计

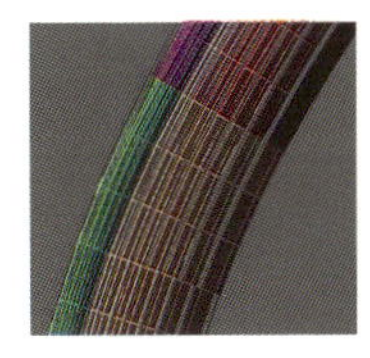

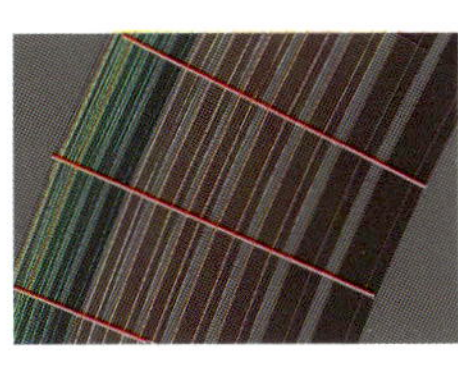

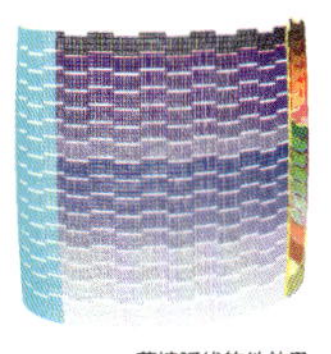

幕墙弧线软件效果

16层划分结果

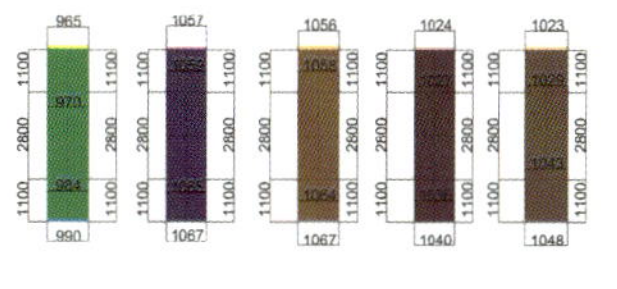

16层幕墙单元尺寸

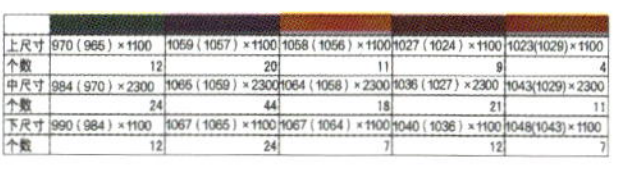

上尺寸	970（965）×1100	1059（1057）×1100	1058（1056）×1100	1027（1024）×1100	1023(1029)×1100
个数	12	20	11	9	4
中尺寸	984（970）×2300	1065（1059）×2300	1064（1058）×2300	1036（1027）×2300	1043(1029)×2300
个数	24	44	18	21	11
下尺寸	990（984）×1100	1067（1065）×1100	1067（1064）×1100	1040（1036）×1100	1048(1043)×1100
个数	12	24	7	12	7

16层幕墙单元数量统计

BEIJING WEALTH CENTER OF GALAXY

北京银河财智中心

项目业主：北京上善恒盛置业有限公司
建设地点：北京
建筑功能：办公、商业综合体
用地面积：12 500平方米
建筑面积：87 325平方米
设计时间：2012 年
项目状态：建成
设计单位：上海大小建筑设计事务所有限公司
主创设计：李瑶、吴正
参与设计：项辰、高海瑾、孙涛
获奖情况：首届年全国建筑玻璃艺术设计大赛建筑艺术类铜奖
2016年国际空间设计大奖——艾特奖最佳公共建筑入围奖

项目选址北京市长安街西沿线南侧，东临石景山区CRD绿化广场，属石景山核心区中央位置。地块现状为城市绿地，呈南北向长条形，南北向长约143米，东西向长约95米。地块北高南低，最大高差约 3.8米。

从景观角度上讲，基地北侧的长安街提供了良好的城市对景，东侧CRD区域绿化广场，形成绿色通道，东、北两侧具备了良好的景观视线。在前期策划过程中，基于限高和内部功能的需求，南北双塔形成了均衡性的布局方式。塔楼尽量贴靠建筑退界线，最大程度地拉大南北两塔之间的距离，满足消防间距要求并减弱对视问题。结合高差和东侧城市绿化广场对城区的开放要求，采用裙房首层架空的方式，将西侧的视线与区域中心保持贯通，塑造了一个开放的城市架空广场。架空广场既协调了南北两塔的高差，又形成了地上地下的连接，这一空间成为整个项目的结点。

中铁建设大厦
务实 奉献
创新 奋进

SHANGHAI WANDA INFORMATION CLOUD DATA CENTER

上海万达信息云数据中心

项目业主：万达信息股份有限公司
建设地点：上海
建筑功能：办公建筑
用地面积：20 969平方米
建筑面积：37 710平方米
设计时间：2013年
项目状态：建成
设计单位：上海大小建筑设计事务所有限公司
主创设计：李瑶、吴正
参与设计：高海瑾、傅俐俊、唐旭文

项目位于上海闵行区漕河泾新兴技术开发区浦江高科技园，地块交通便利，南侧为联航路，东侧为三鲁路。基地东区为已建一期研发楼。基地用地南北进深290米，东西面宽230米，地块基本为矩形。地块四周均为待开发的CBD区域，各朝向均有良好的商业开发面。其西侧与开发区总部大楼以一条绿化带相隔。

项目所在用地较为狭长，一期建筑已经构成了弧长的视觉特征，二期若采用方形建筑形式从组合上无法形成对应，因此也选择了弧形的布局，这样既达到和一期的呼应，同时随着弧形走向退让出局部城市空间，以削弱对城市拥堵的感觉，并通过建筑间的开口形成有效的城市节奏。

YIXING HEQIAO COMMERCIAL STREET

宜兴和桥步行水街

项目业主：江苏中超地产置业有限公司　建设地点：江苏 无锡
建筑功能：商业综合体　用地面积：20 113平方米
建筑面积：42 470平方米　设计时间：2012年—2013年
项目状态：建成
设计单位：上海大小建筑设计事务所有限公司
主创设计：李瑶、吴正
参与设计：高海瑾、傅俐俊、龚嘉炜

项目位于和桥中心。东至和闸公路，南至海棠路，西至鹅洲东路，北至大树人家安置小区。基地用地呈梯形，南北进深113米，东西面宽250米。基地周边地块的配套设施较为成熟，南侧为在建五洲商业综合体，基地中间部位有河道穿过。

根据地块特征，建筑分南北两块沿河道布置，由平台相连接。商铺间既相互独立又形成一个整体区域。首层商业主要沿河布置，利用景观河道的商业价值，增进商业的人流导引。二层采用丰富的室外平台串联起所有的商业空间，形成环路，交通便利，提升二层的商业价值。三层为店铺，以餐饮为主，每两组共享一个交通核，即由二层屋顶形成的花园，提升了用餐环境。

"接近自然，回归自然"——在基地内部利用现有的河道形成景观绿化和水体。景观水体的引入 ，可以形成基地内部的"绿肺"，达到对基地内部"微气候"环境的调节，打造舒适宜人的环境。同时，富有层次感的水体景观，将成为基地视觉焦点，提升地块的整体品位。基地通过斜向的"广场—水景—建筑"视觉通廊，形成一个完整的景观轴线。

ARCHITECTS

ZCCET 中天世纪 湖北中天世纪工程技术有限公司
HUBEI ZHONGTIAN CENTURY ENGINEERING TECHNOLOGY CO.,LTD

魏清桥

职务：湖北中天世纪工程技术有限公司董事长
职称：高级建筑师

教育背景

1985年—1989年　西安冶金建筑学院建筑系学士
2008年—2012年　华中科技大学管理学院EMBA

工作经历

1989年—1994年　武汉钢铁集团公司设计研究院
1995年—1998年　香港王董建筑师事务所
1998年至今　湖北中天世纪工程技术有限公司

个人荣誉

2006年　武汉市优秀设计三等奖
2008年　武汉市优秀设计三等奖
2010年　湖北省优秀设计三等奖
2010年　武汉市科技进步三等奖
2012年　武汉市优秀设计二等奖
2018年　武汉建筑及勘察设计行业双十佳优秀创新奖

主要设计作品

钟祥市人民医院新院区
天门市第一人民医院
天门市中医院
武汉市第二中西医结合医院
恩施市妇幼保健医院
武汉市七医院
武汉市乔亚老年康复医院
监利楚天医院
武汉凯德广场
湖北大学知行学院
通城县一中新校区
武汉市凯德广场
安阳奥特莱斯
仙桃豪布斯卡
武汉宜化总部基地
天门市万林图书馆
监利县弘源学校
荆州花涧堂度假酒店

JIANLI CHUTIAN HOSPITAL

监利楚天医院

建设地点：湖北 荆州
建筑功能：医疗建筑
用地面积：92 923平方米
建筑面积：127 208平方米
设计床位：500个
设计时间：2016年
项目状态：在建
设计单位：湖北中天世纪工程技术有限公司

NEW HOSPITAL OF ZHONGXIANG PEOPLE'S HOSPITAL

钟祥市人民医院新院区

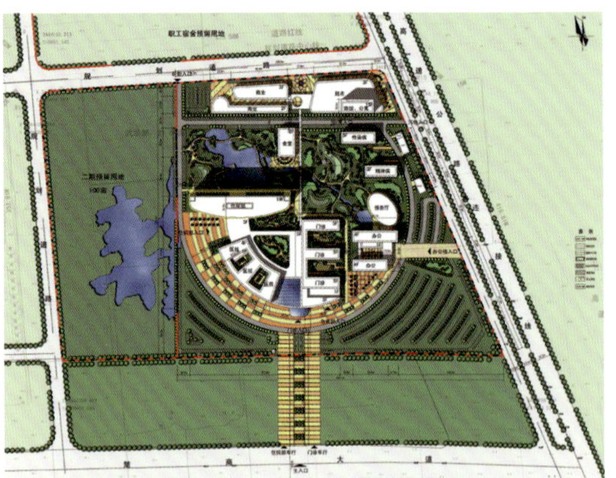

建设地点：湖北 钟祥
建筑功能：医疗建筑
用地面积：212 976平方米
建筑面积：162 170平方米
设计床位：1 000个
设计时间：2013年
项目状态：建成
设计单位：湖北中天世纪工程技术有限公司

门诊部

TIANMEN FIRST PEOPLE'S HOSPITAL

天门市第一人民医院

建设地点：湖北 天门
建筑功能：医疗建筑
用地面积：211 736平方米
建筑面积：296 095平方米
设计床位：2 000个
设计时间：2017年
项目状态：在建
设计单位：湖北中天世纪工程技术有限公司

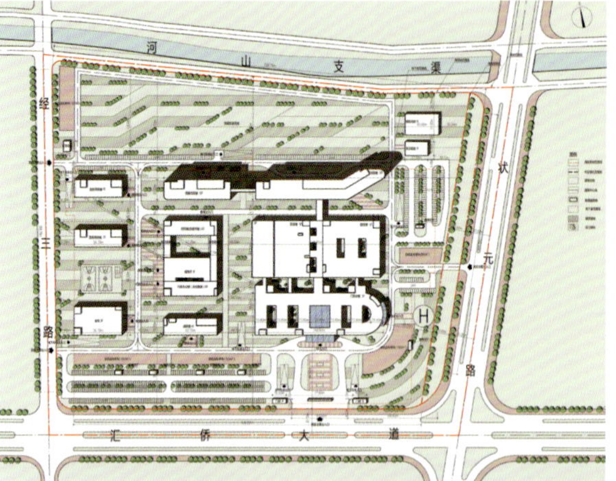

天门市第一人民医院
门 诊
急 诊

JINGZHOU HUAJIANTANG HOLIDAY HOTEL

荆州花涧堂度假酒店

建设地点：湖北 荆州
建筑功能：酒店建筑
用地面积：15 926平方米
建筑面积：2 388平方米
设计时间：2014年
项目状态：建成
设计单位：湖北中天世纪工程技术有限公司

许滢

职务：广东省建筑设计研究院第五建筑设计研究所总建筑师
中国建筑学会城市设计分会第一届理事会理事
职称：建筑学高级工程师
国家一级注册建筑师

教育背景
湖南大学建筑学院建筑学学士
华南理工大学建筑学院建筑与土木工程硕士

工作经历
1998年至今　广东省建筑设计研究院

主要设计作品
广东省博物馆新馆
广州市妇女儿童医疗中心南沙院区
暨南大学南校区体育馆
广州市党员干部法纪教育基地
广东省技工教育示范基地
北部湾体育中心
汕头市潮南区人民医院异地新建项目
粤剧艺术博物馆
惠州市第一妇幼保健院
广东省立中山图书馆改扩建项目二期工程
广州市天气雷达站改建项目
博罗博师高级中学
珠海唐家第二工业区升级改造项目

设计态度
投入人生的旅程中，不失开放的胸怀和童稚的热情。
投入设计的生涯里，拥有建筑的记忆，更被建筑的记忆拥有。

个人荣誉
2016年　中国建筑设计奖·青年建筑师奖（原第十一届中国建筑学会青年建筑师奖）
广东省博物馆新馆　荣获2011年全国优秀工程勘察设计行业奖建筑工程一等奖
第六届中国建筑学会建筑创作优秀奖
2011年中国文化建筑范例工程
2013年中国威海国际建筑设计大奖赛银奖
2011年广东省优秀工程设计一等奖
2011年广东省优秀建筑设计优秀智能化设计二等奖
第三届广东省土木工程詹天佑杯
粤剧艺术博物馆　荣获2017年全国优秀工程勘察设计行业奖建筑工程二等奖
2017年全国优秀工程勘察设计行业奖园林景观工程设计一等奖
2017年广东省优秀工程设计一等奖
2017年广东省优秀建筑园林景观一等奖
第四届广东省土木建筑学会科学技术奖二等奖
2016年—2017年度中国建设工程鲁班奖
2016年广东省宜居环境范例奖
惠州市第一妇幼保健院　荣获2013年广东省优秀工程设计三等奖

学术成就
出版著作《羊城春秋》《粤剧艺术博物馆建设实录》
于《建筑学报》《建筑创作》等刊物发表多篇论文

广东省建筑设计研究院（GDAD）创建于1952年，是中华人民共和国第一批大型综合勘察设计单位之一，改革开放后最早推行工程总承包业务的现代科技服务型企业，全球低碳城市和建筑发展倡议单位、全国科技先进集体、全国优秀勘察设计企业、当代中国建筑设计百家名院、全国企业文化建设示范单位、广东省高新技术企业、广东省守合同重信用企业、广东省抗震救灾先进集体、广东省重点项目建设先进集体，现代工程建设设计运营服务商。

GDAD现有专业技术人员2 700余名，其中工程院院士1 名、全国工程勘察设计大师2名、享受国务院政府特殊津贴专家15名、教授级高级工程师54名、高级工程师498名、工程师635名、各类执业注册人员542名，形成素质优良、结构合理、专业齐备、效能显著的人才梯队。

GDAD现有建筑工程设计、市政行业设计、工程勘察、工程咨询、城乡规划编制、建筑智能化系统工程设计、风景园林工程设计、建筑装饰设计、工程建设监理、招标代理、工程承包、施工图审查等甲级资质以及轨道交通设计资质，形成以设计为主业，以规划、勘察、咨询、总承包、审图、监理、技术研发等为重要补充的产业格局，立足广东、面向国内外开展现代科技服务。

GDAD将继续秉承“守正鼎新，营造臻品”的核心价值观，发扬“绘雅方寸，筑梦千里”的企业精神，充分利用人才、技术、科研、创新和品牌的综合优势，为广大客户提供高效优质的服务，共同设计未来，成就梦想。

广东省建筑设计研究院第五建筑设计研究所，现有设计师57人（教授级3人、高级11人、中级17人），国家一级注册建筑师、工程师13人，设计阵容齐整。团队专注于体育、交通、会展、大跨度建筑及星级酒店设计，赢得了2008年北京奥运会自行车馆、广州亚运会自行车馆、昆明南站、湛江机场等具有国际影响的重大项目，曾获全国优秀设计金奖、部级优秀勘察设计一等奖、中国建设工程鲁班奖、詹天佑土木工程大奖、广东省优秀工程设计一等奖、广东省优秀建筑结构设计一等奖、百年百项杰出土木工程奖、全国十大建设科技成就奖等。

地址：广州市荔湾区流花路97号
电话：020-86681575
传真：020-86677463
网址：www.gdadri.com
电子邮箱：gdadri@gdadri.com

NEW MUSEUM OF GUANGDONG MUSEUM

广东省博物馆新馆

项目业主：广东省文化厅
建设地点：广东 广州
建筑功能：博物馆
用地面积：41 027平方米
建筑面积：66 280平方米
设计时间：2005年—2009年
项目状态：建成
设计单位：广东省建筑设计研究院、许李严建筑师事务有限公司
主创设计：严迅奇
设计团队：江刚、许滢、谭伟霖、陈星、刘福光、陈建飙、陈衷华

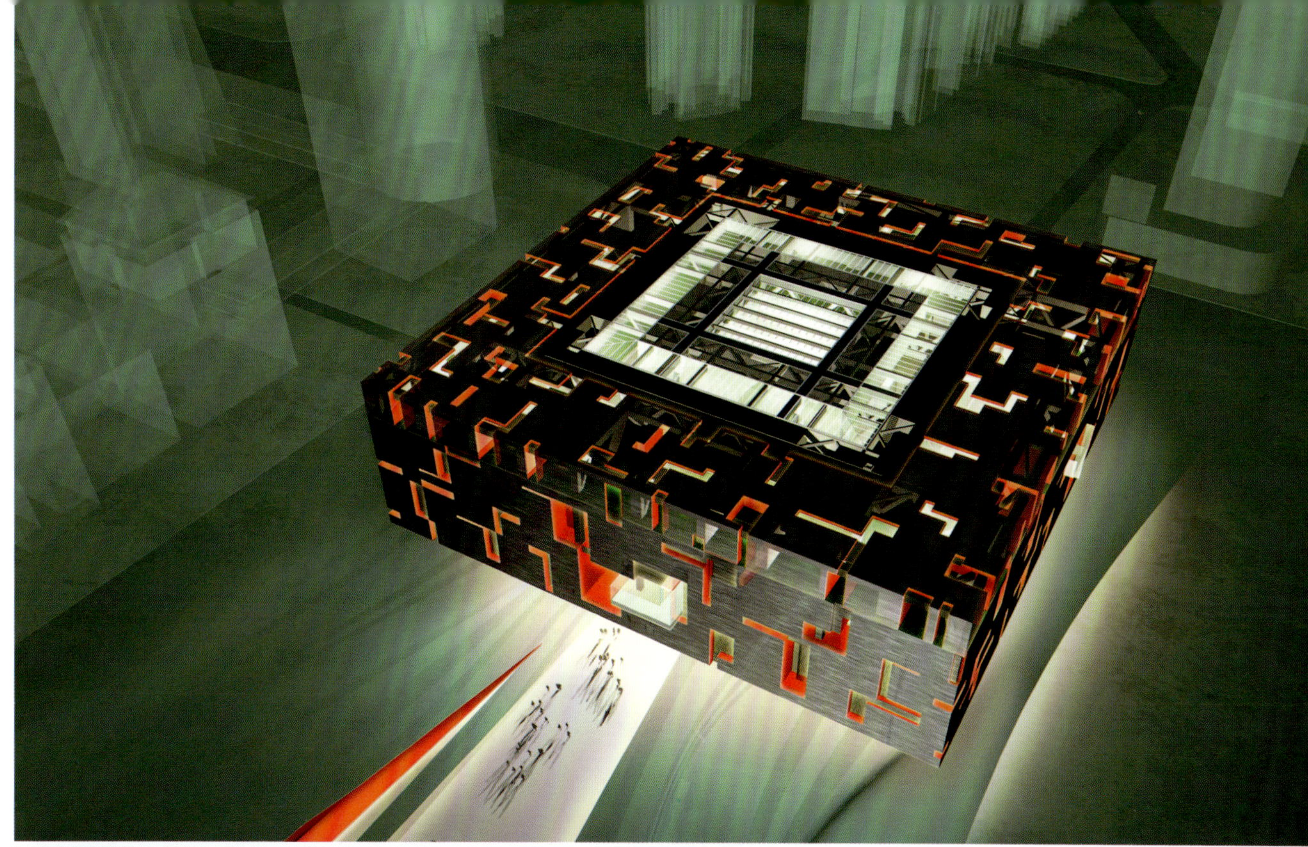

广东省博物馆新馆集展览陈列、研究教育和文物保护等功能于一体，是目前广东省内最大型的综合博物馆。自2010年开馆以来，广东省博物馆以体现岭南文化、彰显城市性格成为广州市标志性的文化建筑之一。

广东省博物馆新馆集建筑艺术和现代技术于一体。寓意盛载自然、文化和历史珍品的宝盒形象屹立于城市中轴线；源自传统象牙球镂空工艺的巧妙构思，层层相扣的内部空间通过建筑技术得以实现。

广东省博物馆新馆采用了世界上跨度最大的钢筋混凝土剪力墙筒体－钢桁架外挑悬吊体系，通过内部67.5米×67.5米的巨型钢筋混凝土筒体外挑出23米宽的大型空间钢桁架，并悬吊起2–4层楼面，从而实现了内部功能展厅大跨度的无柱空间，也塑造出建筑外观宝盒造型的悬浮效果。设计以结构成就建筑之美，实现了形式和功能的高度统一。

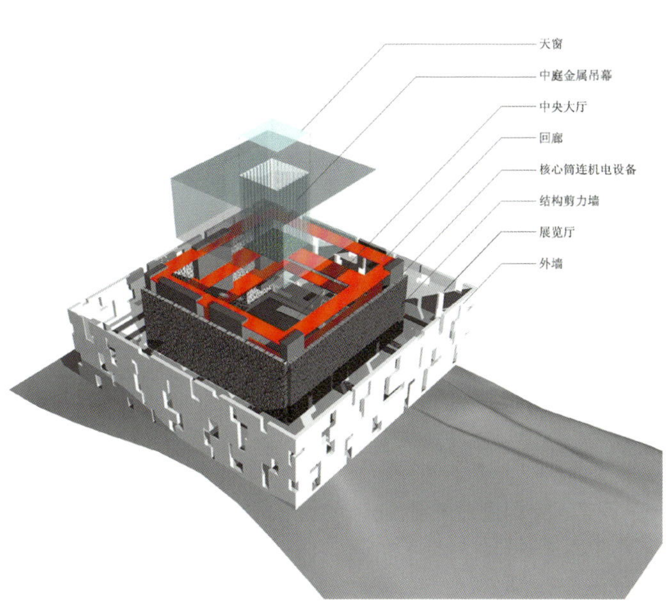

设计构思图

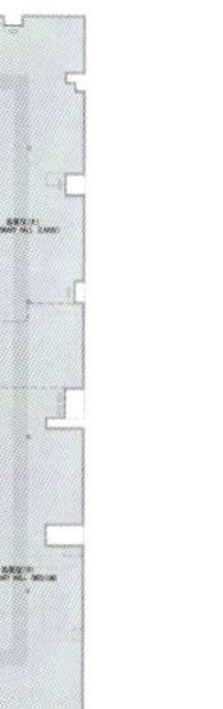

平面意向图

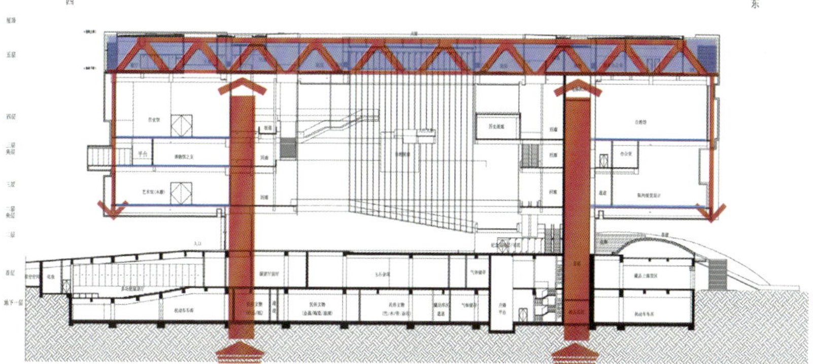

剖面受力示意图

CANTONESE OPERA ART MUSEUM

粤剧艺术博物馆

项目业主：广州市荔湾区文化广播电视新闻出版局
建设地点：广东 广州
建筑功能：文化建筑
用地面积：16 165平方米
建筑面积：19 621平方米
设计时间：2013年—2015年
项目状态：建成
设计单位：广东省建筑设计研究院、华南理工大学建筑设计研究院
主创设计：江刚、郭谦、许滢
设计团队：陈星、高伟、李宁、庄少庞、梁志豪、蔡淳镔、谢雪珍、过凯、陈琼、黄洁华、潘旭丹

粤剧艺术博物馆是广州市重点文化建设工程中一个非常独特的项目。项目的建设旨在保护粤剧艺术，传承非物质文化遗产，延续并发展城市的历史文化。粤剧艺术博物馆犹如镶嵌在广州传统古城荔枝湾畔的一颗明珠，它既是一座展示粤剧艺术和岭南文化的博物馆，也是一座西关传统文化的大观园。

粤剧艺术博物馆将传统工艺与现代技术汇聚一体，是一处传统园林的时代再现，在它的设计和建设过程中，应用现代技术手段对传统建筑进行营造做了大量的探索。

1. 创新的自带防火阻燃层的“木包钢”体系，以“内钢外木”的构造，在实现仿古建筑构件严格的比例要求和传统木构建筑的外观效果的基础上，又满足了现代建筑抗震设计要求和防火设计要求。

2. 改良的坡屋面防水构造做法，同时兼顾现代建筑屋面防水等级的要求和传统辘筒瓦屋面构造和材料的工艺要求。

3. 轻质砌块非承重墙体与传统水磨青砖“二合一”的砌筑方式，有效地实现了传统建筑“七顺一丁”的工艺效果，又满足现代建筑墙体节能和防水的技术要求。

粤剧艺术博物馆在充分发扬现代技术优势之余，弘扬地方工艺，尊重传统，将岭南地区的传统工艺如木雕、砖雕、石雕、灰塑、嵌瓷等大量运用在建筑营造中。项目融合传统民间工艺和当代艺术创作于一体，用“匠心、用心、细心”建造一组岭南园林建筑，为粤剧艺术的传承、发扬提供了空间载体，为时代造园提供研读、探讨的精神和实践场所。

THE FIRST WOMEN AND CHILDREN'S HOSPITAL OF HUIZHOU

惠州市第一妇幼保健院

项目业主：惠州市妇幼保健院
建筑功能：医疗建筑
建筑面积：56 000平方米
项目状态：建成
主创设计：许滢、徐春来
设计团队：邹文健、李宁、何凤娟、杨远丰、朱耀洲、吴文枫、周小蔚、陈东哲

建设地点：广东 惠州
用地面积：30 000平方米
设计时间：2006年—2008年
设计单位：广东省 建筑设计研究院

惠州市第一妇幼保健院是按照三甲标准建设的市直属妇幼保健专科医院，医院以“高效温馨”的医疗建筑理念融入地区妇幼医院建筑中，设置床位500张，为目前惠州市年分娩量最大、最具影响力的三级妇幼保健院。

GUANGZHOU WOMEN AND CHILDREN'S MEDICAL CENTER NANSHA HOSPITAL AREA

广州市妇女儿童医疗中心南沙院区

项目业主：广州市南沙区基本建设办公室
建设地点：广东 广州
建筑功能：医疗建筑
用地面积：54 537平方米
建筑面积：155 923平方米
设计时间：2015年—2018年
项目状态：建设中
设计单位：广东省建筑设计研究院
主创设计：黄佳、许滢、黄俊华、张文图
设计团队：李乾锐、过凯、陈志华、苟红英、田立春、许杰、施晓敏、谢晨、杨睿丰

广州市妇女儿童医疗中心南沙院区的设计突破传统医疗建筑纯理性化思维的框架，凭借对医疗建筑全生命周期的充分理解，采用动态设计的方式诠释现代妇女儿童医院的新形象。

结合项目性质和选址所在地广州市南沙区特定的自然地理环境，本设计理念中引入“风车、港湾、海洋”等三大主题概念。

风车——平面和形体构成采用风车形单元，以积木原理进行组合，凸显温馨活泼和童稚童趣，呼应主题；

港湾——港湾式集散广场和绿化港的引入，兼顾功能使用和景观舒适度的同时，寓意对妇女儿童这一特定人群的关怀与呵护；

海洋——海洋作为生命之源，寓意生命、希望，设计以滨海建筑的清新、飘逸，构建轻盈、灵动的建筑形体。

本设计采用岭南建筑空间设计手法，形成外庭、中庭、内庭、架空、空中平台等多层次开放空间，展现出室内外交融的一体化效果。

设计遵循医疗建筑全生命周期的原理，将医院空间进行参数化设计，通过标准模块单元进行组合，这一概念使建筑能够更好地适应未来医院功能的灵活更新和转换，同时也为功能的有机生长提供更多适应性发展的可能。

作为“十三五”国家重点研发计划重点专项子课题“珠三角地区传承岭南建筑文化的绿色建筑设计方法及关键技术”唯一验证示范项目，本项目设计在绿色建筑方面进行了专项研究。通过对自然通风、建筑微环境改造、可循环材料等方面的实践，使项目建成后为使用者提供更为优质宜人的医疗环境，为环境资源的保护作出贡献。

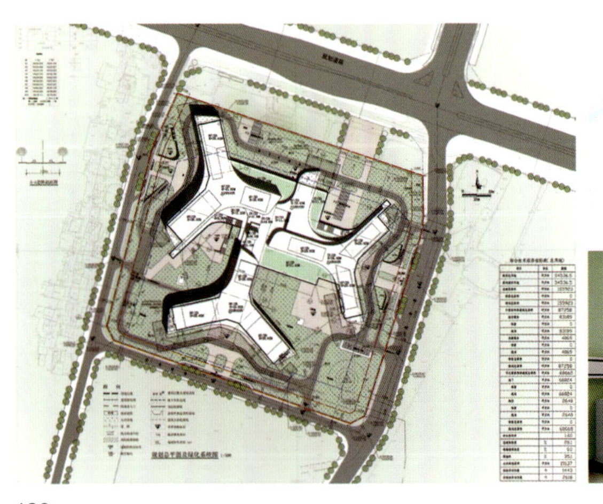

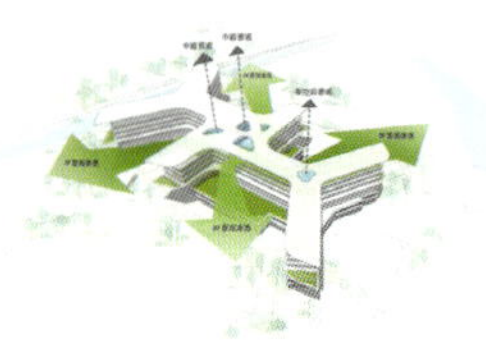

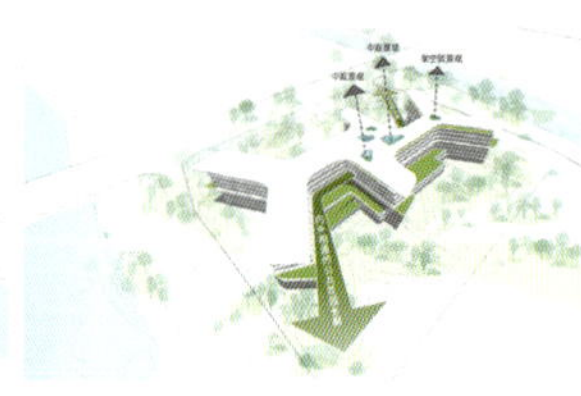

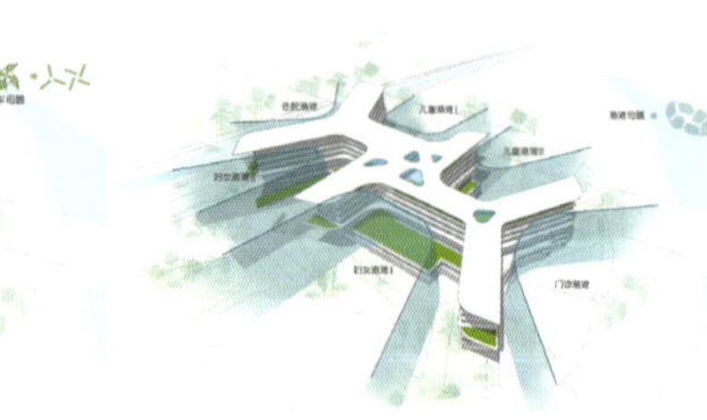

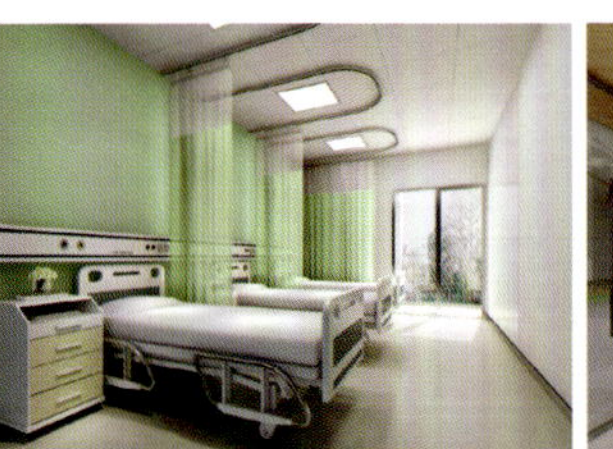

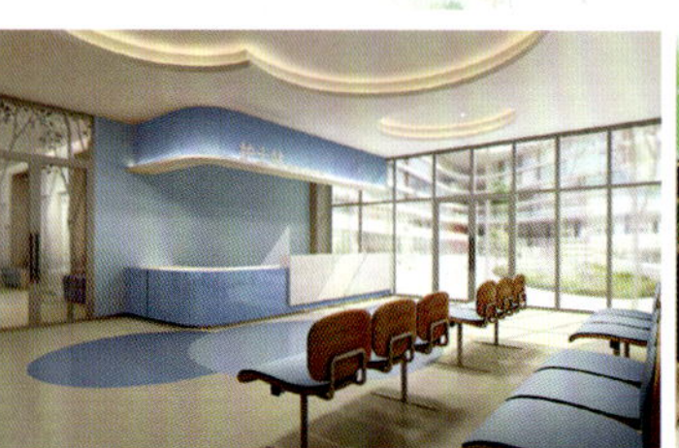

JINAN UNIVERSITY SOUTH CAMPUS GYMNASIUM

暨南大学南校区体育馆

项目业主：广州市重点公共建设项目管理办公室、暨南大学
建筑功能：体育建筑
建筑面积：8 883平方米
项目状态：建设中
主创设计：许滢、张文图
设计团队：李乾锐、过凯、徐巍、李村晓、王飞、蔡婉婷、施晓敏、张旭

建设地点：广东 广州
用地面积：14 023平方米
设计时间：2016年
设计单位：广东省建筑设计研究院

暨南大学南校区体育馆位于校区东南角，是未来南校区的主要公共建筑，承担学校教学和对外开放举办比赛的双重功能，是校园重要的标志性建筑。体育馆的设计立意与暨南大学的文化薪火相传，建筑体型巧妙地借鉴校徽的“帆船”元素，以帆船动感的线条作为设计灵感，代表乘风破浪的意向，寓意运动员在竞技场上勇争上流、永不放弃的体育精神，同时表达传播公平、公正体育竞赛的文化宗旨。体育馆建筑形体顺应环境形成空间上的错落，通过场地落差形成三个层次的入口空间：主广场演员入口、上平台观演入口及下平台运动员入口。建筑主体色调简洁明快，建筑外墙采用双层外墙体系，渐变式的穿孔铝板表皮使体育馆在阳光下熠熠生辉，充满内敛的张力。

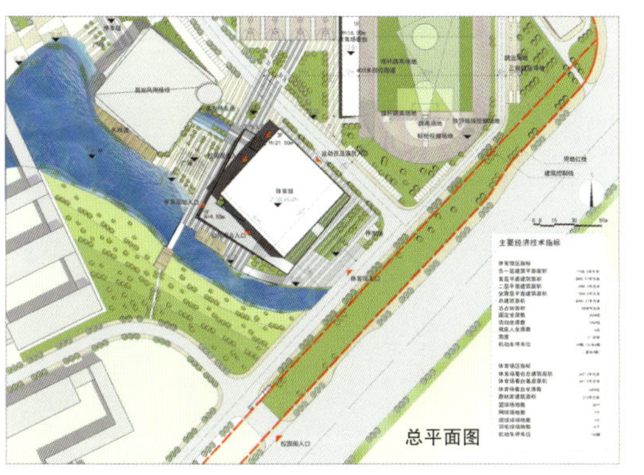

总平面图

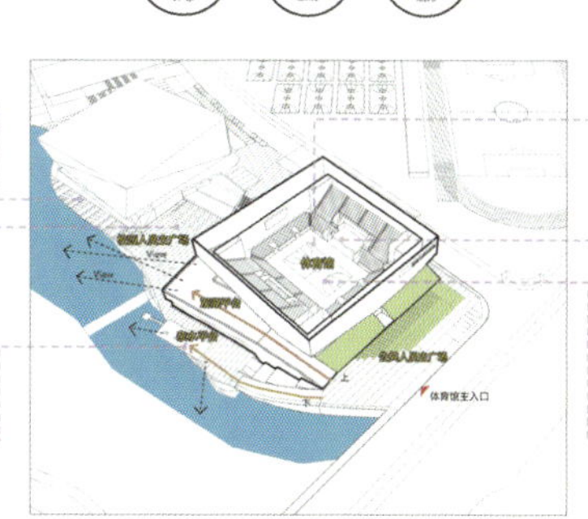

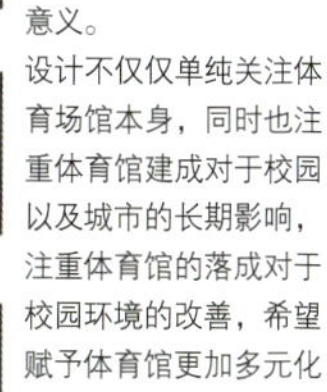

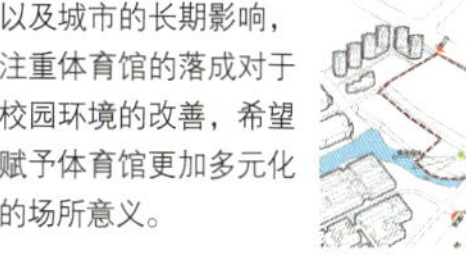

设计理念：
设计目标：既注重体育馆自身功能，又赋予体育馆更加多元化的场所意义。
设计不仅仅单纯关注体育场馆本身，同时也注重体育馆建成对于校园以及城市的长期影响，注重体育馆的落成对于校园环境的改善，希望赋予体育馆更加多元化的场所意义。

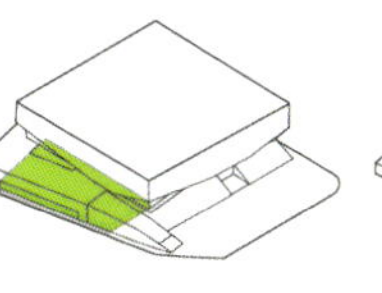

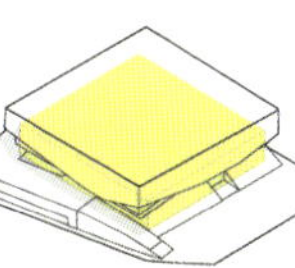

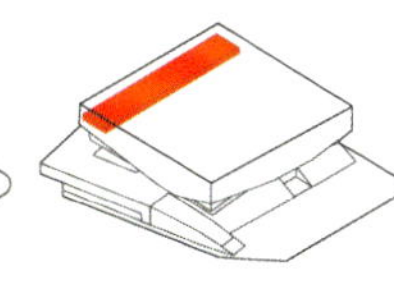

竖向功能分区

场地要素

GUANGZHOU PARTY AND CADRE LAW AND DISCIPLINE EDUCATION BASE

广州市党员干部法纪教育基地

项目业主：广州市重点公共建设项目管理办公室、广州市纪委、广州市司法局
建设地点：广东 广州
建筑功能：展览、教育建筑
用地面积：27 437平方米
建筑面积：16 628平方米
设计时间：2016年—2017年
项目状态：建设中
设计单位：广东省建筑设计研究院
主创设计：许滢、张文图
设计团队：李乾锐、过凯、李建俊、黄宇清、毛晋

广州市党员干部法纪教育基地是广州市反腐倡廉教育和法制宣传教育的重要场所，是一个集展览、宣传、教育为一体的建筑。

“简朴大方、庄严稳重”的设计主旨——建筑物既是廉政教育功能的载体，本身也廉洁自重的代名词。设计凸显廉政法制教育场所的特点，通过强烈的建筑体块表现出庄严感和秩序感，敦实厚重的建筑形态就如一枚烙印在党员干部心中的廉政印章。主入口空间通过八片具有仪式感的“旗帜墙”取代常规立柱，结合廉政题材浮雕的诠释，再一次强调和突出主题 。

项目运用整体性的主题点缀，通过建筑细节、景观设置、园林构建等多层次的烘托，为建筑的教育内涵画龙点睛。

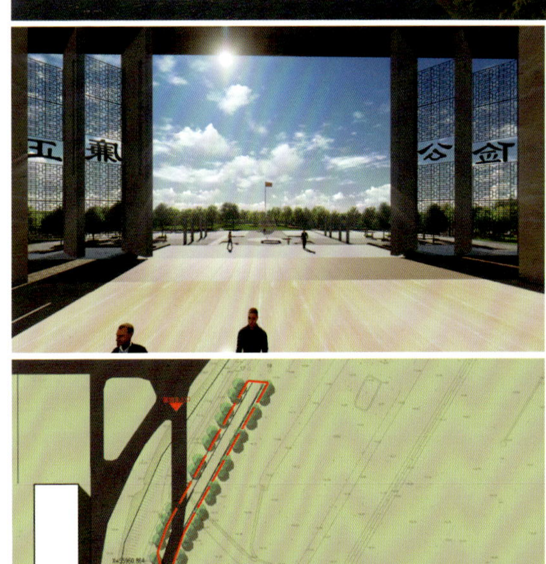

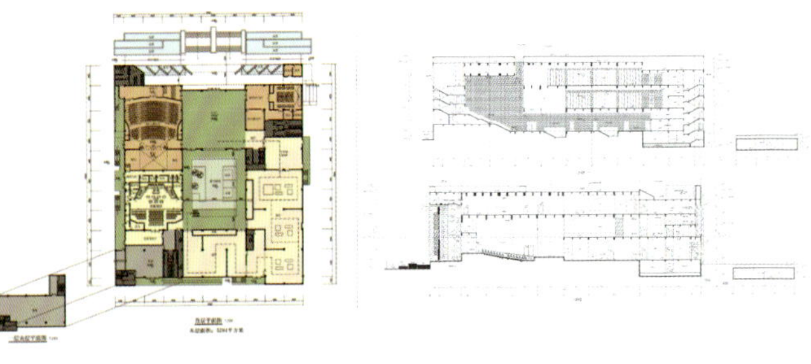

首层平面图　　剖面图

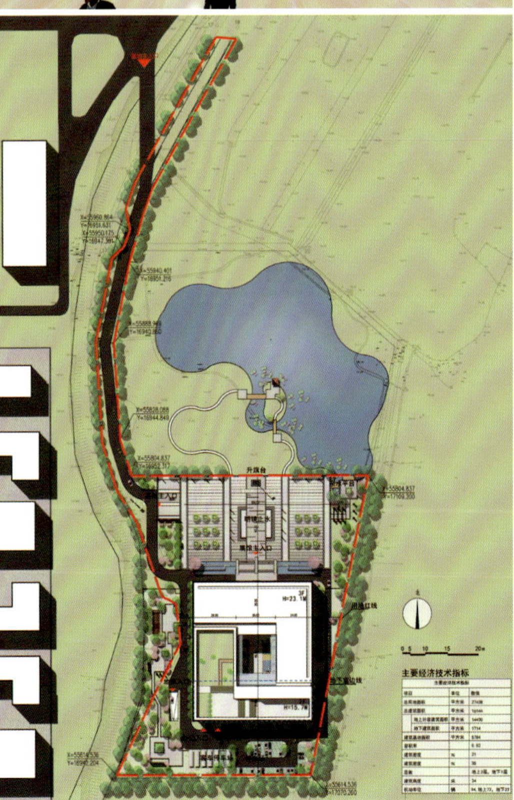

THE SECOND PHASE OF RECONSTRUCTION AND EXTENSION PROJECT OF SUN YAT-SEN LIBRARY OF GUANGDONG PROVINCE

广东省立中山图书馆改扩建项目二期工程

项目业主：广东省代建项目管理局
建筑功能：文化建筑
建筑面积：12 351平方米
项目状态：建设中
主创设计：许滢、张伟、张文图
设计团队：简锦锋、吴剑聪、全星、黄丹枫、黄琳、吴泉霖、过凯、何军、杨生兴、田立春、徐巍、毛晋
建设地点：广东 广州
用地面积：16 165平方米
设计时间：2016年—2017年
设计单位：广东省建筑设计研究院

广东省立中山图书馆改扩建项目二期工程的建筑前身为广东省博物馆旧馆，改建后将成为一期工程的补充，承担省图报刊阅览、电子阅览、24小时图书馆等主要功能，是整个广东省立中山图书馆的有机组成部分。

基于本项目博物馆功能前身与图书馆功能现状的转变，两者在建筑空间和使用需求上存在巨大的差异，同时又受制于毗邻的国家重点文物保护单位的文化保护要求，本项目设计的着力点在于严格遵循文保规划要求，在有限的空间范围内协调功能差异带来的矛盾，运用多维度的方法解决现状建筑从结构安全到技术构造的再生，力求通过“求同存异”的手法，实现建筑的功能再现和时代更新。

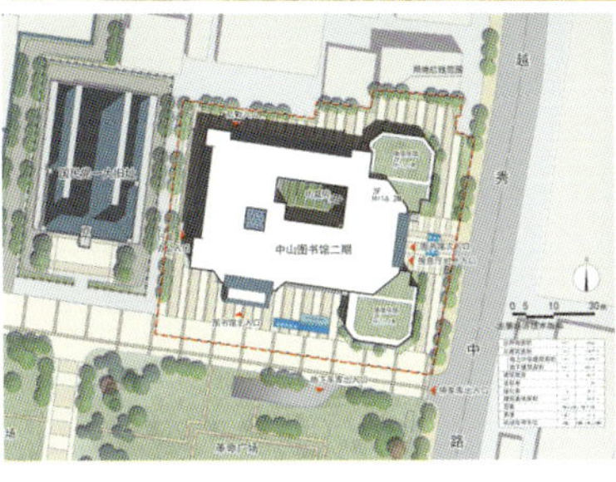

BEIBU GULF SPORTS CENTER

北部湾体育中心

项目业主：北部湾体育中心
建设地点：广西 北海
建筑功能：体育建筑
用地面积：211 481平方米
建筑面积：35 100平方米（主体育场）
设计时间：2009年—2010年
项目状态：部分建成
设计单位：广东省建筑设计研究院
主创设计：许滢、李晓华
设计团队：李宁、杨远丰、黄高松、朱耀洲、苏钊明、吴文枫

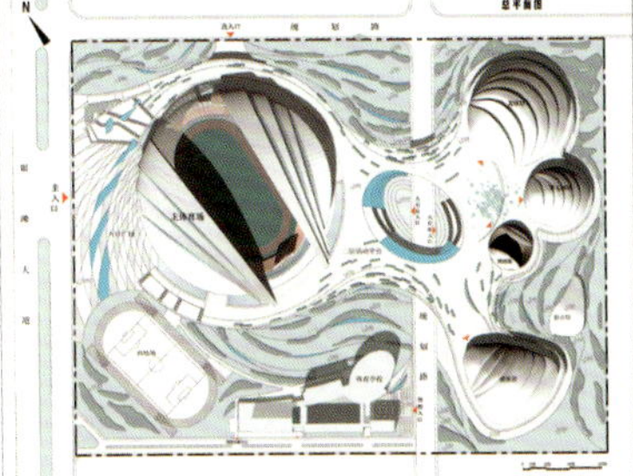

设计立意“散落银滩的珍珠贝”——北部湾体育中心的规划设计取材于北部湾最大的特色：海浪、沙滩、珍珠贝，寓形于意，结合现代建筑手法，营造出富有城市体育文化特色的景观节点和标志性建筑。项目包括一期能容纳2.5万人的国际标准主体育场、业余体校；二期田径训练场、体育馆、球类综合馆、游泳跳水馆、网球场、射击场及配套设施。

主体育场的建筑将大跨度结构形式和使用空间融为一体，运动场大屋盖结构平均跨度220米，外环呈多级式彩虹分布，由斜交的多拱桁架、局部钢管砼柱和预应力构件组成。通过借鉴“珍珠贝”外壳类似的结构体系，实现大空间的经济性和舒适性的同时，也体现出结构的力量美和逻辑美。

徐晋巍

职务：水石设计米川工作室主持建筑师
职称：国家一级注册建筑师

教育背景
2000年—2005年　长安大学建筑学学士
2005年—2007年　天津大学建筑学硕士

工作经历
2007年—2009年　上海现代建筑设计（集团）有限公司现代都市建筑设计院创作中心
2010年—2016年　上海米川建筑设计事务所创始合伙人
2016年至今　水石设计米川工作室主持建筑师

个人荣誉
第三届中国建筑传媒奖青年建筑师奖
入选《时代建筑》杂志优秀80年代生中国建筑师

建筑思想
在设计实践中，以谦逊的态度，植根于传统地域文化，崇尚“贫士美学”，远离形式主义，以现代美学作为设计准则，追求清晰干净的逻辑，优雅唯美的造型，简约精致的细部；立足当下的建造技术水平，以朴素的材料语言和施工工艺，做出“恰如其分”的设计。

主要设计作品
上海文化信息产业园B2地块
南通第二中学新校区
上海浦东证大九进堂二期
南通图书馆新馆及综合服务中心
新余市文化中心
无锡协信阿卡迪亚售楼处
成都中海国际社区商务中心
南通赛格时代广场
上海兴国路91号早教中心改造
米川工作室古宜路新办公室改造
复旦大学亚洲青年交流中心
甘肃中医药大学新校区
复旦大学艺教中心
长春南岭水文化园
郑州建业长安古寨游客中心
宝山文化馆修缮工程
上海张庙文化活动中心

地址：上海市徐汇区古宜路188号
电话：021-54679918
传真：021-54675558
网址：www.shuishi.com
电子邮箱：marketing@shuishi.com
hr@shuishi.com
media@shuishi.com

水石设计米川工作室
水石设计1999年创建于上海，基于对行业趋势与设计组织发展方式的判断与思考，其机构发展突出专业化、规模化。目前拥有上海水石建筑规划设计股份有限公司、上海水石城市规划设计有限公司、上海水石工程设计有限公司、上海水石景观环境设计有限公司等多家设计机构，在重庆还设有分公司。水石设计现拥有建筑工程甲级设计、风景园林工程甲级设计资质，其核心技术能力涉及地产领域细分的精品住宅、主题产业园、城市综合体、城市更新等。

RECONSTRUCTION OF NEW OFFICE OF MICHUAN STUDIO IN GUYI ROAD

米川工作室古宜路新办公室改造

项目业主：水石设计
建筑功能：办公建筑
建筑面积：260平方米
项目状态：建成
设计主创：徐晋巍
建筑摄影：胡义杰
建设地点：上海
用地面积：355平方米
设计时间：2016年
设计单位：水石设计米川工作室
参与设计：赵丽锋、吴结东、胡之超

这是一个为自己工作室设计改造的小项目，在有限的成本控制下解决问题，是这个项目自始至终的关键。

室内空间根据功能分为会议接待、开放办公和独立办公三个区域，所有的地面均为水磨石地坪，内墙和吊顶均为白色，三个区域用一条公共走道串联，同时分别在三个区域增加了木饰面表皮的茶水间、讨论区和阅览区，并且都抬高地坪250毫米，三个空间就像悬浮在建筑内部的三个木头盒子，形成公共轴上的三处共享空间，也成为这个室内区域最重要、最亮眼的节点空间。原本简洁干净的黑白空间点缀了一缕暖色，冷暖对比使得室内空间简洁明快而又温暖。

室外庭院部分被建筑形体与围墙划分成三个部分，三个庭院，却在无意中，让人体验了自然界的三种属性。第一个入口庭院，大面积的黑色卵石是庭院的主角，自由散水的雨棚设计，在雨天里形成独特的雨帘，雨水滴落到石子上的声音，是想要的生活体验，一种江南的童年记忆，檐下空间有了熟悉的声音，有了温暖的记忆，石院也就有了水的属性；第二个庭院主角是竹子，风吹过狭长的庭院，使得轻盈高挑的竹子随风摇摆，发出沙沙的声音，此时的竹院也就有了风的属性；第三个庭院为东侧的井院，给独立的小办公室和阅览区采光成为它唯一重要的功能，清晨东面的阳光，通过东侧半透明的磨砂玻璃高窗，照进室内，温暖而均匀，井院便有了光的属性。

ASIAN YOUTH EXCHANGE CENTER OF FUDAN UNIVERSITY

复旦大学亚洲青年交流中心

项目业主：复旦大学
建设地点：上海
建筑功能：教育建筑
用地面积：1 733平方米
建筑面积：1 338平方米
设计时间：2015年
项目状态：建成
设计单位：水石设计米川工作室
设计主创：徐晋巍
参与设计：赵丽锋、曹旭、汪宏杰
建筑摄影：胡义杰

项目位于复旦大学邯郸校区北苑生活园区内，原有建筑是一栋两层楼的学生浴室。为了能使废旧建筑得以再生利用，校方决定将此建筑改造成一处为园区学生服务的交流活动中心。设计师把南侧和敬老院之间的空地、东侧与垃圾站之间的空地以及西侧和道路之间的空地，一起纳入设计范围，并通过围墙限定边界，在围墙和室内建筑之间形成一种“过滤器”，既让室内空间延伸到室外，也减小外界环境对建筑室内私密性的影响。一层外墙使用了大量的落地玻璃，南侧朝向庭院的4间活动室，向北退进一定距离，并且将各个空间向西旋转30度，形成一组三角形的半室外“角落”空间。二层窗洞高低错落，大小不一，就像一幅幅画框，捕捉着室外变化的风景。

RECONSTRUCTION DESIGN OF THE EAST DISTRICT ART EDUCATION CENTER OF FUDAN UNIVERSITY

复旦大学东区艺术教育馆改造设计

项目业主：复旦大学
建设地点：上海
建筑功能：教育建筑
用地面积：2 400平方米
建筑面积：1 900平方米
设计时间：2017年
项目状态：建成
设计单位：水石设计米川工作室
设计主创：徐晋巍
参与设计：谢庆乐、赵丽锋、叶田
建筑摄影：章勇

项目位于复旦大学邯郸校区东区内。通过分析设计，在保证主要功能的小剧场正常使用的要求下，对其进行面积的缩减和长宽比的优化。在西侧，让出一个柱跨的进深，退到门厅，同时局部挑空，引入天光，整体使得门厅空间开敞明亮，空间层次丰富。在北侧划出3.5米的区域，将原本在西南角的卫生间和东侧的化妆间移到北侧，结合值班室、楼梯间、配电间等，形成完整的辅助空间。同样在南侧也留出3.5米的宽度，联系门厅，结合走道，并将一层的外墙全部打开，改成大面的落地玻璃，并且将南侧室外的花坛、灌木取消，连同南侧的空地，铺设由室内到室外延伸的防腐木平台，形成阳光充足、视线通透的室内公共休息区域，和完整的室外活动广场连成一体。为了让剧场的层高增加，局部降低了地坪标高，并在门厅设置台阶，解决高差问题，同时也丰富了空间。

新的建筑外立面打破了原有建筑的竖向韵律形式，采用体块咬合和黑、白、红三色搭配的处理方式。一层以通透的大面玻璃为主，二层以黑白色压型穿孔铝板为主，结合红色耐候钢板及深灰色铝板雨棚，整个建筑褪去了厚重的墙面外衣，变得通透轻盈，艺术感极强。高低错落的窗洞和半透明的穿孔板表皮，使得室内拥有丰富多变的光影效果。夜幕降临的时候，室内的灯光透过半透明的表皮，释放出朦胧柔和的光线，更具艺术气质。

CHANGCHUN NANLING WATER CULTURE PARK

长春南岭水文化园

项目业主：长春城投建设投资(集团)有限公司
建筑功能：服务配套
建筑面积：615平方米
项目状态：建成
设计主创：徐晋巍
建筑摄影：潘爽、王琇

建设地点：吉林 长春
用地面积：3 895平方米
设计时间：2017年
设计单位：水石设计米川工作室
参与设计：张帅、叶田

项目基地位于长春市南郊伊通河——南湖景观轴线上，西临城市快速路亚泰大街，南临净水路，是伊通河整治项目的重要节点。长春净水厂始建于1932年，2015年迁址后，原址留下了一座难得一见的稀缺资源——270 000平方米的生态绿地，园区内绿化覆盖率超过77%，是城市中心名副其实的“森林氧吧”，也是一处不可复制的净水工业文化遗址。

项目作为园区一处新建的休闲服务配套，位于下沉雨水花园一侧，是在历史风貌园区中新建建筑和环境相协调的一次尝试和实践。

建筑由两个主要形体组合而成。一个是长条形的单坡顶建筑，立面采用扣板式防腐木饰面，以呼应南侧大片的树林，阳光下树影斑驳的木饰面，温暖而亲切；另一个是五边形的斜屋面建筑，建筑立面采用多种肌理的混凝土挂板饰面拼贴组合而成，与雨水花园内的历史原貌和色彩感相协调，凸显整体建筑的力量感和沧桑感。通过室外楼梯、空中连廊、屋面步道和观景平台的设计，使得建筑空间多了一个室外的游览和观赏流线，丰富了建筑空间和立面造型。

SHANGHAI ZHANGMIAO CULTURAL ACTIVITY CENTER

上海张庙文化活动中心

项目业主：宝山张庙街道办事处
建设地点：上海
建筑功能：社区公共服务设施
用地面积：12 313平方米
建筑面积：19 376平方米
设计时间：2017年
项目状态：在建
设计单位：水石设计米川工作室
设计主创：徐晋巍
参与设计：赵丽锋、张帅、方雁容、王培、谢庆乐、胡之超、吴结东

项目位于上海市宝山区，西临高迎路，面朝万达广场，东侧、北侧为高层住宅小区，南侧是自然山体。建筑功能包括展厅、剧场、图书阅览、体育健身、社区活动、教育培训等。为了减少大体量对基地北侧、西侧住宅的压迫感，增加建筑空间的通透性，同时根据功能的分配和基地特征，对大体块进行分割，形成三个较小的功能体块，分别为教育培训馆、文化艺术馆和体育健身馆。同时尽量削弱对住宅区视线的遮挡，把中间形体降低，形成山谷形状，以保证住宅区透过建筑，看到开阔的山体景观。为了加强各个功能之间的联系，吸引更多的人流，为市民提供开放的平台，建立公共空间，在底层增加一些便民附属功能，形成聚集人气的院落空间。为了能够多层次、多角度地观看山体景观，设计加入坡地和室外连廊，形成不同层次的绿化平台，最终形成远看像山，俯瞰像园的建筑群落形态，与南面山体相呼应。

ZHENGZHOU JIANYE FOOTBALL TOWN TOURIST CENTER

郑州建业足球小镇游客中心

项目业主：建业地产
建设地点：河南 郑州
建筑功能：展示接待
用地面积：15 800平方米
建筑面积：2 725平方米
设计时间：2018年
项目状态：在建
设计单位：水石设计米川工作室
主创设计：徐晋巍、谢湲
参与设计：王友文、朱泉林

项目位于郑州二七区樱桃沟，功能定位为郑州建业足球小镇项目的游客接待中心。樱桃沟地处黄土风积地貌，建筑形体的灵感来源于基地的地貌特点。建筑呈放射状的片墙式形体，结合视线通廊聚焦到长安古寨核心区，高低错落的墙体如同地貌层层的台地，同时使用夯土外墙的尝试，延续了黄土的色彩和质感，以表达对地域的尊重。剪力墙实墙和玻璃幕墙相间的虚实关系，反映了建筑功能、形态与结构逻辑的统一。剪力墙体系围合的实体部分是整个建筑的承重结构，建筑的辅助功能区域包括楼电梯、卫生间、淋浴更衣间、设备管井、储藏室等；而相对的玻璃幕墙围合的部分，由钢结构屋面覆盖，实现无柱大空间，主要的功能空间包括展厅、休息厅、咖啡茶座、办公接待、健身休闲等。这样就实现了建筑大虚大实的强烈对比，凸显了体积感和空间感，是地域文化和当代建筑技术相结合的一次探索与尝试。

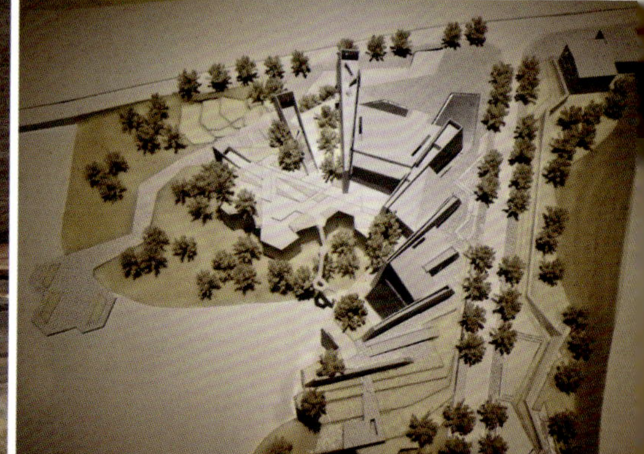

RENOVATION ENGINEERING OF BAOSHAN CULTURAL CENTER

宝山文化馆修缮工程

项目业主：宝山区文化馆
建设地点：上海
建筑功能：文化建筑
用地面积：4 200平方米
建筑面积：11 697平方米
设计时间：2018年
项目状态：在建
设计单位：水石设计米川工作室
设计主创：徐晋巍、谢湲
参与设计：方雁容、张帅、赵丽锋、王培、谢厚旻、赵祯婕、吴结东

项目位于上海市宝山区，东临牡丹江路，南面是宝钢商场，北侧与西侧为多层居民小区。老馆始建于20世纪80年代，如今年久失修，迫切需要全面提升和改善。设计目标是打造一个具备复合精简的文化功能、共享开放的建筑空间、富有内涵的立面形象于一体的文化新地标。

在建筑空间和功能上，首先打通了一层到四层的垂直空间，形成共享中庭，引入自然采光，改变了老馆封闭、昏暗的空间现状，同时在中庭组织交通流线，增设电梯，将原本混乱的流线和浪费的空间有效地组织和利用起来，也促进了人与人、人与自然之间的交流。其次，完善了500人剧场的功能，从而整体提升了剧场的功能和品质。合理分布展厅、排练厅、活动室、影院、多功能厅等功能房间，集中布置文化馆内部办公、会议及后勤功能，流线清晰，与对外公共空间互不干扰，便于管理。

建筑外立面设计上，引用宝山地理特色——三江汇流的寓意，通过设计穿孔铝板的单元模数、渐变性的穿孔率、搭接的方式和韵律，形成了犹如水波、书卷一般灵动的整体效果。当夜幕降临华灯初上的时候，整个文化馆又褪去了白天素雅的气质，绽放出绚丽璀璨的光芒。

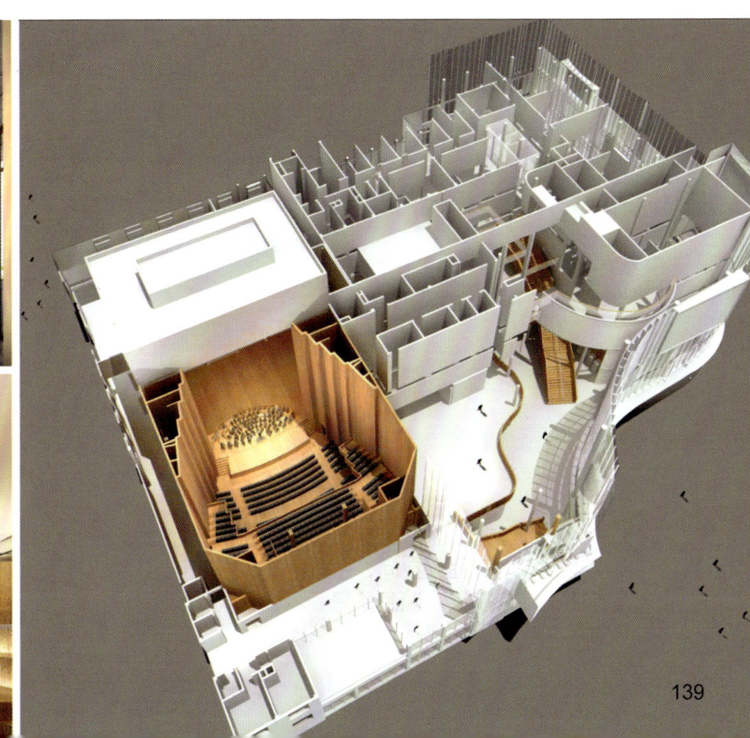

ARCHITECTS

徐曙光

职务：舟山市规划建筑设计研究院院长
职称：高级建筑师
高级规划师
国家一级注册建筑师

教育背景
1990年　浙江树人大学园林建筑专业
1994年　同济大学建筑设计进修
2001年　浙江大学建筑学研究生课程班

社会职务
浙江省土木建筑学会建筑师分会常务理事
浙江省勘察设计行业协会常务理事
舟山市科协常务理事
舟山市土木建筑学会副理事长

工作经历
1993年—1999年　舟山市城乡规划设计院
1999年至今　舟山市规划建筑设计研究院

个人荣誉及主要获奖作品
1995年　浙江省住宅方案设计竞赛二等奖
1998年　普陀山海鲜街
荣获"海山杯"优秀工程设计奖
2003年　宁波市镇海区法院
荣获"钱江杯"优秀工程设计三等奖
2015年　舟山蜈蚣峙旅游交通集散中心
荣获"钱江杯"优秀工程设计三等奖
2016年　舟山普陀区人民医院、区中医院
荣获"钱江杯"优秀工程设计表扬奖
2018年　岱山新城客运中心
荣获"钱江杯"优秀工程设计二等奖
2005年　首届"市青年科技奖"
2006年　入选舟山市"111"人才
2007年　入选浙江省"151"人才
2011年　舟山市拔尖人才

主要设计作品
1999年　舟山定海芙蓉洲路商业街
2003年　舟山定海芙蓉商城综合体
2003年　宁波市镇海区法院
2006年　舟山太平洋商城
2006年　舟山定海海州新天地综合体
2008年　舟山普陀区人民医院、区中医院
2008年　舟山蜈蚣峙旅游交通集散中心
2008年　舟山临城CBD商业中心城市设计
2009年　舟山临城商业二期综合体
2009年　岱山丽都大酒店
2009年　岱山蓬莱山庄酒店
2009年　舟山嘉文创业大厦
2010年　岱山新城客运中心
2010年　浙江省海洋研究院
2010年　舟山海洋环境监测站
2010年　舟山东港二期环湖商圈城市设计
2010年　舟山东港纬十二路商业街城市设计
2010年　舟山临城科技园城市设计
2010年　舟山临城绿岛华府
2011年　舟山中央商务区（CBD）三期及城北商务区城市设计
2011年　岱山文化广场北面地块城市设计
2011年　岱山石油地块城市设计
2011年　岱山县老城区城市滨海区域城市设计
2011年　舟山保税港口岸联检综合大楼
2011年　舟山露亭开元名都大酒店2、3号楼
2011年　岱山海中洲广场
2011年　定海金塘金港嘉园
2011年　定海锦鸿雅苑
2012年　岱山职教园区
2012年　东港希尔顿大酒店
2012年　定海蓉浦公寓
2012年　舟山浙大安置小区
2012年　定海海城雅苑
2012年　舟山临城高云佳苑
2013年　舟山蓉锦商务楼
2013年　舟山保税区国际会展中心
2013年　舟山明珠广场
2013年　舟山商贸城
2013年　舟山临城胜山三期小区
2014年　舟山海洋科学城人才公寓
2015年　浙江兴业集团迁建工程
2015年　定海和平路安置小区
2016年　岱山海馨花园
2017年　定海工农路旧城改造
2017年　朱家尖商务中心
2017年　舟山海洋通信产业园城市设计
2017年　定海竹山门安置小区

地址：浙江省舟山市定海区临城街道
金岛路58号
电话：0580-2023677
传真：0580-2023677
网址：www.zssjy.com
电子邮箱：zsgroup@126.com

舟山市规划建筑设计研究院是一家以工业与民用建筑勘察设计、城乡规划和市政设计为主的综合性建筑设计院。

设计院拥有国家建设部颁发的建设工程设计甲级资质、市政工程乙级资质、城市规划设计乙级资质、岩土工程勘察乙级资质、园林景观设计专项乙级资质、建筑智能化设计专项乙级资质、工程咨询丙级资质、工程测量丙级资质及浙江省住房和城乡建设厅颁发的建筑节能一类机构资质证书。

目前，该院设有创作研究中心、建筑工程咨询中心、土建一所、土建二所、设计四所、市政所、设备所、规划所、勘察测量所、园林景观设计所、建筑装饰设计所等11个设计部门及办公室、总师办、市场经营处3个行政部门。

该院现有员工165人，其中教授级高级工程师1人、高级工程师42人、国家注册类工程师33人。单位设有建筑、规划、结构、给排水、暖通空调、电气、市政路桥、地质勘察、园林景观、室内装饰、交通影响性评估、建筑节能评估、工程咨询等10余个专业，能够承担各类大、中型工业与民用建筑设计，在各类公共建筑设计、高层建筑设计、居住小区规划与设计、传统建筑设计、市政道路工程设计等方面具有显著的优势。是浙江省勘察设计行业诚信单位。

近年来，该院代表性的作品有：舟山CBD三期城市设计、舟山保税港综合配套区工程、东港希尔顿大酒店、舟山普陀区人民医院、区中医院、新城连体超高层港航国际大厦（高度188米）、新城商业中心区规划、舟山海洋科技园区一期城市设计及沿港东路景观工程、舟山绝大部分市政道路等一系列重大工程项目。特别在办公、商业综合体、车站、码头、医院、学校、高星级酒店等公共建筑领域，为舟山新区建设创作了一大批佳作。

设计院将一如既往地秉承"设计永恒、价值无限"的设计理念，竭诚为优秀设计人才构筑施展才华的平台，以"科技强院、创业创新"为首要目标，遵循"服务第一、质量优先"的服务宗旨，努力为城市建设贡献出更多优秀的设计作品，为经济社会发展做出贡献。

DAISHAN NEW CITY PASSENGER TRANSPORT CENTER

岱山新城客运中心

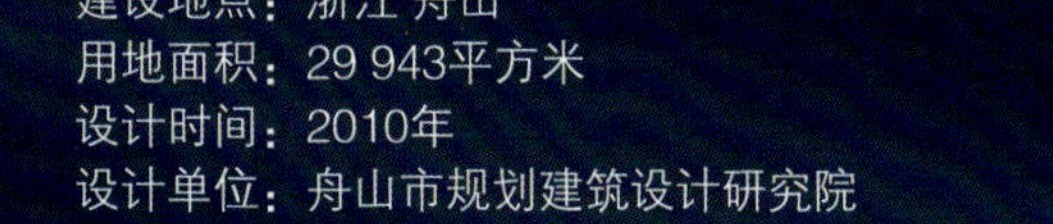

项目业主：岱山县交通运输局
建筑功能：交通建筑
建筑面积：4 856平方米
项目状态：建成
主创设计：徐曙光、何旭栋、蔡永善

建设地点：浙江 舟山
用地面积：29 943平方米
设计时间：2010年
设计单位：舟山市规划建筑设计研究院

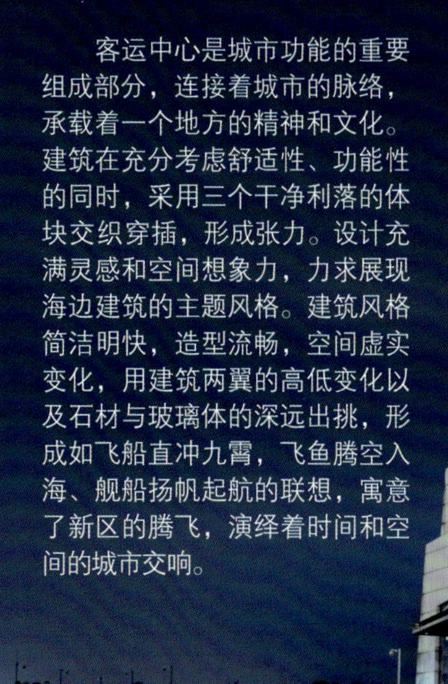

客运中心是城市功能的重要组成部分，连接着城市的脉络，承载着一个地方的精神和文化。建筑在充分考虑舒适性、功能性的同时，采用三个干净利落的体块交织穿插，形成张力。设计充满灵感和空间想象力，力求展现海边建筑的主题风格。建筑风格简洁明快，造型流畅，空间虚实变化，用建筑两翼的高低变化以及石材与玻璃体的深远出挑，形成如飞船直冲九霄，飞鱼腾空入海、舰船扬帆起航的联想，寓意了新区的腾飞，演绎着时间和空间的城市交响。

ZHOUSHAN PUTUO DISTRICT PEOPLE'S HOSPITAL, DISTRICT HOSPITAL OF CHINESE MEDICINE

舟山普陀区人民医院、区中医院

项目业主：普陀区人民医院、区中医院
建设地点：浙江 舟山
建筑功能：医疗建筑
用地面积：54 176平方米
建筑面积：90 184平方米
设计时间：2009年
项目状态：建成
设计单位：舟山市规划建筑设计研究院
主创设计：徐曙光、蔡永善、旷伟明

目标定位为三级乙等综合医院，床位数量600张，日门诊1 800人。工程由门诊医技楼、住院楼、行政楼、传染病房4部分组成。设计中把握“近”“净”“静”“境”的原则，把门诊医技楼设置在场地的中心偏东；住院楼设置在北侧；行政楼设置在西侧近学校位置；传染病房设置在东北角，避开主导风向，避免对学校和本园区的污染；场地西南侧为发展用地。项目建成后得到了社会各界的一致好评。

NEW CITY COMMERCIAL PHASE II COMPLEX

新城商业二期综合体

项目业主：舟山市海城置业有限公司
建设地点：浙江 舟山
建筑功能：商业建筑
用地面积：41 730平方米
建筑面积：74 965平方米
设计时间：2009年
项目状态：建成
设计单位：舟山市规划建筑设计研究院
主创设计：徐曙光、胡钫盈、俞周杰、刘舞墨

项目贯彻新都市主义的理念，创造小尺度、富有人情味的街道和广场空间。引入中央绿化带，构建一个全新的购物公园。打造空间开敞、环境优美、集购物休闲和餐饮娱乐于一体的全新消费模式。保留开敞的中心公共广场，组织跃动的商业区内人行交通空间。立面造型延续礁石自然纹理的形态构成，运用线条和色彩柔化礁石肌理使其融入建筑立面。

建筑功能不仅满足新城居民生活消费需求，还提升新城人气。项目一层整体抬高1.2米，半地下层顶板为大平台形成基准一层，减少地下室开挖深度。在二层穿插设置大平台，连通三幢商业体；地块内两个下沉庭院以商业街形式相连接，围合广场内下沉庭院为车库提供自然通风和采光；东北角下沉庭院作为城市下沉公园；三幢单体围合的开放庭院空间和西面新城中央景观带相呼应，创建购物公园的设计理念。

ZHOUSHAN WUGONGZHI TOURIST TRAFFIC DISTRIBUTION CENTER

舟山蜈蚣峙旅游交通集散中心

项目业主：普陀山旅游发展股份有限公司
建设地点：浙江 舟山
建筑功能：商业建筑
用地面积：36 826平方米
建筑面积：39 386平方米
设计时间：2009年
项目状态：建成
设计单位：舟山市规划建筑设计研究院
主创设计：徐曙光、俞周杰、谢志华

项目位于朱家尖蜈蚣峙码头，是通往普陀山的重要门户。由于舟山独特的环境，形成了特有的海岛山地建筑风格，建筑与山体交融，两者和谐共生。该项目以风情小镇的空间形态，采用舟山海岛民居多依山而建的特色，刻意创造山地民居建筑的布局形式，设置两条不同高差的街道，一条在平地展开，一条仿山坡延伸。在仿山坡街道下的一层自然形成商业大空间，既满足了功能需要，又在形态上出落成高低错落、进退有序的布局形态。

ZHOUSHAN CENTRAL BUSINESS DISTRICT (CBD) PHASE III AND URBAN DESIGN OF CHENGBEI BUSINESS DISTRICT

舟山中央商务区（CBD）三期及城北商务区城市设计

项目业主：舟山市建设局
建设地点：浙江 舟山
建筑功能：现代综合商务区
用地面积：516 000平方米
设计时间：2011年
设计单位：舟山市规划建筑设计研究院
主创设计：徐曙光、胡钫盈、何旭栋、钟敏、余瑜、刘舞墨

“山、城、海”是海岛城市形态的基本元素，本次规划根据基地自然风貌特征，将“山”“湖”“城”“海”作为空间考量和意向塑造。规划强调城市多样性的塑造，分别从空间景观、功能布局和历史分化等角度结合考虑，最终设计成一个具有相对异质功能，以水系和绿带为廊道的山海特色景观体系，以公交为核心的全方位、立体化交通网络，成为全市人民的活力中心区；并在远期，与南部岛屿形成一湾两岸的空间格局。

ZHOUSHAN BONDED PORT COMPREHENSIVE SUPPORTING AREA ENGINEERING

舟山市保税港综合配套区工程

项目业主：舟山保税港区管委会
建设地点：浙江 舟山
用地面积：176 059平方米
建筑面积：313 500平方米
设计时间：2012年
项目状态：建成
设计单位：舟山市规划建筑设计研究院
主创设计：徐曙光、胡钫盈、俞周杰、余瑜、刘舞墨

项目是为了保证保税港区的正常运作而设置的管理服务机构和多功能配套服务设施。建成后将成为亚太地区大宗商品交易中心和定价中心。从复合性、公共性、生态化、生长型、标志性五个方面出发，整个配套区设置了五大功能区块，分别为口岸服务区、交易展示区、商务配套区、商务办公区和创意居住区。以保税港区为依托，将本地块打造为以国际会展、进出口贸易、金融、服务、居住为一体的临港区域中心。

ZHOUSHAN BONDED PORT SHORE JOINT INSPECTION COMPLEX

舟山保税港口岸联检综合大楼

项目业主：舟山保税港区投资开发有限责任公司
建设地点：浙江 舟山
建筑功能：办公建筑
用地面积：17 829平方米
建筑面积：43 706平方米
设计时间：2011年
项目状态：建成
设计单位：舟山市规划建筑设计研究院
主创设计：徐曙光、蔡永善、胡钫盈

项目为保税港区的最高建筑，是临港行政服务主体，展现舟山保税区的标志性、开放性及时代性特征。

ZHOUSHAN PEARL SQUARE

舟山明珠广场

项目业主：浙江兴隆明珠实业发展有限公司
建筑功能：商业建筑
建筑面积：69 690平方米
设计单位：舟山市规划建筑设计研究院
主创设计：徐曙光、蔡永善、俞周杰、刘瑜

建设地点：浙江 舟山
用地面积：22 748平方米
设计时间：2013年

项目是以新城市主义的建筑视角规划产品，由三个建筑单体围合开放庭院，空间上相互呼应；以商贸、金融、办公为主要功能。建筑灵魂与保税港综合配套区建筑风貌完全融合。

ZHOUSHAN BONDED AREA INTERNATIONAL CONVENTION AND EXHIBITION CENTER

舟山保税区国际会展中心

项目业主：舟山保税港区投资开发有限责任公司
建设地点：浙江 舟山
建筑功能：展览展示
用地面积：34 913平方米
建筑面积：77 041平方米
设计时间：2013年
项目状态：建成
设计单位：舟山市规划建筑设计研究院
主创设计：徐曙光、俞周杰、胡钫盈、余瑜、谢志华

项目以国际会展、商务、餐饮等为主要功能。建筑形态在满足平面功能和空间形态要求的前提下，采用柔和的曲线作为建筑的外轮廓，力求创造一个具有亲和力的滨海建筑。

ARCHITECTS

徐贤伟

职务：中科院建筑设计研究院有限公司河南分公司院长、总建筑师
职称：高级工程师
国家一级注册建筑师
郑州规划局专家库成员

教育背景
北京工业大学建筑学学士
郑州大学EMBA硕士

工作经历
1995年—2006年　邮电部设计院建筑处
2006年—2008年　深圳华森建筑与工程设计顾问有限公司
2008年至今　中科院建筑设计研究院有限公司河南分公司

个人荣誉
2003年　河南省新农村住宅设计竞赛三等奖
2016年　河南省绿色保障性住房设计竞赛二等奖
2018年　郑州市安置房优秀设计方案评选二等奖

设计理念
建筑设计是追求艺术的工程；城市建筑需要多样性，重要的是"完成度"，追求简洁而富有个性的塑造。

主要设计作品
河南省国家大学科技园（东区、西区）
许昌智慧信息产业基地
河南科技创新孵化基地
郑州总部企业基地三期
航美·国际智慧城示范区
焦作总部科技新城
郑州航空港区天朗智谷产业园
郑州绿博园区金泉大厦
河南工业大学新校区中心组团
广州云山诗意小学
河南工业大学艺术学院
河南工业大学学生活动中心
新乡市第十二中学教学楼
夏邑高级中学新校区
郑州中学附属小学玉兰街校区
郑州中学综合楼
郑州金科城
永威·逸阳溪畔
郑州融创城（一期）
中立·七里湾
郑州市王庄城中村改造祥和苑
晖达·温莎尚郡
新乡格林·云溪九里
郑州绿博园区玉苑花园
山东菏泽明丰·壹号公馆
郑州市信息创意产业园
香港信德郑州国际翡翠凤凰城概念性设计
郑州市黄河南路地块概念性规划
中美合作生物医药科研基地概念性设计
国际豫商总部产业园概念性规划
东盟华商总部新城项目概念性规划
融信·二十里铺项目概念性规划
金科桃林夕筑小镇项目概念性规划

YULAN STREET CAMPUS OF THE PRIMARY SCHOOL ATTACHED TO ZHENGZHOU MIDDLE SCHOOL

郑州中学附属小学玉兰街校区

建设地点：河南 郑州
用地面积：16 666平方米
设计时间：2017年
设计单位：中科院建筑设计研究院有限公司河南分公司
建筑功能：教育建筑
建筑面积：16 000平方米
项目状态：在建
主创设计：徐贤伟、张颖

项目位于郑州市高新区，建设规模为30个班。建设场地呈长方形，三面临城市道路。

校园整体建筑采用现代主义风格，以艺术的手法，注重场地分析，体现空间的自由开放性。学校建筑由于其使用功能以及服务人群的特殊性而呈现出不同的艺术风格，建筑总体呈现出简洁、便利的特点，没有过多的修饰，其主要目的是服务于学生和老师，方便其学习、工作和生活。

校园功能多样化，环境景观向公共化与生态化方向发展，景观与建筑互为背景、相互渗透，平面与垂直绿化的设计手法，共同构建丰富多彩、赏心悦目的生态景观空间。建筑与景观二者有机结合，形成校园有特色的小尺度院落景观，满足孩子们多样化学习、社交、活动的需要。

THE NATIONAL UNIVERSITY SCIENCE PARK OF HENAN PROVINCE(EASTERN AND WESTERN)

河南省国家大学科技园（东区、西区）

建设地点：河南 郑州
建筑功能：办公建筑
用地面积：291 997平方米（西区）、999 990平方米（东区）
建筑面积：600 000平方米（西区）、2 100 000平方米（东区）
设计时间：2008年—2018年
项目状态：建成
设计单位：中科院建筑设计研究院有限公司河南分公司
主创设计：徐贤伟、耿鲲鹏、郑博

河南省国家大学科技园位于郑州市高新技术开发区，分为东、西两个园区。项目是由河南省人民政府决定创建，科技部、教育部认定的国家级大学科技园，园区采取“多校一园、共同发展”的建设模式，主要依托河南省高校的科研优势、人才优势和郑州高新区的政策优势、环境优势、服务优势、资金优势，搭建高校、科研院所的科研成果转化平台，使其成为高新技术企业孵化基地、创新创业人才聚集培育基地、高新技术产业辐射基地和高校技术创新基地。

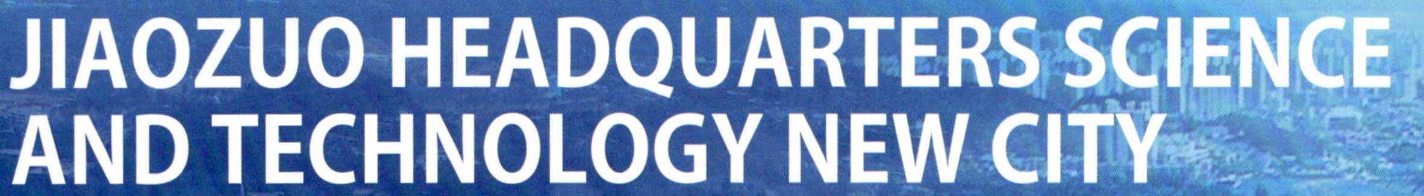

JIAOZUO HEADQUARTERS SCIENCE AND TECHNOLOGY NEW CITY

焦作总部科技新城

建设地点：河南 焦作
建筑功能：办公建筑
用地面积：83 332平方米
建筑面积：180 000平方米
设计时间：2012年
项目状态：建成
设计单位：中科院建筑设计研究院有限公司河南分公司
主创设计：徐贤伟、耿鲲鹏、李燕

焦作总部科技新城位于焦作市高新区核心区域，项目围绕焦作市委、市政府提出的把高新区建设成“现代化的新城区和高新技术产业园区”为目标，旨在打造一个“产城结合、以产促经、区域联动”的特色产业园区，以“产业生态＋自然生态”双生态体系，将集聚优势坚持到底。

项目建设有特色的城市空间形态，创造具有吸引力的城市环境景观，形成风格统一、现代化的城市风貌，提升区域的城市品位与总体品质，成为展示焦作高新区城市形象的重要窗口。

XUCHANG WISDOM INFORMATION INDUSTRY BASE

许昌智慧信息产业基地

建设地点：河南 许昌
建筑功能：办公建筑
用地面积：310 663平方米
建筑面积：560 000平方米
设计时间：2017年
项目状态：在建
设计单位：中科院建筑设计研究院有限公司河南分公司
主创设计：徐贤伟、白帆

项目位于许昌市高新区，经过现状调研，结合政府主导，本着“一期成景，终期完整”的设计理念，规划设计把主要面向群体设定为初创期中小型企业与已具备一定规模的企业，同时兼备配套生活和办公的服务设施。在此基础上重点解决交通组织、用地布局、设置支撑等方面的问题。

初创期中小型企业：优良办公环境，分层分户，降低创业发展成本与风险，从而提高成功率。

已具备一定规模的企业：分层分单元，首层面积最大化，可独立研发和生产的空间，各单元享用独立的空间，并均有良好的景观视线，为企业发展起加速和推动作用。

整体布局高低、疏密错落有致，外立面以灰白色石材与玻璃幕墙结合，以现代简约的形象形成较好的城市展示面与天际线。

XINXIANG GREEN YUNXI JIULI

新乡格林·云溪九里

建设地点：河南 新乡
建筑功能：居住建筑
用地面积：158 665平方米
建筑面积：500 000平方米
设计时间：2018年
项目状态：在建
设计单位：中科院建筑设计研究院有限公司河南分公司
主创设计：徐贤伟、耿鲲鹏、白帆

项目位于新乡市经济开发区，场地三侧临路，北侧隔路为平原湖，西侧紧临沙河景观，东侧为新乡师范学院，交通、景观优势显著，文化氛围浓厚。

规划设计强调景观的均好性，充分利用现状景观资源，北侧高层面湖而居，南侧洋房紧邻小区中心景观，建筑高低错落，层层递进，使得人们都能享受景观带来的那份惬意。

立面设计受文化气息的影响，设计风格为新中式，以简洁的线条和中式元素以及材质和颜色的均衡对比演绎新中式风格建筑的文化韵味。北侧形象入口、组团大堂、顶部错落舒展的大挑檐设计彰显新中式风格的文化内涵，中间通透的玻璃幕墙营造夺目光影的氛围，体现人们对家庭温暖和美好生活的向往。

天华 Tianhua

徐晓娟

职务： 上海天华建筑设计有限公司副总建筑师
建筑十二所所长

教育背景
1999年—2004年　重庆大学建筑城规学院建筑学学士
2004年—2007年　重庆大学建筑城规学院建筑学硕士

工作经历
2007年至今　上海天华建筑设计有限公司

个人荣誉
2003年全国大学生竞赛优秀作业奖
2006年金地住宅设计竞赛第一名
2007年重庆大学优秀毕业论文
2009年上海(国际)青年建筑师设计作品展入围
2014年世界华人建筑师协会住宅与住区设计奖
2015年中国景观设计蓝圈奖
2015年第六届上海建筑创作奖
2015年久诺第十届金盘奖

主要设计作品
上海外高桥文化艺术中心
上海华侨城十号院
郑州融创城
重庆龙湖长滩原麓
上海中建大公馆
扬州中海嘉境
旭辉余姚锦山府
舟山桃花岛度假村

陈杨

职务： 上海天华建筑设计有限公司建筑十二所设计所长
职称： 国家一级注册建筑师

教育背景
1998年—2003年　哈尔滨工业大学建筑学学士
2003年—2007年　哈尔滨工业大学建筑学硕士

工作经历
2007年至今　上海天华建筑设计有限公司

个人荣誉
2013年—2016年扬州市规划局专家库成员
2014年世界华人建筑师协会住宅与住区设计奖
2015年中国景观设计蓝圈奖
2015年第六届上海建筑创作奖
2015年久诺第十届金盘奖
2015年万科华东区域设计奖公建类金奖

主要设计作品
上海外高桥文化艺术中心
上海华侨城十号院
郑州融创城
重庆龙湖长滩原麓
上海中建大公馆
扬州中海嘉境
旭辉余姚锦山府

地址：上海市中山西路1800号
兆丰环球大赛27楼
电话： 021-64281588
传真： 021-64281587
网址： www.thape.com.cn

天华品牌

20世纪90年代初期，由几位归国精英及行业翘楚共同创建了一家建筑设计公司，取名天华，寓意为天下华人设计师提供最理想的发展平台，兼具全球视野与本土智慧，这就是“天华”坚实的品牌基因 。

天华成立于1997年，是中国第一批十大民营建筑设计公司，20多年来已成为中国规模最大、专业最全、最综合的设计公司之一。天华具有：建筑工程甲级、城市规划甲级、风景园林工程乙级资质，是为数不多的拥有双甲资质的民营设计公司。在建设部及建委组织的评奖活动中累计获国家级、市级奖200余项。2003年至今跻身全国十大民营建筑设计公司排行榜前列。

天华被万科、华润、绿地、保利等开发商多次评为最佳战略合作伙伴。

天华的居住类建筑设计项目目前已超3 000个，遍及全国30余个省、市、自治区。

天华荣誉

2015年度税收贡献特等奖

知识管理系统获香港 CHINA MAKE“2013年中国最受尊敬的知识型组织大奖”

2014年度最佳雇主暨HR创新管理实践评选“员工价值实现创新奖”

2014年度杰出贡献奖（上海蓝图经济城）

浦东民营企业“创新、转型、发展”优秀案例单位

中国最具商业地产合作价值设计机构

上海市高新技术企业

2014年—2015年合同信用等级AAA级

SHANGHAI WAIGAOQIAO CULTURE AND ART CENTER

上海外高桥文化艺术中心

项目业主：外高桥新市镇开发管理有限公司
建设地点：上海
建筑功能：文娱、展览建筑
用地面积：12 000平方米
建筑面积：20 740平方米
设计时间：2006年
项目状态：建成
设计单位：上海天华建筑设计有限公司
设计团队：黄向明、聂欣、徐晓娟、陈海涛、陈杨、吴旭

项目位于外高桥新市镇E-03地块，对于外高桥文化艺术中心所在的片区，政府希望将其打造成外高桥的中心商务区，包括商务办公、酒店、商业中心、会议中心等等。业主希望打造一个包含文艺演出、会议、报告、影视放映、文化、科普、艺术展览、图书阅览、群众文化活动等多种功能于一体的综合性文化艺术中心，来激活这个区域未来的发展。

考虑到外高桥保税区的定位为国际贸易、现代物流、先进制造业等，建筑师希望外高桥文化艺术中心可以延伸这一区域国际门户的形象，并成为这个区域城市文化生活的代表性“容器”。建筑师以简练的手法，体现出文化艺术中心海港风貌的建筑特点。以港口所特有的“集装箱堆叠”为意向，在保证建筑日常运行节能需求的同时，运用玻璃和金属材质表达建筑体量之间的对比，强化建筑造型的视觉冲击力，通过层次丰富的室内外空间演绎，为该区域的城市生活带来更多可能性。

SHANGHAI OVERSEA CHINESE TOWN NO. 10

上海华侨城十号院

项目业主：上海浦江华侨城集团
建设地点：上海
建筑功能：居住建筑
用地面积：73 067平方米
建筑面积：45 922平方米
设计时间：2011年
项目状态：建成
设计单位：上海天华建筑设计有限公司
设计团队：聂欣、徐晓娟、陈杨、李柏杨、王慧文

浦江城规划与建筑设计遵从意大利格力高蒂公司城市设计理念，以意大利风格为主，遵从严谨的设计导则，形成整体性极强的设计风格。

华侨城十号院作为浦江城高端住宅项目，以现代设计手法演绎了意式古典设计风格，并以中式院落逻辑组织住宅空间，现代、简练、雅致且处处充满人文情怀。四大组团各户型在满足日照间距要求的前提下，根据大小类型，分别放置于合适的景观轴线和区域中，使其各自享有不同的庭院和景观优势，曲径通幽，彼此隐秘。

为了加强院落空间的存在感，建筑师也采用了一系列非建筑单体语言，例如设计片墙（廊架、L形矮墙等），令建筑从景观整体中有所游离——这些片墙使得建筑景观化，它们既是景观的一部分，也是建筑体的一部分，建筑与景观相融合。

CHONGQING LONGFOR EXHIBITION HALL OF WATERFRONT CITY

重庆龙湖昱湖壹号城市展厅

项目业主：重庆龙湖
建设地点：重庆
建筑功能：展厅建筑
用地面积：20 000平方米
建筑面积：20 740平方米
设计时间：2017年
项目状态：建成
设计单位：上海天华建筑设计有限公司
设计团队：聂欣、徐晓娟、陈杨、李柏杨、农元迪、李大鹏、丁一

项目坐落于嘉陵江畔的重庆新中心——礼嘉新区中央商贸区核心地段。项目初期为龙湖昱湖壹号的销售示范中心，后期用于商业运营和艺术展览，作为城市展馆对市民开放，旨在代言未来重庆高端城市生活。

设计取“疾速之舟、记忆之石”为灵感意象，以动中有静、蓄势待发的几何建筑形态、含蓄的东方美学对地域自然及人文景观进行抽象表达，结合极具未来感的先锋建筑形式，传达重庆的城市新印象。

在方案设计中，设计师始终贯彻“石”与“舟”的概念，从区域地貌与人文特征中汲取灵感，并将其赋予到建筑的形态里。展厅希望塑造的是完整的空间体验，而不只是一座建筑单体。设计师们尝试将建筑作为载体，通过建筑、景观、室内的一体化设计打造整体化空间体验，是对东方美学和地域性文脉的抽象表达。

CHONGQING LONGFOR CHANGTAN NOW HERE

重庆龙湖长滩原麓

项目业主：重庆龙湖房地产开发有限公司
建筑功能：居住建筑
建筑面积：40 000平方米
项目状态：在建
设计单位：上海天华建筑设计有限公司
主创设计：徐晓娟、陈杨、李柏杨、胡骏涛
建设地点：重庆
用地面积：40 000平方米
设计时间：2017年—2018年

项目位于重庆市两江新区龙兴古镇边，西靠龙兴古镇，东临御临河，涵盖住宅、教育、养老、商业以及配套服务功能。用地条件西高东低，高差达50多米，是典型的重庆山地地形。项目两大难点是解决山地的高差问题以及大型住区多功能规划与整合。

首先，利用地形的高差，设计将这个地块以3米高差由东至西分成多个台地，将住宅组团顺应台地布置，建筑的每个组团形成了错层，面向东侧的御临河均能享受景观资源，从而达到户户看河的效果。

其次，将幼儿园、商业、社区活动中心、日间照料中心以及配套功能整合成为综合的邻里中心，以邻里中心为核心，融合教育、老人、社交、购物的超级公园，将会向整个住区辐射，增加住户的黏度，从而成为龙兴片区的标志。

最后，通过地形与邻里中心的设计，龙兴大型住区形成了一个以核心、轴线、分区、节点为要素的明确的生活网，最终形成稳定的大型住区结构和区域标志，提升了住区的品质与城市形象。

NINGBO XUHUI PLATINUM CHEN MANSION

宁波旭辉铂宸府

项目业主：宁波旭辉
建设地点：浙江 宁波
建筑功能：居住建筑
用地面积：38 256平方米
建筑面积：98 686平方米
设计时间：2016年
项目状态：建成
设计单位：上海天华建筑设计有限公司
主创设计：徐晓娟、陈杨、屈天鸣、朱国庆、王钊

宁波这个城市人文积淀丰厚，历史悠久，是“海上丝绸之路”东方始发港，所以自古就是东西方文化的交汇点，也孕育了兼收并蓄的文化。项目位于江东区与鄞州区交会的黄金地段，是一个新建的高品质居住区。

设计师希望创造一个让人有共鸣的栖息地，以建筑、景观、室内共同构成一个奢华而安静的场所。设计以新东方主义美学观构筑精神居所，唤醒东方文化的回归，仰承甬城文化脉流，尽得东方美学精髓，为宁波呈献一座现代东方特色人文社区。

SHANGHAI TIANHUA ENTERPRISE CONFERENCE CENTER

上海天华企业会议中心

项目业主：上海天华建筑设计有限公司
建设地点：上海
建筑功能：企业会议、接待中心
建筑面积：1 000平方米
设计时间：2017年
项目状态：建成
设计单位：上海天华建筑设计有限公司
主创设计：徐晓娟、陈杨、丁一、李柏杨、李瑞寅、唐哲人、庄楚楚、周星辰

项目位于上海市中山西路兆丰环球大厦26楼，原为上海天华机电所办公区域，业主需要将这里改造成为上海天华建筑设计有限公司会议中心、接待中心以及展览中心。

项目在设计阶段充分考虑到在现有光线条件下布置不同色温以及不同功率的灯具，营造出不同光照环境的空间。对于展示面，利用一段斜向布置的短墙，延长了室内外展示面的长度，同时也规避了立柱带来的设计弊端。走廊处设置了单边发光灯带，利用走廊空间环绕的特点自然设置了回廊式的展览空间。项目设置了10间不同等级的会议室以及1间根据使用需求可以拆分的报告厅。整个项目秉承“少即是多”的原则来选择材质，利用黑色喷砂不锈钢、布拉格灰石材以及楸木三种材质来表现整体空间。

ZHENGZHOU SUNAC CITY

郑州融创城

项目业主：郑州融创房地产开发有限公司
建设地点：河南 郑州
建筑功能：居住建筑
用地面积：105 00平方米
建筑面积：405 00平方米
设计时间：2016年
项目状态：在建
设计单位：上海天华建筑设计有限公司
主创设计：徐晓娟、陈杨、胡骏涛

项目基地南接十八里河路，东接明珠路，西临河东路，北临鼎瑞街，交通资源便利。随着周边项目陆续交付，区域配套将逐渐成熟，西靠十八里河，生态资源优渥，也有较为成熟的教育资源。

设计中，规划结构明晰清楚，在对社区规划的深刻理解和用地条件的仔细研究下，同时基于对城市居住生活的观察理解，着重营造了开放空间—半开放空间—私密空间的层级体系。在一定的序列感和环抱感中形成内部的、安静宜人的组团空间。

邢融融

职务：中瀚国际建筑设计顾问有限公司设计总监
职称：国家一级注册建筑师

教育背景
1999年—2004年　西安交通大学建筑学学士

工作经历
2011年1月至今　中瀚国际建筑设计顾问有限公司

主要设计作品及获奖情况

青岛浮山新区株洲路地块建筑设计方案	荣获2005年威海人居大奖赛优秀奖
金沙滩公共服务设施	荣获2006年威海人居大奖赛优秀奖
开发区第七中学设计方案	荣获2007年威海人居大奖赛优秀奖
安丘市青云山文体中心项目方案	荣获第四届山东省优秀建筑设计方案三等奖
胶州怡然园墅	荣获2016年青岛市优秀建筑设计二等奖
安丘市委党校	荣获第五届山东省优秀建筑设计方案三等奖
麦迪绅积米崖澎湃岛项目	
安丘市明德学校	荣获2017年青岛市优秀建筑设计奖

孟祥群

职务：中瀚国际建筑设计顾问有限公司设计总监
职称：国家一级注册建筑师、高级工程师

教育背景
1988年—1992年　青岛理工大学建筑学学士

工作经历
1992年—2004年　青岛工业建筑设计研究院
2004年—2012年　山东原创建筑设计事务所
2012年—2014年　青岛北洋建筑设计有限公司
2014年至今　中瀚国际建筑设计顾问有限公司

个人荣誉
青岛市规划局专家库成员
青岛市勘察设计先进工作者

主要设计作品及获奖情况

青岛市万达沃尔玛	荣获2007年青岛优秀勘察设计三等奖
石油大学研究生公寓	荣获2007年山东优秀勘察设计三等奖
青岛市株州路社区	荣获第二届威海国际设计大奖赛优秀奖
青岛市金沙滩会所群及旅游设施	荣获第三届威海国际设计大奖赛优秀奖
青岛市第七中学	荣获第四届威海国际设计大奖赛优秀奖
青岛市城阳小北区社区	荣获2007年青岛优秀村镇规划设计二等奖 2008年山东省中小户型住宅建筑设计方案三等奖 2009年青岛市经适房暨中小户型住宅设计竞赛银奖

泰安国华时代	石油大学校医院	泰安旅游集散中心
青岛上马中学	肥城广电大厦	青岛海都酒店
泰安瑞奥不夜城	首创公园一号	泰安硅谷产业园
青岛砂子口中心学校	高密市养老中心	青岛辛安职业中专
青岛中创大厦	招商地产海德花园	青岛澄韵商务中心
青岛华融观海		

地址：山东省青岛市市南区东海西路31号保时捷大厦3楼
电话：0532-86102096
传真：0532-68877617
电子邮箱：zhonghanguojiscb@163.com

中瀚国际建筑设计顾问有限公司（以下简称“中瀚国际”）创立于2006年8月，具备建筑工程甲级资质。自2010年通过ISO9000认证以来严格按照体系要求进行公司质量控制，连续3年被评为青岛市A级诚信设计单位。业务涵盖建筑设计、规划设计、景观设计等领域，是目前国内最具活力和影响力的建筑设计机构之一。

中瀚国际会聚了业内优秀的建筑师、工程师、规划师等人才，拥有覆盖广泛的业务产品及技术能力种类，在建筑设计方面致力于为客户提供专业化、精致、综合性的解决方案。经过多年发展，公司设计业务范围遍布国内各大城市的酒店宾馆、商业综合体、办公写字楼、医院、学校、工业建筑和民用建筑等。目前，公司与国外的设计公司建立了紧密合作关系，在不断汲取国外先进设计理念的同时，也为公司走向国际市场打下良好的基础。

中瀚国际一直与中国建筑设计事业的发展共同成长，在蓬勃的市场潮流中，坚守着品质发展的方向。立足于对本土文化和现状的深刻理解，秉持先进的国际化设计和服务理念，努力寻求对于城市空间和建筑产品的恰当处理，通过设计创造最优化价值。

JIAOZHOU YIRAN GARDEN VILLA

胶州怡然园墅

项目业主：青岛海能房地产有限公司
建设地点：山东 胶州
建筑功能：居住建筑
用地面积：52 000平方米
建筑面积：52 000平方米
设计时间：2016年
项目状态：建成
主创设计：邢融融、秦新明

追寻远去的胶州居住文化，继承古老的胶州民居特色，通过对传统居住空间的再加工，融合胶州当地的民居特色，打造中式意境的人文大宅。

ANQIU CIVIC ACTIVITY CENTER

安丘市市民活动中心

项目业主：安丘市规划局
建设地点：山东 安丘
建筑功能：文体建筑
用地面积：82 000平方米
建筑面积：54 870平方米
设计时间：2014年
项目状态：在建
主创设计：邢融融、邢永胜
获奖情况：2016年山东省优秀建筑设计方案三等奖

山与“城”
从建筑看山：山是建筑的背景。
从山看建筑：建筑是山的缩影。
连绵起伏的山体造型建筑，充满刚硬和力度之美。

水与“城”
城因水而灵动，柔美。
水连接建筑与山，和谐共生。

ANQIU MUNICIPAL PARTY SCHOOL

安丘市委党校

项目业主：安丘市委党校　　建设地点：山东 安丘
建筑功能：教育建筑　　用地面积：29 486平方米
建筑面积：20 868平方米　　设计时间：2016年
项目状态：建成
主创设计：邢融融、邢永胜
获奖情况：第五届山东省优秀建筑设计方案三等奖

项目设计以传统城市的礼仪轴线为规划主轴线，通过南侧的礼仪广场、中间的交流广场、北侧的服务广场，将建筑物有机串联并组织成一个有机的整体空间。在这里，既有中轴线上的礼仪感，又有两侧建筑非对称的轻松感。广场、院落、街道，空间相互渗透，相得益彰。

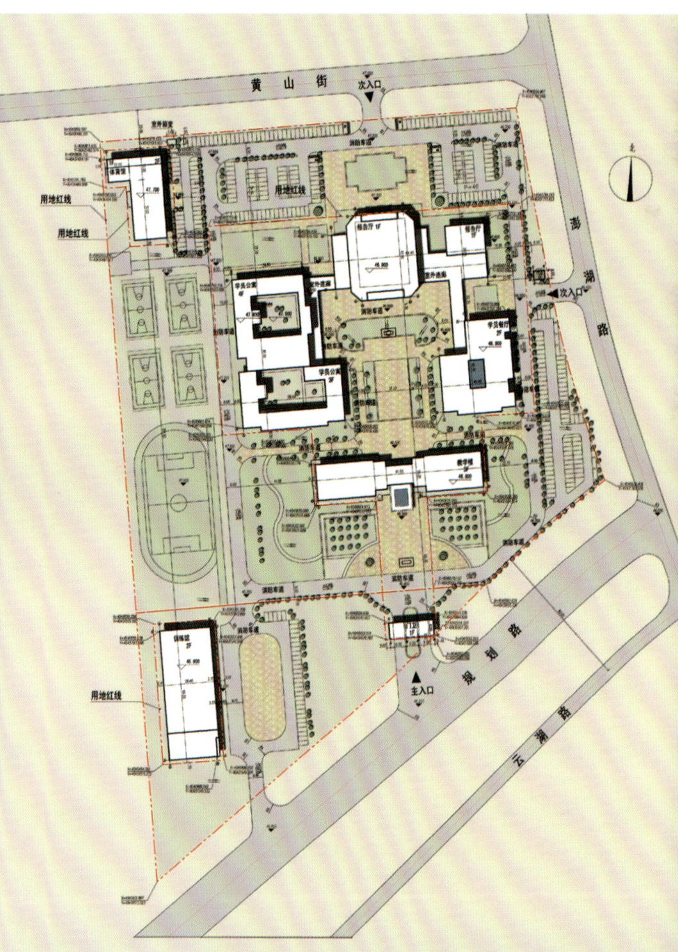

QINGDAO XIN'AN VOCATIONAL SECONDARY SCHOOL

青岛辛安职业中专

项目业主：青岛西海岸职教集团
建设地点：山东 青岛
建筑面积：21 451平方米
项目状态：建成
主创设计：孟祥群、王海宁
建筑功能：教育建筑
用地面积：31 600平方米
设计时间：2013年

校园用地面积并不宽松，建筑师将全部功能拆解成教育与办公，服务于培训两部分，为此隔离出有仪式感的校园前区和功能性的运动及活动区，并将两个区域的景观空间与建筑做了融合，大量灰空间的导入增加了狭小地块的趣味性。

建筑风格合理、简洁，突出了线条感和材质的对比，体积感的造型和线条的对比赋予建筑独一无二的标志性。

GAOMI CENTER SCHOOL

高密市中心学校

项目业主：高密市教体局
建设地点：山东 高密
建筑面积：160 000平方米
项目状态：方案
建筑功能：教育建筑
用地面积：150 000平方米
设计时间：2013年
主创设计：孟祥群

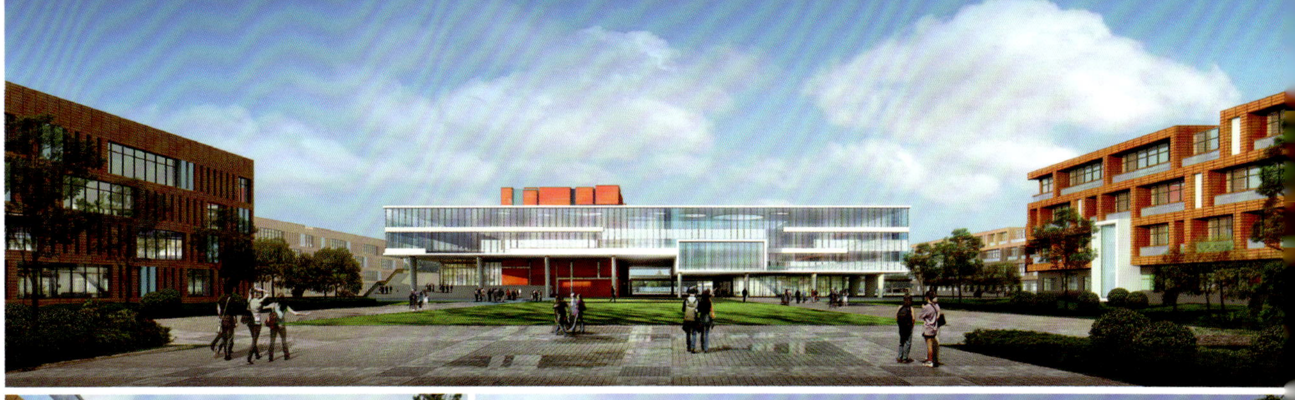

项目周边风景秀丽，月亮湾为基地提供了开阔的视野和自然生态，其东岸的莫言纪念馆为基地注入了人文气息，也成为设计的主要线索之一。

采用模块化的布局，教学区、运动区、素质教育区、室外休闲区及生活配套区，各成组团，以生活轴、文化轴和两个主要广场将环境因素、人文因素和几大组团自然连接，创造了一种开阔、流畅、活泼的校园空间。

建筑风格轻松、简洁并带有启发性，倡导一种自由，理性及安静的审美取向，为孩子们提供一种良性的引导。

QINGDAO ZHONGCHUANG BUILDING

青岛中创大厦

项目业主：青岛中创物流有限公司
建筑功能：办公建筑
建设地点：山东 青岛
用地面积：8 700平方米
建筑面积：37 000平方米
设计时间：2012年—2013年
项目状态：建成
主创设计：孟祥群、钟宾

项目所在地是青岛市金家岭商务新区，北侧及南侧均有在建项目，且形态各异。业主希望该项目能代表其恒久、可信及注重品质的一贯风格。

建筑师最终确定采用现代主义的手法，简化体型处理，强调线条感和良好舒适的比例，搭配精致、典雅的细节处理，创造了一种既现代又不失优雅，低调且自信的建筑形象，最终获得业主的认可和支持。

GAOMI PENSION CENTER

高密市养老中心

项目业主：高密市民政局
建设地点：山东 高密
建筑功能：养老建筑
建筑面积：86 421平方米
用地面积：645 747平方米
设计时间：2012年—2013年
项目状态：建成
主创设计：孟祥群

项目位于高密市北部高周路北侧，基地周边地势平坦，东侧为已建成学校。设计中采用分区组团的布局形式，按不同的使用需求划分不同的院落空间，注重室内外空间的自然过渡，并结合地方风格的建筑造型，营造一种集轻松、优雅、庄重于一体的养老休闲空间。

杨志刚

职务： 中广电广播电影电视设计研究院副所长
职称： 教授级高级工程师
国家一级注册建筑师

教育背景
1984年—1988年　哈尔滨建筑工程学院建筑学学士

工作经历
1988年至今　中广电广播电影电视设计研究院

主要设计作品及获奖情况
北京万通广场
北京京瑞大厦
解放军电视大楼
荣获国家广播电影电视总局优秀工程设计三等奖
国家广播电影电视总局西新工程
荣获国家广播电影电视总局优秀工程设计一、二、三等奖
援几内亚比绍人民宫
淮北广播电视中心
内蒙古乌兰恰特大剧院装修工程
广播电视技术监管业务楼
巴彦淖尔广播电视传媒中心
解放军电视宣传中心与总政幼儿园合建综合楼
中国传媒大学运动场改造
浙江传媒华策电影产业园一期项目

黄淑明

职务： 中广电广播电影电视设计研究院副所长
职称： 教授级高级工程师
国家一级注册建筑师

教育背景
1988年—1993年　清华大学建筑学学士

工作经历
1993年至今　中广电广播电影电视设计研究院

主要设计作品及获奖情况
中央财经大学科研教学综合楼
荣获2013年中国建筑学会中国建筑设计奖（建筑创作）金奖
中央财经大学沙河新校区教学区
荣获北京市第18届优秀工程设计二等奖
佛山新闻中心
荣获2012年国家广播电影电视总局优秀工程设计二等奖
青岛东方影都影视产业园制作区
榆林市新闻大厦
山西广播电视中心
呼和浩特新闻大厦

高伟

职务： 中广电广播电影电视设计研究院主创建筑师
职称： 高级工程师
国家一级注册建筑师

教育背景
2000年—2005年　哈尔滨工业大学建筑学学士

工作经历
2005年至今　中广电广播电影电视设计研究院

主要设计作品
广播电视技术监管业务楼
浙江传媒华策电影产业园一期工程
青岛东方影都影视产业园制作区
中央财经大学沙河校区二期学院楼
连云港广播影视文化城
额济纳广播电视中心
宿迁广播电视大厦
重庆广播电视发射塔
六安广播电视发射塔
南岳广播电视发射塔

地址： 北京市西城区南礼士路13号
电话： 010-68020058
传真： 010-68020094
网址： www.drft.com.cn
电子信箱： gdy@drft.com.cn

中广电广播电影电视设计研究院成立于1952年，是国际咨询工程师联合会（FIDIC）成员协会会员单位。具有广播电影电视行业甲级、建筑工程甲级、工程测量甲级、工程咨询甲级、工程造价咨询甲级、建筑智能化设计甲级、部分电子通信工程设计甲级等资质，并具有对外经营资格。全院现有员工总数400余人，拥有国家级设计大师6人，具有高级技术职称者百余人，国家各类注册工程师近百名。

成立60多年来，设计院业绩卓越，获得众多奖项。其中，中央广播电视塔、中央彩电中心、人民大会堂扩声系统项目获得国家优秀工程设计金奖，北京电视中心荣获北京当代十大建筑称号，国家中影数字制作基地获全国优秀勘察设计奖，公安部大楼项目获得国家优质工程奖。设计院连续多年荣获国家文化出口重点企业称号，入选当代中国建筑设计百家名院。

近期，设计院完成的广电建筑有中央电视台新台址工艺设计、国际广播电台在线大楼、黑龙江广播电视中心、山西广播电视中心、四川广播电视中心；学校建筑有中央财经大学新校区、中国传媒大学、四川传媒学院、山西传媒学院、浙江传媒学院；影视园区项目有国家中影数字制作基地、无锡（国家）数字制作基地、青岛东方影都影视产业园制作区、横店影视基地、冯小刚电影公社等；文化项目有北京音乐厅、爱乐音乐厅、成都城市音乐厅等。

设计院将坚持“严谨、创新、团结、奉献”的作风，秉承“开放包容、合作共赢”的企业理念，以技术创新引领发展，始终致力于为客户提供全方位、全过程的一流综合技术服务，持续不断为客户创造最大价值，推动产业链良性循环，为我国广电信息、文化建筑业健康持续发展贡献力量。

ZHEJIANG MEDIA HUACE FILM INDUSTRY PARK PHASE I PROJECT

浙江传媒华策电影产业园一期项目

项目业主：浙江传媒学院
建设地点：浙江 嘉兴
建筑功能：影视建筑
用地面积：66 667平方米
建筑面积：49 000平方米
设计时间：2015年—2016年
项目状态：在建
设计单位：中广电广播电影电视设计研究院

开放・交融

通过总体布局，水面的布置，借景、对景的运用，电影学院楼、摄影棚与综合服务楼三栋建筑错动布局，形成了虚实结合的“Z”形构图。

在这里可举办大型影视发布会等户外活动，利用摄影棚的高大墙面作为“背景幕布”，或是利用广场的水幕喷泉，举办激光水幕表演等特色活动，成为吸引游客与市民、提升周边土地价值和桐乡市影视文化影响力的重要城市节点。三个广场配合三个建筑形象，整体学院风貌大气中有灵动，优雅中有朴素。

景观・生态

学院采用“景观式建筑”理念，结合“清水穿城过，人家尽枕河”意境，将水和绿地融入建筑，创造宜人的沿水而居、沿水而行的场所，充分体现了艺术美、自然美和意境美，达到移步换景、如行画中的效果。

建筑采用绿色建筑标准，电影学院和实验楼采用底层架空、层级院落、屋顶绿化的立体手法，并通过建筑布局、室内外院落的设置及被动式通风措施，达到良好的通风效果；设置了竖向和横向的遮阳百叶达到夏季遮阳的目的。

QINGDAO ORIENTAL MOVIE METROPOLIS FILM AND TELEVISION INDUSTRY PARK PRODUCTION AREA

青岛东方影都影视产业园制作区

项目业主：万达集团
建设地点：山东 青岛
建筑功能：影视建筑
用地面积：1 046 000平方米
建筑面积：233 600平方米
设计时间：2014年—2015年
项目状态：建成
设计单位：中广电广播电影电视设计研究院

建筑意向：山、海、云、石。

建筑色彩：蓝、白、灰褐色。

以极少蕴含极多。

设计的功力不在于矫揉造作的炫技，而是在于给人以舒适感受。

方案运用最普通的建筑外立面做法，通过合理的组合方式，营造出简约大气、沉稳平和的建筑气质，似在静谧之中孕育着波澜壮阔的大气魄。

设计就像一只吸饱了墨汁的笔——将场地规划、景观营造、建筑布局、平面功能等各种信息融合在骨子里——在挥毫泼墨之时一蹴而就。忽略种种细枝末节的羁绊，朝着心中那个朦胧又明确的目标而不懈努力，形成似流云、似群山、似浪花、似礁石、似条条舞动的胶片的建筑意向，最终成就一番大写意。

LIANYUNGANG RADIO, FILM AND TELEVISION CULTURE CITY

连云港广播影视文化城

项目业主：连云港广电传媒集团
建筑功能：广电建筑
建筑面积：140 000平方米
项目状态：建成
设计单位：中广电广播电影电视设计研究院
建设地点：江苏 连云港
用地面积：59 100平方米
设计时间：2009年—2010年

设计理念

传承城市文脉，承载传媒精神

总体定位

打造集地域性、文化性、商业性、科技性于一身的现代文化传媒精品。

设计原则

符合城市规划条件及要求；

体现“山海”城市文脉特色；

体现传媒建筑的文化感，科技感以及传媒行业的活力与激情；

体现传媒文化事业与产业发展相结合的理念，打造高品质的文化娱乐商业场所；

功能完善、空间丰富、布局合理、流线清晰。

形体推导

建筑裙楼由一个长方体被三条圆弧切割而成。西侧的圆弧围合成主广场，主楼在主广场内拔地而起，主楼顶部设置空中演播厅，可将城市风光纳入电视节目的背景之中；东侧的圆弧为影视娱乐休闲综合区的入口；东南侧的圆弧迎合城市广场，与场地相呼应。东南侧的城市广场与主广场之间由一拱形门相贯通，拱形门之下为媒体广场，可举办大型展会和文艺演出。裙楼南高北低，满足建筑内部空间使用功能要求，同时与主楼形体相平衡，增加稳定感。裙楼底层挑空，形成陆桥文化展示长廊。主楼相对独立，凸显其标志性，同时将技术办公与文化娱乐功能相分离，保证了其核心区域的独立性和保密性。

山海文化

主楼挺拔、方正，象征高山的坚毅与正直；裙楼舒展、宽大，象征大海的包容与浪漫。通过直线与曲线、高耸与伸展、规整与自由的对比，对山与海的性格进行了抽象的诠释。

RADIO AND TELEVISION TECHNICAL SUPERVISION BUSINESS BUILDING

广播电视技术监管业务楼

项目业主：国家广播电视总局
建设地点：北京
建筑功能：办公建筑
用地面积：67 881平方米
建筑面积：67 990平方米
设计时间：2009年
项目状态：建成
设计单位：中广电广播电影电视设计研究院

建筑形体采用非对称的形体，将建筑的主入口设置在靠近广电大院中轴路一侧，体现对大院现有轴线秩序的尊重。

建筑立面虚实结合，金属格栅式组合幕墙与石材体量的穿插，体现了现代建筑美学简约大方的构成特点。

石材：突出稳重的性格，与监管部门的身份相符，同时在色彩和质感上和广电大楼的外立面材质相呼应，使之融入广电大院之内。

方窗：规整的布局体现出秩序感，再次强调了监管部门的严肃性。考虑到建筑节能性，南向为大窗，北向为小窗。

金属格栅式组合幕墙：现代高技的建筑语汇，展现了广电行业的技术性与科技感，暗示了其具有的科研功能。

大楼顶部三层的立面手法结合内部大空间用房，体现了形式与功能的统一。

YULIN CITY NEWS BUILDING

榆林市新闻大厦

项目业主：榆林市城投集团
建设地点：陕西 榆林
建筑功能：广电建筑
用地面积：54 167平方米
建筑面积：73 593平方米
设计时间：2008年—2009年
项目状态：建成
设计单位：中广电广播电影电视设计研究院

榆林市新闻大厦项目整合榆林市文广局、榆林日报社、榆林信息中心三家新闻媒体，集同属性项目于一个地块、一个标志性建筑，意在成为市级主要媒体的聚合高地、高端信息与多元信息的传播中心、能源新都的现代标志、周边乃至西部地区同类项目中的精品建筑。

杨翀

职务： 上海朗诗规划建筑设计有限公司总经理
职称： 高级工程师
国家一级注册建筑师
国际项目管理PMP

教育背景
1994年—1999年　东南大学建筑系学士
1999年—2002年　东南大学建筑研究所硕士

工作经历
2002年—2011年　华东建筑设计研究院有限公司
2011年—2016年　上海建筑设计研究院有限公司
2017年至今　上海朗诗规划建筑设计有限公司

个人荣誉
上海农村住宅竞赛个人二等奖
上海市重大工程个人记功(世博会工程)
上海市优秀工程奖
上海市建筑学会创作佳作奖

主要设计作品
无锡工商行政管理大楼
平顶山市政府大厦
南京浙商广场
中国消防博物馆
杭州地铁控制中心
天津泰达休闲体育公园
绍兴世茂天际中心
上海阳光水景城超高层双塔
川投调度中心
上海中心大厦
2010年上海世博会世博塔及世博轴膜结构
2010年上海世博会浦东核心区城市设计调整
成都金沙文化中心
新疆电力调度中心
青岛胶南四馆
上海众仁乐园
世博集团大厦
国元集团总部
宿迁绿色三星社区
河北保定被动房
斯里兰卡国家电视塔

杨翀，在职业经历中一直兼任技术和管理岗位。同时，作为出色的原创建筑师和设计总负责人，他有许多成功的作品，参与过许多政府或私营投资重大工程的设计和建设，获得许多专业奖项。在专业技术和经营管理领域都有着丰富的经验。
目前，杨翀致力于将公司打造成专业的绿色建筑设计全程服务商，并对建筑设计全程开发服务和绿色建筑发展事业有着坚定的信心。

地址： 上海市杨浦区国康路100号11楼
电话： 021-65961111
传真： 021-65961113
网址： www.landseaarch.com

上海朗诗规划建筑设计有限公司（简称朗诗设计公司），成立于2011年，拥有专业技术人员100余人，其中，中高级技术职称人员占比高达40%以上，拥有丰富的执业经验。

朗诗设计公司作为一家综合性甲级设计公司，具备全专业设计总承包的落地服务能力，其服务领域涉及绿色住区、公共建筑、室内设计、城市更新、超低能耗建筑等多个领域。尤其在长租公寓及养老产品设计方面具有丰富的实践经验。

朗诗设计公司具备常规精品建筑的全程设计落地能力，同时，作为一家以绿色建筑设计为核心的高新企业，长期致力于绿色建筑设计研发能力的培养，在BIM、被动房、被动式建筑、装配式建筑等多个领域拥有丰富的经验，可提供绿色建筑全生命周期的专业性设计服务。

SHAOXING SHIMAO SKYLINE CENTER

绍兴世茂天际中心

项目业主：世茂集团
建设地点：浙江 绍兴
建筑功能：商业建筑
用地面积：20 000平方米
建筑面积：120 000平方米
设计时间：2006年
项目状态：建成
设计单位：华东建筑设计研究院有限公司
主创设计：杨翀

建筑位于绍兴迪荡新城，高度达288米，是一座以五星级酒店为主体功能的标志性建筑，建成7年，至今仍然是浙北第一高楼。建筑设计的出发点是建筑不仅要为酒店争取最好的景观资源，同时它自身的形体也要给城市留下良好的观感。建筑用简洁的收分设计，和对应的竖向功能区良好地结合起来，给城市留下稳重优雅又略带锐意的形象。

同时，高层主体平面的形状设计，保证了大楼从各个角度看过去都显得挺拔。

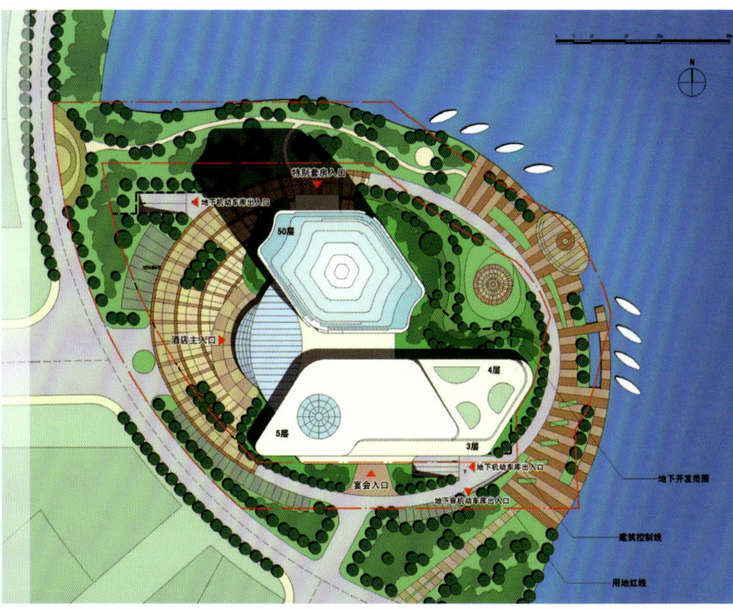

SHANGHAI CENTER TOWER

上海中心大厦

项目业主：上海城投（集团）有限公司
建设地点：上海
建筑功能：商业建筑
用地面积：29 933平方米
建筑面积：423 000平方米
设计时间：2007年
项目状态：方案
设计单位：华东建筑设计研究院有限公司
主创设计：杨翀
获奖情况：入围最终竞标

设计注重实用合理性和城市协调性，希望真正打造一座对城市有最大价值的建筑。功能性上，建筑地面以上分为裙房综合层、办公区、空中白领中心、高级酒店、城市观光层，配合经济合理的标准层平面，实用性和经济性得到保障。造型上，设计师除考虑建筑自身的标志性以外，充分研究与相邻金茂大厦、环球金融中心的风格协调呼应，并从文脉上回应了东方明珠和金光外滩中心等黄浦江两岸的重要建筑。

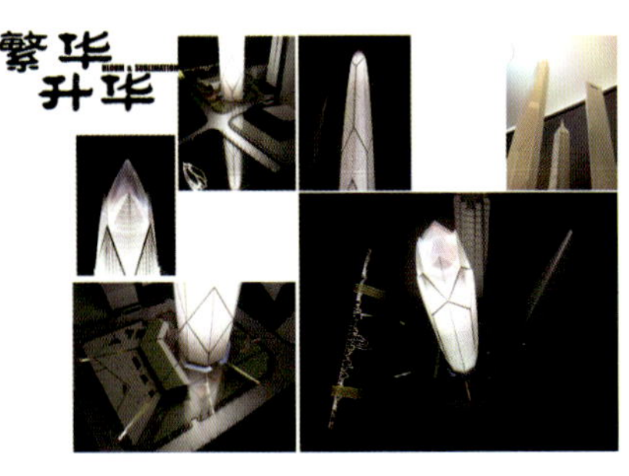

SRILANKA NATIONAL TELEVISION TOWER

斯里兰卡国家电视塔

项目业主：斯里兰卡政府
建设地点：科伦坡
建筑功能：电视发射、观光、餐饮建筑
设计时间：2007年
项目状态：方案
设计单位：华东建筑设计研究院有限公司
主创设计：杨翀

这个方案又称为“莲花塔”，最初希望把美学和功能性合理地结合在一起，并且给人“新鲜”的造型感，在全世界的电视塔设计中，显得“独一无二”。

方案是从多种美丽的事物中汲取的灵感。斯里兰卡是佛教国，国花是美丽的莲花。水池中宁静的莲花、伸展的椰树枝叶、热带沙漠中可贵的喷泉都产生一种充满生机的感觉，设计从中提取了建筑意向。

在富有民族韵味的平台上，在一个宁静的莲花座上，升腾起一座“生机勃勃”的动感的高塔，给人以很丰富的“视觉刺激”，似生长的树木，似美丽的喷泉，似盛开的花朵，丰富的层次也给在不同距离、不同观察点的人们以不同的感受。

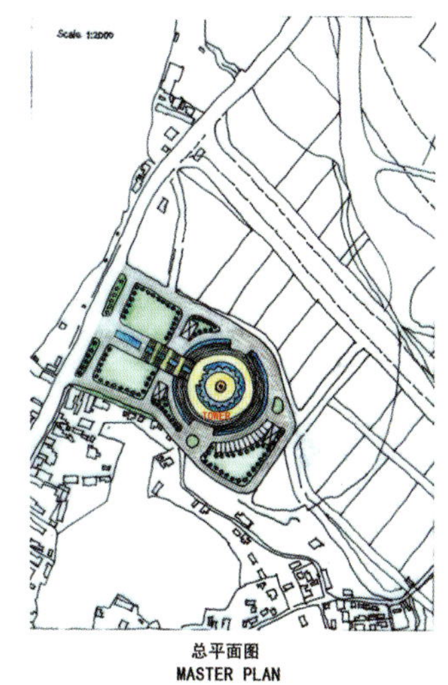
总平面图
MASTER PLAN

原始构思草图

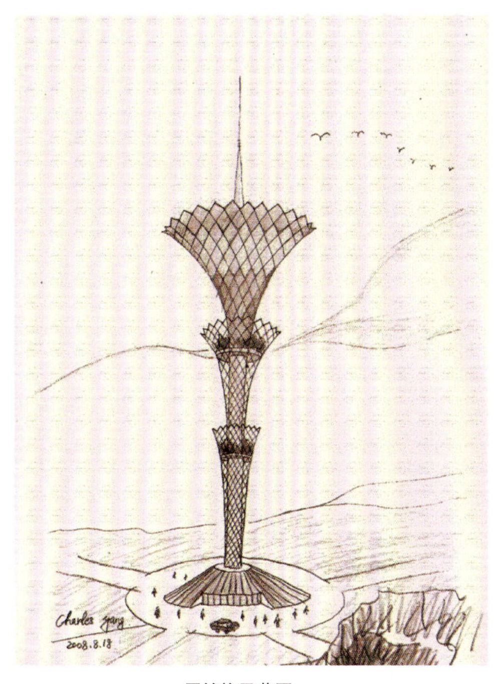
原始构思草图

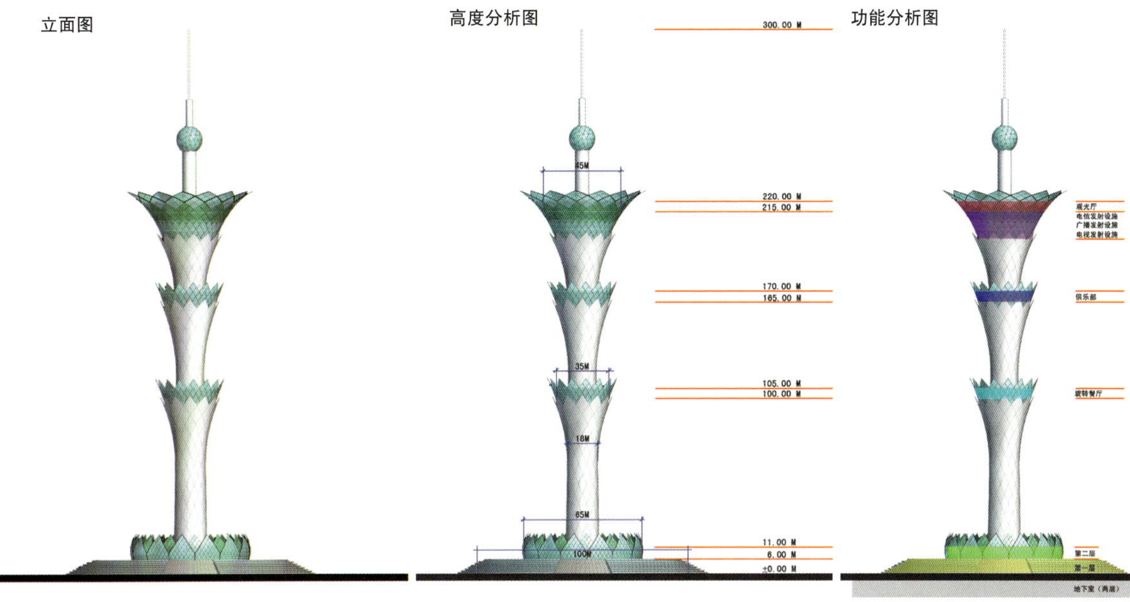

EXPO GROUP BUILDING

世博集团大厦

项目业主：世博集团
建设地点：上海
建筑功能：办公建筑
用地面积：8 000平方米
建筑面积：20 000平方米
设计时间：2015年
项目状态：建成
设计单位：上海建筑设计研究院有限公司
主创设计：杨翀

本项目位于世博会后规划的原世博会址再开发区域之一，后世博B片区，规划为央企总部园区，采用高密度小街坊的开发策略，城市设计严格管控高度、贴线率等，引入13家声誉卓著的央企，共同分享这块号称花园中的CBD区域。这个设计通过竞标，也成为这个央企总部园区唯一一个本土设计公司原创的建筑，并荣获绿色三星认证。

这样一座现代的办公建筑，将承载延续世博精神——开放包容，城市让生活更美好。

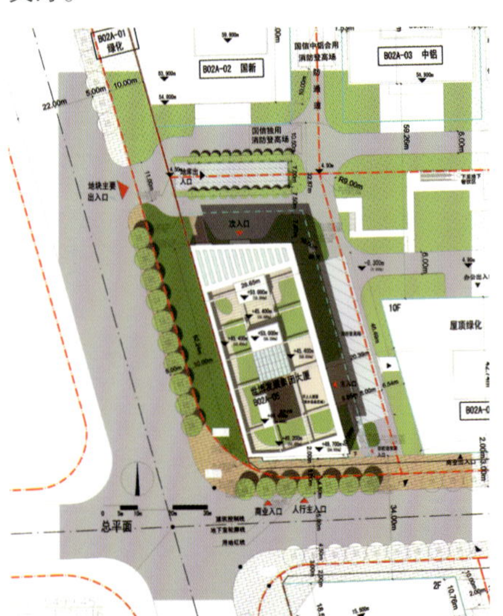

2010 SHANGHAI EXPO EXPO TOWER

2010年上海世博会世博塔

项目业主：世博集团　建设地点：上海
建筑功能：办公建筑　用地面积：20 000平方米
建筑面积：110 000平方米　设计时间：2008年
项目状态：方案
设计单位：华东建筑设计研究院有限公司
主创设计：杨翀

世博集团原计划在世博会的入口位置开发办公双塔，世博会前做好设计，于会后进行建设。本方案从标志性和精神层面出发，创造性提出介于双塔和单塔之间的“天人合一”人字形高塔建筑。并且，为了纪念世博会的召开年份——2010年，塔楼高度定为201米高。由于世博会筹备期间对于该计划难以展开足够充分的工作，便搁置下来。

THE MEMBRANE STRUCTURE OF THE EXPO AXIS

世博轴膜结构

项目业主：上海世博土地控股有限公司　建设地点：上海
建筑功能：公共建筑　设计时间：2008年
项目状态：方案　设计单位：华东建筑设计研究院有限公司
主创设计：杨翀

世博轴是2010年上海世博会浦东核心区“一轴四馆”永久性建筑中最重要的一个，承担着世博会入口和输送通道的作用，而世博轴的平台上顶盖结构不仅是世博轴平台遮盖功能的需要，也是世博轴形象和艺术性的体现。世博轴的最初设计中，是全玻璃顶盖，考虑到夏季的遮阳、清洁、成本等各种因素，世博局决策更改为膜结构的顶盖设计。在原有基本土建不变的情况下，如何设计这个全世界面积第一的膜结构工程成为一个挑战。本方案成为最终两个选择方案之一，给人们呈现了另外一种可能性。

TIANJIN TEDA LEASURE AND SPORTS PARK

天津泰达休闲体育公园

项目业主：泰达集团
建设地点：天津
建筑功能：体育、休闲建筑
用地面积：98 700平方米
建筑面积：108 000平方米
设计时间：2005年
项目状态：方案
设计单位：华东建筑设计研究院有限公司、Estudio Lamela
主创设计：杨翀、Choncha、haveil

项目坐落在泰达体育场、时尚广场、会展中心和其他众多活力四射的崭新建筑群西南侧，泰达休闲体育公园是一组错落起伏、形态跃动、空间活泼的建筑群。由地面延伸而起的立面和屋顶，好像一个个小山头，蕴含着土地的芬芳，孕育着草坪的绿意，让每一个来到公园的市民，得以拾阶而上，感受仿佛山间户外的闲暇和轻松。

建筑采用了地景建筑的设计手法，倾斜的立面和屋面一体化的设计，寓意着建筑在土壤中的生成，同时也创造了与地面连续的丰富空间，创造了更多的场地。建筑形态在谦逊中蕴含着活跃，在创造自身轻松休闲风格的同时，与周边建筑群的现代和时尚融为一体。

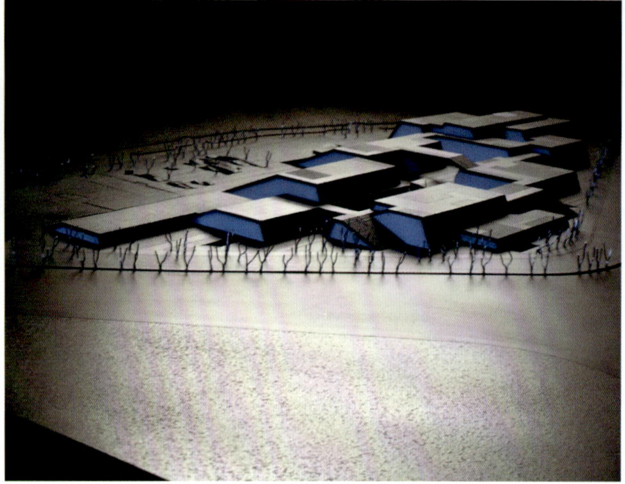

GUOYUAN GROUP HEADQUARTERS

国元集团总部

项目业主：国元集团
建设地点：安徽 合肥
建筑功能：办公建筑
用地面积：30 000平方米
建筑面积：190 000平方米
设计时间：2015年
项目状态：在建
设计单位：华东建筑设计研究院有限公司
主创设计：杨翀

项目包含一座180米高的标志性总部大楼和一个员工的住区。同时，服务于混业经营的国元金融集团，总部大楼整体还包含银行、证券、保险、数据中心等功能区块。

对于总部办公大楼，设计致力于为国元集团打造蕴含企业文化精神，具有"识别性"形象的地区标志性总部大厦，并充分平衡建筑设计"经济、适用、美观、绿色"的基本原则。

总部大楼设计通过塑造坚实稳定的建筑氛围和形象，用经典的比例给人信心并昭示企业属性。项目在高度和造型上都起到了区域地标的作用，设计用简练的收分手法塑造建筑形象，俯视角度暗含国元集团的企业徽标。

XINJIANG ELECTRIC POWER DISPATCHING CENTER

新疆电力调度中心

项目业主：新疆电力公司
建设地点：新疆 乌鲁木齐
建筑功能：办公建筑
用地面积：15 000平方米
建筑面积：70 000平方米
设计时间：2009年
项目状态：建成
设计单位：华东建筑设计研究院有限公司
主创设计：杨翀

项目坐落于南湖广场，设计根据功能把整个建筑分为西侧的办公塔楼和东侧的电力调度中心辅楼，两者共同围合一个阳光中庭。正立面低区交错的玻璃表皮把两个体量拉结在一起，并形成了别具特色的入口。中庭中，一个类“卵”形的300人报告厅好似悬浮在空中。在庄重的空间中，表达着一些新锐和趣味。

建筑另外一个鲜明的特色是办公高楼那如同自由女神手臂般举起的侧边高塔，成为整个区域引人注目的造型。其实，这个体量是特别设计的电梯群组，其中包含一个面向东侧的景观电梯厅。向东远望去，正对着著名的雪山——博格达峰。每一位来访的客人和工作的人们每天都能感悟这雪山的壮美和新疆的地理文化。

SUQIAN THREE-STAR GREEN RESIDENTIAL AREA

宿迁绿色三星社区

项目业主：朗诗绿色集团
建设地点：江苏 宿迁
建筑功能：居住建筑
用地面积：70 214平方米
建筑面积：224 964平方米
设计时间：2017年
项目状态：在建
设计单位：上海朗诗规划建筑设计有限公司
主创设计：杨翀、周进

项目旨在利用苏式园林宅院温文尔雅、天人合一的东方气质，为身在其中的人们提供一个宁静并适应现代化生活需求的住宅环境。建筑设计风格整体化，采用体现江南园林建筑类型的新苏式风格，通过阳台、各类窗型、分户墙、楼梯间等建筑元素的变化、丰富雅致的建筑色彩，体现一种构成式的建筑语言，使建筑光影交错，富有极强的形式感。

项目采用了因地制宜的节能、节地、节水、室内环境技术，使其在满足功能的同时实现绿色生态、四节一环保、舒适宜人的环境，打造三星级绿色建筑。地块内设置一所18个班容量的优质幼儿园，配置新风除霾系统，幼儿园车行、人行流线清晰、顺畅，建筑色彩大气活泼。

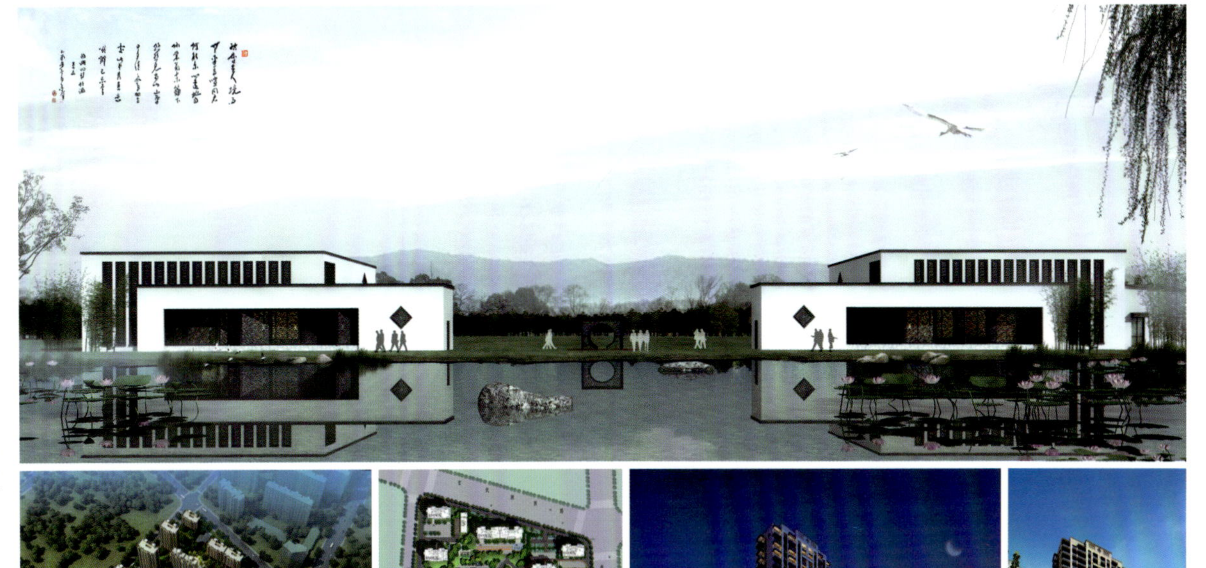

浙江省建筑设计研究院

ZHEJIANG PROVINCE INSTITUTE OF ARCHITECTURAL DESIGN AND RESEARCH

浙江省建筑设计研究院（ZIAD）创立于 1952 年，是国内享有盛誉的具有建筑、规划、园林、市政、消防等多种甲级资质的综合性勘察设计科研单位。ZIAD 现有在职职工 700 余人，60 多年来，ZIAD 始终坚持“科技兴院、人才强院”的发展理念，先后荣获 600 余项国家及省部级优秀设计奖和科学技术奖，荣膺中国勘察设计单位综合实力百强之一、全国建筑设计行业十强设计院、全国优秀勘察设计院、全国建设科技进步先进集体、当代中国建筑设计百家名院、全国建筑设计行业诚信单位、浙江省勘察设计单位综合实力十强、浙江省首批工程总承包试点企业、浙江省职工职业道德建设标兵单位、浙江省文明单位等几十项省级以上荣誉称号。

杭州萧山科技创新中心
HANGZHOU XIAOSHAN SCIENCE AND TECHNOLOGY INNOVATION CENTER

项目地点：浙江 杭州
建筑功能：办公建筑
建筑面积：362 992 平方米
用地面积：69 741 平方米
设计时间：2013 年
项目状态：在建

乐清文化中心
YUEQING CULTURAL CENTER

项目地点：浙江 乐清
建筑功能：文体建筑
建筑面积：51 173 平方米
用地面积：30 633 平方米
设计时间：2011 年
项目状态：建成

钱江世纪城 G-02 地块商业办公项目
QIANJIANG CENTURY CITY BLOCK G-02 COMMERCIAL OFFICE PROJECT

项目地点：浙江 杭州
建筑功能：商业建筑
建筑面积：150 000 平方米
用地面积：14 035 平方米
设计时间：2016 年
项目状态：在建

上虞百官广场
SHANGYU BAIGUAN SQUARE

项目地点：浙江 绍兴
建筑功能：办公建筑
建筑面积：130 532 平方米
用地面积：40 000 平方米
设计时间：2010 年
项目状态：建成

下沙中心区单元停车楼方案设计

SCHEME DESIGN OF UNIT PARKING SPACE IN THE CENTRAL AREA OF XIASHA

项目地点：浙江 杭州
建筑功能：停车
建筑面积：31 280 平方米
用地面积：7 700 平方米
设计时间：2017 年
项目状态：方案竞赛

上虞高铁新城体育会展区

SHANGYU HIGH-SPEED RAIL NEW CITY SPORTS EXHIBITION ZONE

项目地点：浙江 绍兴　建筑功能：文体建筑
建筑面积：141 470 平方米 用地面积：211 300 平方米
设计时间：2013 年　项目状态：在建

金华人民医院

JINHUA PEOPLE'S HOSPITAL

项目地点：浙江 金华　建筑功能：医疗建筑
建筑面积：287 875 平方米 用地面积：11 779 平方米
设计时间：2016 年　项目状态：在建

杭政储出 45 地块商务用房

PLOT 45 COMMERCIAL HOUSING OF HANGZHENGCHUCHU

项目地点：浙江 杭州　建筑功能：商业建筑
建筑面积：1 076 平方米　用地面积：25 616 平方米
设计时间：2015 年　项目状态：在建

叶 欣

职务：浙江省建筑设计研究院规划与城市建筑设计院副总建筑师、建筑一所所长

职称：高级建筑师
高级规划师

教育背景

浙江大学建筑学学士

个人荣誉

2008 年—2010 年度浙江省建设工程钱江杯奖（优秀勘察设计）一等奖

主要设计作品

诸暨市电力调度中心
浙江省林业联合业务综合楼
桐庐春江燕语生态居住区
湄州湾职业技术学院迁建项目
杭州亿丰商务港方案
乌什县中心城区 A、B、C 单元控制性详细规划
阿克苏多浪河西城市设计

朱周胤

职务：浙江省建筑设计研究院第一设计院副总建筑师

职称：高级建筑师
国家一级注册建筑师

教育背景

重庆大学建筑学硕士

个人荣誉

浙江省建筑设计研究院首届青年建筑师奖

主要设计作品

临海体育文化中心方案设计
上虞区委党校方案设计
开化公共文化广场方案设计
方远大饭店
台州鑫和财富广场
杭州国际办公中心 A2 地块
浙江清华长三角研究院总部院区三期工程
杭州龙源电力有限公司科研楼

吕 峰

职务：浙江省建筑设计研究院第七设计院建筑师

职称：高级建筑师

教育背景

浙江大学建筑学学士

个人荣誉

2017 年浙江省建设工程钱江杯奖（优秀勘察设计）一等奖
2016 年杭州市建设工程西湖杯奖（优秀勘察设计）二等奖

主要设计作品

浙江国际影视中心
杭州国泰世纪大厦
杭州雷迪森铂丽大酒店
开化国际大酒店
上海视觉艺术学院
杭州香山四季公馆
浙江大酒店改扩建
杭州云石旅游度假区

赵长青

职务：浙江省建筑设计研究院第六设计院建筑设计六所所长

职称：高级建筑师

教育背景

西安建筑科技大学建筑学硕士

个人荣誉

浙江省建筑设计研究院“先进工作者”

主要设计作品

浙江大学医学院附属第四医院
东阳市人民医院医疗综合大楼
天台县人民医院迁建工程
桐庐县妇幼保健院迁建工程
杭州师范大学仓前校区二期工程（C 区）
乐清市总部经济园（一、二期）
英冠水天城
世华大厦
华联・钱塘公馆

黄昊雨

职务：浙江省建筑设计研究院第二设计院建筑设计二所所长

职称：建筑师

教育背景

湖南大学城市规划学士

个人荣誉

2010 年度工程勘察设计“四优”一等奖
2011 年度浙江省建设工程钱江杯奖（优秀勘察设计）援川抗震救灾工程特别奖

主要设计作品

千岛湖客运中心
杭州师范大学湘湖校区
萧山绿都国金中心
杭长铁、吕才庄城中村改造安置房
杭州中铁青秀城
德清县人民医院
富阳区基督教思源堂
杭州地铁 2 号线拆复建工程
通州人民医院三期

叶欣作品

民丰县尼雅“特色乡镇”小镇客厅综合体

新昌县电力调度中心方案

杭州亿丰商务港方案

开化县新农居

诸暨市电力调度中心

湄洲湾职业技术学院迁建项目

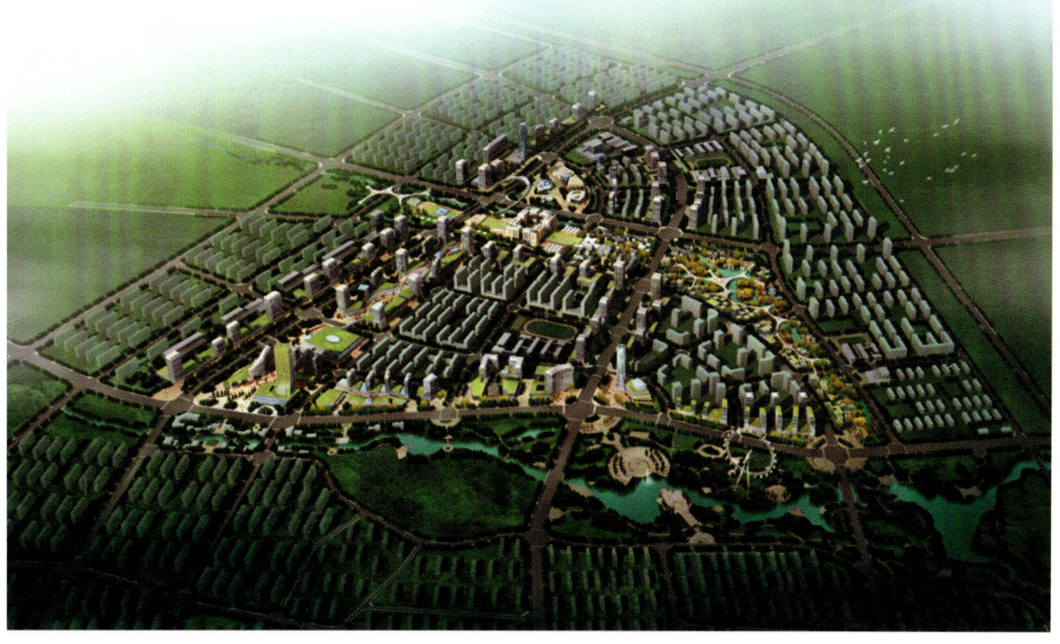

阿克苏多浪河西城市设计

朱周胤作品

杭州国际办公中心 A2 地块

方远大饭店

杭州龙源电力有限公司科研楼

台州鑫和财富广场

临海体育文化中心方案设计

上虞区委党校方案设计

开化公共文化广场方案设计

浙江清华长三角研究院总部院区三期工程

吕峰作品

浙江国际影视中心

广电开元名都大酒店

上海视觉艺术学院

浙江工业大学屏峰校区经贸学院

杭州国泰世纪大厦

杭州雷迪森铂丽大酒店

开化国际大酒店

上海广播大厦二期

赵长青作品

乐清市总部经济园（一、二期）

浙江大学医学院附属第四医院

桐庐县妇幼保健院迁建工程

天台县人民医院迁建工程

华联・钱塘公馆

浙江大学医学院附属口腔医院扩建工程

安徽太和县人民医院新院区建设项目

黄昊雨作品

杭州地铁 3 号线星桥车辆段上盖

通州人民医院三期

临江初级中学

德清县人民医院

杭长铁、吕才庄城中村改造安置房

千岛湖客运中心

富阳区基督教思源堂

阴信

职务： 山西省城乡规划设计研究院园林景观设计所所长
职称： 高级工程师
国家注册城乡规划师

教育背景

1997年　天津城市建设学院城镇建设学士
2010年　山东建筑大学建筑系工程硕士

工作经历

1997年—2004年　山西省城乡规划设计研究院规划四所主任工程师
2005年—2013年　山西省城乡规划设计研究院规划一所副所长
2014年至今　山西省城乡规划设计研究院园林景观所所长

个人荣誉

2007年　山西省新绛历史文化名城保护规划　荣获山西省规划行业优秀设计一等奖
2007年　陕西省榆林市城市绿地系统专项规划　荣获山西省规划行业优秀设计二等奖
2009年　新绛县北部新区控制性详细规划　荣获山西省优秀城市规划设计一等奖
2011年　临汾市汾河景区修建性详细规划　荣获山西省优秀城乡规划设计一等奖
2015年　长治市长治县荫城镇总体规划　荣获山西省优秀城市规划设计一等奖
2017年　汾阳市绿色建筑集中示范区建设规划　荣获山西省优秀城市规划设计三等奖
2008年　全国城市规划行业抗震救灾先进个人

主要设计作品

平遥历史文化名城保护规划
山西省新绛历史文化名城保护规划
临汾市汾河景区修建性详细规划
巴彦淖尔市黄河湿地生态公园修建性详细规划
汾阳市杏花村镇总体规划（2013年—2030年）
忻州市城市总体规划（2013年—2030年）
汾阳市绿色建筑集中示范区建设规划
柳林县明清街历史文化街区保护更新规划
云梦山风景名胜区总体规划（2017年—2030年）
偏关县老牛湾风景名胜区总体规划（2017年—2030年）
汾河太原城区段景观治理工程
榆林市榆溪河两岸绿化美化工程
临汾市汾河一期工程景观设计

山西省城乡规划设计研究院成立于1981年，是隶属于山西省住房和城乡建设厅的全额事业单位。具有国家城市规划编制甲级，建筑工程设计甲级，风景园林工程设计专项甲级，市政公用行业给水、排水、道路、桥梁工程专业甲级和工程咨询甲级等多项资质。现有各类工作人员450人，大学本科及以上学历人员占职工总数的96%，各类专业技术人员404人，占全院职工总数的92%；具有高级职称的95人（其中教授级高级职称24人），中级职称127人，国家注册城市规划师56人，其他各类国家注册师37人。

30多年来，该院圆满完成了山西省内主要的城乡规划编制和设计研究任务，承担编制了由山西省人民政府主持的《山西省城镇体系规划》《晋南城镇群规划》《山西省主体功能区规划》《山西转型综合改革示范区（起步区）总体规划》《山西省风景名胜区总体规划编制导则》等多项任务。同时，作为山西省内唯一具有风景园林工程设计专项甲级的设计单位，在城市河道景观、生态湿地、大型城市公园、主题公园、风景旅游区、生态修复、城市公共空间等风景园林领域创造了500余项高品质项目成果。其中太原汾河景区设计项目实施后，被联合国人居署授予“2002年联合国迪拜国际改善居住环境最佳范例奖”，被建设部授予“中国人居环境最佳范例奖”。

工作足迹遍及海南、山东、内蒙古、河北、陕西、新疆、重庆、湖北等省份，完成各类规划、工程设计项目4 000余项，为山西乃至全国的城市规划、建设和经济社会发展做出了突出的贡献。近年来，分别获得国家人力资源和社会保障部与住房和城乡建设部颁发的“全国建设系统先进集体”，连续多年被评为“省直文明和谐单位”；先后获山西省省直工委和山西省劳动竞赛委员会颁发的“五一劳动奖状”和“模范单位”，被山西省勘察设计协会评为“山西省十佳设计院”；获得了中国城市规划学会颁发的中国城市规划年会优秀组织奖，中国城市规划协会颁发的全国优秀城乡规划设计奖评选活动最佳组织奖。

地址：太原市迎泽区新建南路9号
电话：0351-5680180
传真：0351-5680100
网址：www.sxcxgh.cn
电子邮箱：13754802161@139.com

RENOVATION PROJECT AROUND LONGLI LAKE, HUGUAN COUNTY

壶关县龙丽湖周边改造工程

项目业主：壶关县人民政府
建设地点：山西 壶关
用地面积：736 900平方米
设计时间：2017年
项目状态：方案
设计单位：山西省城乡规划设计研究院
主创设计：阴佶、甄亮中、范华民

项目的建设围绕壶关县中心城区的龙丽湖水库展开。随着时代发展，原有的农田灌溉设施——龙丽湖水库，成了现代城市建设发展的桎梏。本项目的建设是对滨水区自然要素“人性化”的过程，使宏观的“城市山水”融入微观的人居环境，尊重自然肌理，回归“逐水而居”的原始本性。“道法自然，天人合一”的建设理念在城市滨水空间的建设中得到重现，新中式景观元素的应用避免城市文化韵味的流失，让原有的水库在现代城市滨水空间中获得重生。

CONSERVATION PLANNING OF XINJIANG HISTORICAL CITY IN SHANXI PROVINCE

山西省新绛县历史文化名城保护规划

项目业主：新绛县人民政府
建设地点：山西 新绛
用地面积：354 700平方米
设计时间：2005年
项目状态：已批复
设计单位：山西省城乡规划设计研究院
合作单位：华中科技大学城市规划设计研究院
主创设计：何依、阴佶、宁学军

新绛是以隋唐古州城为特征的历史文化名城，古城旧称“卧牛城”，依其临川笼丘的地形特点，建筑格局不同于一般县城的“方城十字、对称中轴”，其街、楼、塔、园，据高就低，随地势制宜，三关五坊、两门62巷皆依其自然环境展开。

从隋唐建城至清末民国，每个朝代都在城市中留有重要的印迹，遗存有隋代园池、唐代大堂、宋代文庙、元代鼓楼、明清街巷及民国时期的天主教堂，清楚地勾勒出一条穿越时空的历史线，从动态的角度见证了我国古代各个时期城市建设的形式和内容。

规划采用线性关联法，将西北高垣的历史要素通过一个连续的步行空间联系起来，将历史要素在空间、视线、历史等多方面产生关联，使这些历史要素在视线上互通、空间上可达、历史上相承。总体规划以原绛州古城墙遗址作为保护范围，使新绛在历史文化地段保护与更新的前提下，初步实现了文化资源的合理利用与发展。

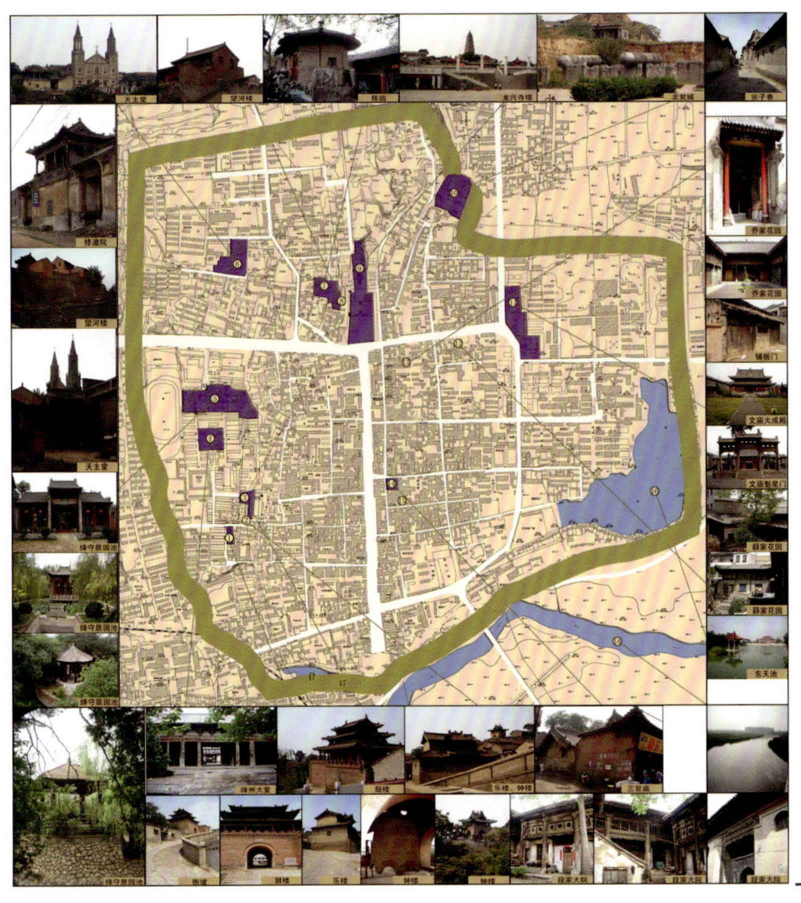

绛州古城历时1400年，它的价值在于城市空间环境所表述出的历史片断：秦晋要冲、屯兵重地、治政要地、铸钱基地、水旱码头、七十二行城等。

空间景观：绛州古城建造在汾河以北的二级台地上，一条高差线由西北向东南穿过古城，形成近30米高的巨大陡坡。历代的建设均巧妙地利用地形，沿土垣高崖的边缘布置楼、阁、塔等，可眺览南边的汾河，构成由衙署区、天主教堂、龙兴寺的标志物组成的古城轮廓线，“临川笼黄塬，天际一线连”。政权建筑、礼制建筑、祭祀建筑凸现于城中的三关五坊之上，为古城周边方圆几十里外的制高点，象征着权威至上的营造理念。几组标志物主从有序，互为呼应，并历时千年而形成，升华为一种地方精神。

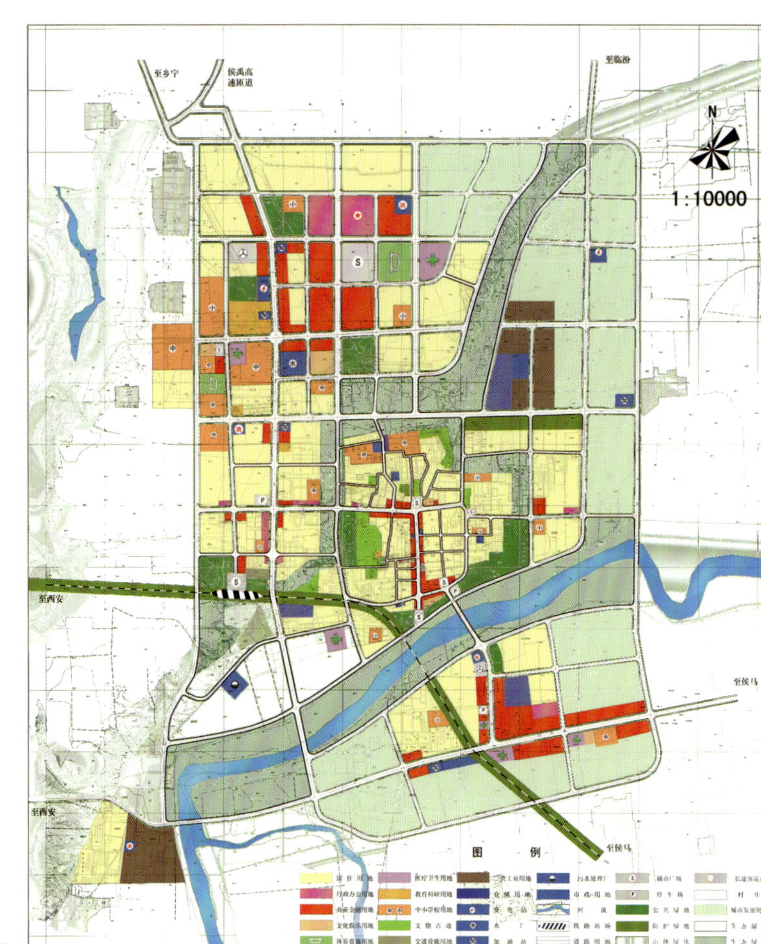

古城现状图 | 新绛县城总体规划图

古城现状遗存图 | 古城保护区划图

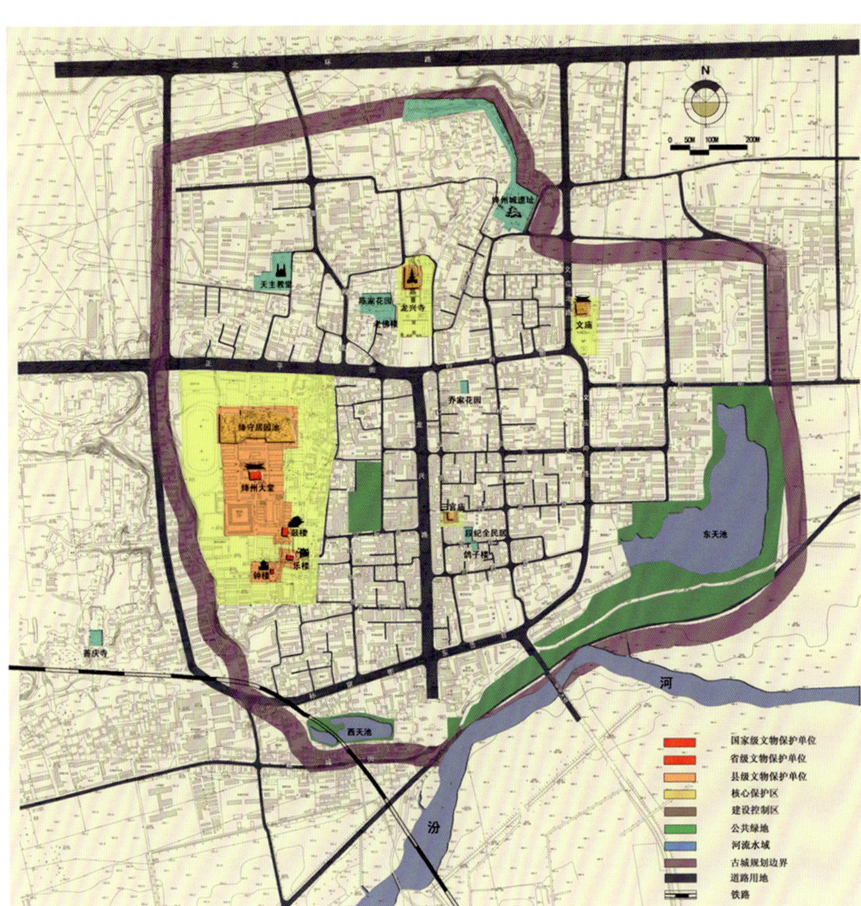

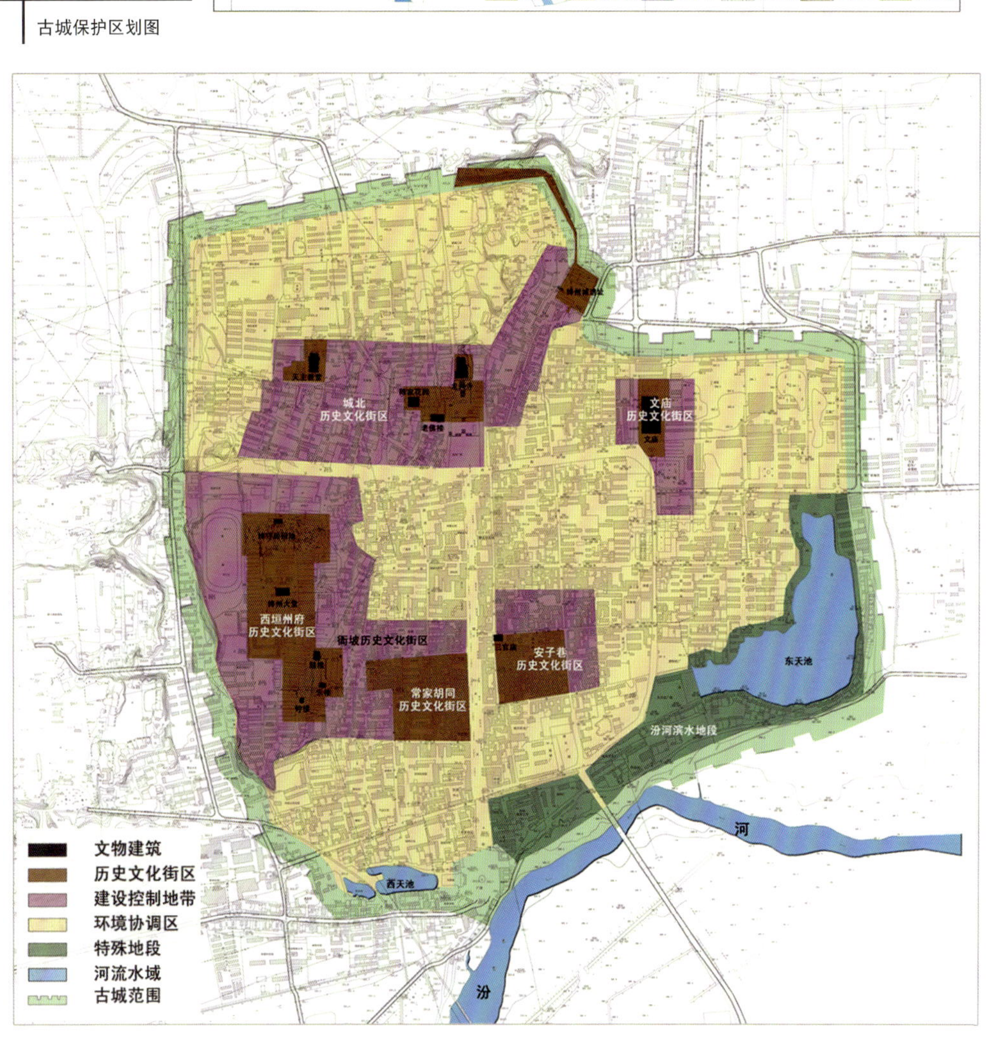

CONSERVATION AND RENEWAL PLANNING OF LIULIN'S MING AND QING STREET HISTORICAL AND CULTURAL DISTRICT

柳林县明清街历史文化街区保护更新规划

项目业主：柳林县人民政府
建设地点：山西 柳林
用地面积：354 700平方米
设计时间：2017年
项目状态：建筑方案深化
设计单位：山西省城乡规划设计研究院
主创设计：阴佶、何依

柳林县明清街保护更新是设计师的一次思想创新、制度创新和技术创新活动。山西省住房和城乡建设厅选择柳林县明清街历史文化街区为试点，开展城乡文化遗产保护更新与利用项目示范，引进国际国内技术团队，建立文化遗产项目协同设计工作机制，创新建筑师制度，探索“历史建筑新技术化创新设计、现代建筑本土化创新设计”。

本着以适用、经济、绿色、和谐为主线，创新建筑设计，大胆使用新技术、新材料，保护历史文化，保留街区活力，谋划活力项目。保护类建筑进行修复设计；保留类建筑进行更新设计；重建类建筑，设计具有地域文化特色、与街区历史环境相协调的现代建筑。基于山西柳林明清街的历史文化、保存现状、实施策略的认知，由政府带头和居民参与，通过设计积极介入居住性历史文化街区保护和更新，探讨当今环境下的历史空间和非物质文化存续的方式，探讨规划实施和建筑师设计实践的对接和协同方式。

MASTER PLANNING OF OLD BULL BAY SCENIC AREA IN PIANGUAN COUNTY

偏关县老牛湾风景名胜区总体规划

项目业主：偏关县人民政府
建设地点：山西 偏关
用地面积：26 400 000平方米
项目状态：已完成
设计时间：2016年
设计单位：山西省城乡规划设计研究院
主创设计：阴佶、甄亮中、郭瑞

偏关县老牛湾风景名胜区是以黄河文化、黄土文化、古代军事文化为内涵，以黄河曲湾地质遗迹、黄河峡谷黄土丘陵地貌景观、古代军事遗迹及历史古村落为主要景观特征，以科学考察、观光游览、道家养生为主要活动内容的综合性河流类省级风景名胜区。

老牛湾风景名胜区规划以“一心·两轴·四区”的空间结构为特点，提出“一河一城两湾三堡二十八景”的典型景观规划建设工程，确立风景区的保护分级区域，严格控制风景区的开发建设，最大力度地保护风景区资源，实现老牛湾风景名胜区可持续发展。

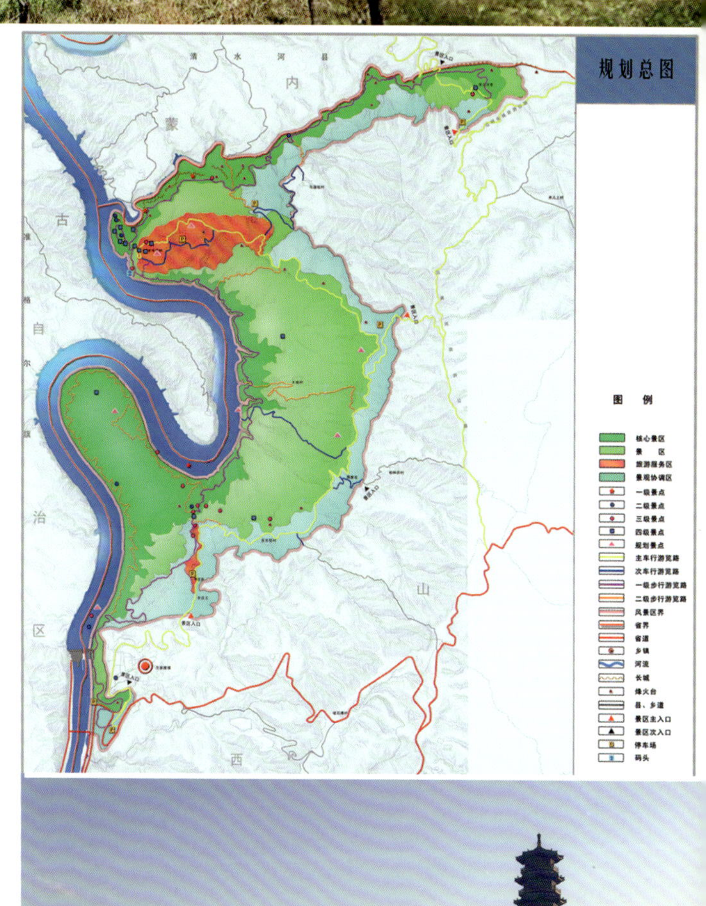

DETAILED PLANNING FOR THE CONSTRUCTION OF FENHE SCENIC AREA IN LINFEN CITY

临汾市汾河景区修建性详细规划

项目业主：临汾市人民政府
建设地点：山西 临汾
用地面积：10 600 000平方米
设计时间：2009年
项目状态：建成
设计单位：山西省城乡规划设计研究院
主创设计：阴佶、焦云祥、李喜民、范华民、甑亮中

本项目是山西省政府提出创建的“蓝天碧水”工程，是山西省汾河流域生态环境治理修复与保护系列工程之一。项目运用生态设计手法，强调空间与地域文化的互动，营造汾河生态文明景观廊道。工程对汾河生态环境进行多基质修补的基础上，植入城市文化娱乐、科普宣传等设施用地，形成集生态、休闲、文化、娱乐为一体的新型城市滨水空间。

项目修复汾河生态环境的同时，创造出生态与文化融合的滨水人居环境。

ARCHITECTS

于明喆

职务：万品建筑设计（上海）有限公司建筑设计总监、合伙人

教育背景
1998年　同济大学建筑学学士

工作经历
1998年—2004年　上海建筑设计研究院
2004年—2005年　新加坡CPG设计事务所
2006年—2014年　上海筑衡建筑设计顾问有限公司
2015至今　万品建筑设计（上海）有限公司

主要设计作品
奉贤东方美谷会展中心
雨燕谷民宿酒店
龙之谷悬崖蜂巢酒店
龙之谷山顶秘密花园会所
龙之谷主题乐园
龙泉青瓷小镇酒店
浦口高科区会展中心
庄行农艺公园
景瑞售楼处
华光天王庙

VANPIN
DESIGN

VPG万品国际(Vision Perspective DESIGN GROUP)，始创于1978年,总部设在美国加利福尼亚州，在美洲、亚洲及澳洲等地共设有15个分支机构，全球专业雇员达2 000余名，2003年进驻亚洲市场。

目前，VPG中国旗下拥有万品建筑设计(上海)有限公司和艾为建筑设计（上海）事务所有限公司两大设计品牌。VPG上海公司专业雇员近100名，主创设计团队由来自法国、西班牙、意大利等国家的国际专业设计人员组成。业务涵盖城市总体规划、建筑设计、室内设计、景观设计及商业策划等。公司秉持融合、深入、创意以及对设计品质执着的信念，努力打造全程设计服务专家和中国最具价值的设计企业。

地址：上海市宜山路1718号E栋5楼
电话：021-54893255
传真：021-54893256
网址：www.vanpin.hk
电子邮箱：vanpin_recruitment@126.com

FENGXIAN ORIENTAL BEAUTY VALLEY CONVENTION CENTER

奉贤东方美谷会展中心

建设地点：上海
建筑功能：会展中心、酒店建筑
建筑面积：500 000 平方米
设计时间：2018年
项目状态：方案
设计单位：万品建筑设计（上海）有限公司
主创设计：于明喆
参与设计：李小康、吴佳、龙腾云、张亮亮

项目位于黄浦江之畔，设计师希望能为业主创造出一座令人印象深刻同时使用功能合理的综合场馆。利用基地原有的特点，将位于地块中央的内河局部扩大，做成水秀广场，为未来舞台、水秀等多样性的功能创造条件。会展和室内场馆形似凤凰的两翼，双翼环抱，跨河以天桥相接，沿内环四个凤凰塔托起环绕的观光缆车，俯瞰中心的水秀广场。水面下，更有溶洞相连，打造水陆空一体的奇幻世界。在两翼交会处，主楼如涅槃的凤凰一飞冲天，身上带着光和火焰，闪耀在这东方的河畔天际。

PUKOU GAOKE DISTRICT CONVENTION AND EXHIBITION CENTER

浦口高科区会展中心

建设地点：江苏 南京　　建筑功能：展览建筑
建筑面积：45 000平方米　　设计时间：2017年
项目状态：方案　　设计单位：万品建筑设计（上海）有限公司
主创设计：于明喆　　参与设计：张亮亮

项目以太空梭作为设计灵感，将会展中心设计为圆形，围合中央绿地形成舰体，商业建筑置于前部成“U”形形成舰首，高层酒店则置于后部冲天而起形成舰尾。在舰首屋面结合景观设计成一条长达1千米的太空跑道，会展中央则设计成开放共享的森林绿地，结合跑道、酒店、会展、舞台等功能，期望能建设成一座极具视觉冲击力和未来科幻感的综合性建筑。

同时，以凤凰为设计灵感，将会展建筑设计成凤凰双翼，立面和屋顶的幕墙设计成羽翼的形态。超高层酒店顶部设计成可以俯瞰城市的观景平台，成为凤首。裙房结合酒店幕墙，通过连廊和会展建筑联系成一体，打造一个具有丰富空间的体验场所。

THE VALLEY OF DRAGON THEME PARK

龙之谷主题乐园

建设地点：江苏 南京　　建筑功能：文娱建筑
建筑面积：400 000平方米　　设计时间：2015年
项目状态：在建
设计单位：万品建筑设计（上海）有限公司
主创设计：于明喆
参与设计：蔡国刚、李小康、张亮亮、王博

方案在尊重自然地貌的前提下，挖掘出老山独有的“龙”文化底蕴——“行云流水，若隐若现”，因而在设计创作中使得整体建筑的线条流动性和幕墙虚实感此起彼伏，通过连续屋顶覆盖五大主题游乐场馆，完美兼容龙形态的现代感与场馆功能的实用性。如此极具视觉表现力和冲击力的形态，必将成为南京乃至全国的“世界级旅游地标建筑”。

THE VALLEY OF DRAGON CLIFF HIVE HOTEL

龙之谷悬崖蜂巢酒店

建设地点：江苏 南京
建筑功能：酒店建筑
建筑面积：36 372平方米
设计时间：2015年
项目状态：主体完成
设计单位：万品建筑设计（上海）有限公司
主创设计：于明喆
参与设计：蔡国刚、张亮亮、王博

项目位于南京老山曾经的采石场，长期的开采在山体上遗留下巨大的开采面。为了修复人与自然的关系，设计师打破常规，倚山为壁，将两个主楼沿壁而立，建筑立面设计成自然蜂巢特有的六角网格形，再用金属幕墙勾勒出“巢穴”轮廓，两楼之间是酒店的大堂入口。两主楼一面是峭立的山石，一面可俯瞰南京江北的辽阔。屹立老山之上，两金属球的外立面熠熠生辉，和山的峭壁与其下的葱葱绿谷形成强烈的对比，宛如神秘的外星基地。

LONGQUAN CELADON TOWN HOTEL

龙泉青瓷小镇酒店

建设地点：浙江 丽水　　建筑功能：酒店建筑
建筑面积：61 625平方米　　设计时间：2017年
项目状态：在建　　设计单位：万品建筑设计（上海）有限公司
主创设计：于明喆
参与设计：龙腾云、吴佳、张亮亮、王博、杨颖、雷婵、陈妮妮

项目位于浙江龙泉，以青瓷为天下人所知。基地是半山腰的一块平坦的用地，一边是竹林茂密的山岗，一边是临河的高台，可以俯瞰整个青瓷小镇。方案以青瓷的圆润清透起笔，镜中花，水中月的意向为渲染，铺陈出山水人文的意境。高层酒店在北侧山脚，通体圆润，玻璃和多重翻飞的瓷板裙边相间，如婷婷的花开在水面之上。低层酒店都是圆的组合，圆转而上的楼梯、圆月门、圆窗，月圆之夜，呈现和酒而歌的空灵之境。最南的月牙会所漂浮在高台边的无边泳池之上，温泉中，俯瞰江水流淌，炊烟缭绕，夜色温柔，一轮明月挂上山岗。

APODIDAE VALLEY HOMESTAY HOTEL

雨燕谷民宿酒店

建设地点：安徽 广德　　建筑功能：酒店、会所
建筑面积：18 600平方米　　设计时间：2018年
项目状态：在建　　设计单位：万品建筑设计(上海)有限公司
主创设计：于明喆　　参与设计：吴佳、金苏月

山间竹林丛中的森林小屋，尖尖的屋顶鳞次栉比，间隔露天观星的天台。两层的小屋，带一个高耸的阁楼，应该是孩童喜欢探秘的地方。小屋对着山坡和密林，敞开一个宽大露台，从何陋轩偷师一点竹技，点缀这方寸之间的畅意，眺望山景水波，也是别人眼中的景致。

ZHUANGXING AGRICULTURAL PARK

庄行农艺公园

建设地点：上海
建筑功能：会展、商业建筑
建筑面积：46 919平方米
设计时间：2017年
项目状态：方案
设计单位：万品建筑设计（上海）有限公司
主创设计：于明喆
设计团队：张亮亮、吴佳

江风浩荡，就在黄浦江畔，由原来的旧仓库厂房改建，和着江风，屋顶和侧廊以不同的节奏在麦浪中起舞，安静的柱廊是这夕阳下田园牧歌的节拍。诗意的家园，也许并不都在远方。

NANJING PEAK CLUB

南京山顶会所

建设地点：江苏 南京
建筑功能：会所
建筑面积：970平方米
设计时间：2017年
项目状态：方案
设计单位：万品建筑设计（上海）有限公司
主创设计：于明喆
参与设计：LEON

基地处于老山顶部一座废弃的矿坑之中，需要通过一段山路，再穿过一条涵洞才能到达，地理环境十分隐秘。设计者决定利用这种特殊的环境将建筑设计成一处世外的“秘境花园”。由于整个地形呈圆形，所以将建筑分为三栋紧贴坑壁而建，这样的优势是尽量减少不便到达的区域，同时最大程度地开放中央区域，结合景观设计打造一座自然优美而又贴合主题的秘境花园。为了突出这一主题概念，建筑在设计上通过曲面参数化建模，模拟花朵与蘑菇等自然界元素，将墙面及屋面设计成弯转起伏的曲线形态，打造出如同来自童话世界中的奇幻小屋，又如同中世纪传说里的霍比特人小屋。每当来访者踏过曲折的小径，穿过蜿蜒的涵洞到达时，必定会被这种恍如世外秘境的奇幻建筑氛围所折服。

JINGRUI SALES OFFICE

景瑞售楼处

建设地点：江苏 常州
建筑功能：售楼处
建筑面积：1 800平方米
设计时间：2017年
项目状态：建成
设计单位：万品建筑设计（上海）有限公司
主创设计：于明喆
参与设计：纪书立

建筑原来是罗马式的立面和右侧一个繁复线脚的钟塔，改做售楼处。为了呼应住宅外立面的造型，设计风格往流行的大都会风格靠拢，但不想一味地流俗而刻意地简化了细节，塔也强调了几何构成的感觉和力度。

HUAGUANG TIANWANG TEMPLE

华光天王庙

建设地点：福建 蒲城
建筑功能：佛庙
建筑面积：1 140平方米
设计时间：2017年
项目状态：在建
设计单位：万品建筑设计（上海）有限公司
主创设计：于明喆
参与设计：张元、纪书立、齐善华

三个小殿依次坐落于三个依山傍翠的平台上，曲折的屋顶覆盖其上，从入口进入殿内仰视可见三尊佛像依次坐落，虽然只是一个柱跨的殿面，但因为三殿空间的连续蜿蜒而上，两侧竹影婆娑，屋顶天光摇曳，竟也有了辽阔的感受。从右出门拾级而上，曲折侧廊下依次进入二殿、三殿，从最高处可以看到刚才的庙门和柱廊，透过曲折屋面上的天窗，可以看到远山和云雾。

珠海市建筑设计院
Zhuhai Architectural Design Institute

余动民

职务：珠海市建筑设计院第三建筑设计所所长
职称：高级建筑师
国家一级注册建筑师

教育背景
1987年—1992年　清华大学建筑学学士

工作经历
1992年至今　珠海市建筑设计院

个人荣誉
2016年—2017年　国家优质工程奖突出贡献者

主要设计作品
拱北口岸改扩建一期工程　荣获2016年—2017年国家优质工程奖
2017年工程建设项目优秀设计成果二等奖
2014年珠海市优秀公共建筑设计一等奖
珠海港商业中心　荣获2014年珠海市优秀公共建筑设计二等奖
珠海兴业新能源产业园一期　荣获2014年珠海市优秀工业建筑设计二等奖
唐国安纪念学校及纪念馆　荣获2012年珠海市优秀建筑设计一等奖
捷达汽车展厅　荣获2002年珠海市优秀设计二等奖
中山市豪逸华庭
珠光集团办公楼
珠海度假村天海楼网球馆
珠海市计划生育服务中心
珠海武林源景区
珠海市体育运动学校
珠海市广生商业城
中山市景秀东方住宅小区
中山市蓝天金地花园
广东省第二人民医院珠海医院
阳江市阳光马德里住宅小区
耒阳市西湖公馆
珠海市横琴口岸及综合交通枢纽过渡期通关设施项目
珠海市锦绣四季花园
珠峰实验学校
珠海市林伟民纪念小学
珠海市城东小学
加华城市广场
茂名市温泉度假住宅小区

珠海市建筑设计院成立于1975年10月，经历了特区建设的历程，见证了特区发展的足迹。经过40余年的沉淀和积累，已发展成为智力型、综合性的技术服务企业。现已具备建筑行业建筑工程甲级、工程咨询甲级、城市规划编制乙级、市政行业（道路、给水、排水工程）丙级、房屋建筑工程监理甲级、工程勘察乙级等资质。

设计院已拥有较雄厚的专业人才优势及建立了完善的质量和环境保证体系。现有职工430余人，其中具有高级技术职称70余人，各类注册工程师90余人，中高级技术人才比例达60%以上。1990年通过了全面质量管理的达标验收，2007年通过ISO9001质量及ISO14001环境管理体系认证。

建院以来，已完成各类工程设计项目4 000多项，涉及商业、办公、居住、文化教育、医疗卫生、工业仓储、交通物流等领域。2015年，在不断提升建筑设计核心品牌业务的基础上，先后又成立了城市设计与研究中心、绿色建筑研究与评价中心、BIM 技术应用及研究中心等设计研究部门，在城市区域规划、微规划、环境艺术、海绵城市、绿色建筑、建筑信息模型应用等方面开展设计和研究工作。

设计院始终本着“出精品，树品牌”的理念，设计出了一批批体现技术进步、反映时代精神的优秀作品。目前，已有127个项目获市级优秀奖项，35个项目获省部级优秀奖项。被评为“全国建设系统先进科技集体”，获“全国建筑设计行业诚信单位”称号，多次被省、市评为设计行业先进集体，连续十年被评为广东省“守合同，重信用”企业，“AAA级纳税人”。2016年通过国家高新技术企业认证。

作为珠海市最早成立的国有设计研究单位，在城市设计、规划研究、政策咨询、技术规程和标准编制等方面，为政府提供了强有力的技术支撑；参与政府重大项目的设计、咨询以及政府援建工程和扶贫工作；并紧紧围绕珠海市建设生态宜居城市的目标，开展城市发展和建设领域的技术研究与探索。

地址：珠海市香洲区洲山路6号
电话：0756-2256618
传真：0756-2222289
网址：www.zhjzsjy.com
电子邮箱：zharch@126.com

ZHUHAI PORT COMMERCIAL CENTER

珠海港商业中心

项目业主：珠海港置业有限公司
建筑功能：商业、酒店、办公建筑
建筑面积：48 330平方米
项目状态：建成
主创设计：余动民
建设地点：广东 珠海
用地面积：21 128平方米
设计时间：2009年—2010年
设计单位：珠海市建筑设计院

珠海港商业中心坐落于高栏港区南水镇榕树湾进港大道西侧，共26层，建筑高度99.6米。功能包括商业、酒店、办公，属于大型综合性商业中心。采用框剪结构，内部设计商业步行街，提高了该区域及周边建筑的商业价值。建筑造型简洁大气，具有强烈的现代感。

GONGBEI PORT RECONSTRUCTION AND EXTENSION PHASE I PROJECT

拱北口岸改扩建一期工程

项目业主：珠海市拱北口岸改扩建项目管理有限公司
建设地点：广东 珠海
建筑功能：交通枢纽
用地面积：160 000平方米
建筑面积：78 000平方米
设计时间：2008年—2011年
项目状态：建成
设计单位：珠海市建筑设计院
主创设计：余动民

拱北口岸为全国最大陆路口岸，日通关人数超过40万人。拱北口岸与澳门口岸相对，拱北口岸主联检楼于1999年澳门回归后建成使用，中式坡屋顶形式延续历史文脉；澳门口岸为现代壳体结构建筑，广场保留凯旋门式旧关闸拱门遗迹。二者组成口岸建筑群，共用建筑轴线，延续着历史、文化及制度的对话。

拱北口岸改造规划强调对称布局，强化珠海澳门中轴线，突出国门形象。建筑风格强调了文化的交融，叙述中西方多元文化，讲述古今不同故事，彰显历史的印迹。建筑采用中式坡屋顶仿古形式，与旧联检楼协调统一。建筑群与广场整体有序、气势雄伟。立面细节古典精致，红色琉璃瓦顶，花岗岩柱廊，汉白玉莲花栏杆，传达厚重大气的传统建筑气质。

项目投入使用缓解珠海、澳门通关压力，促进珠海、澳门两地经济发展融合，推动一国两制的发展。

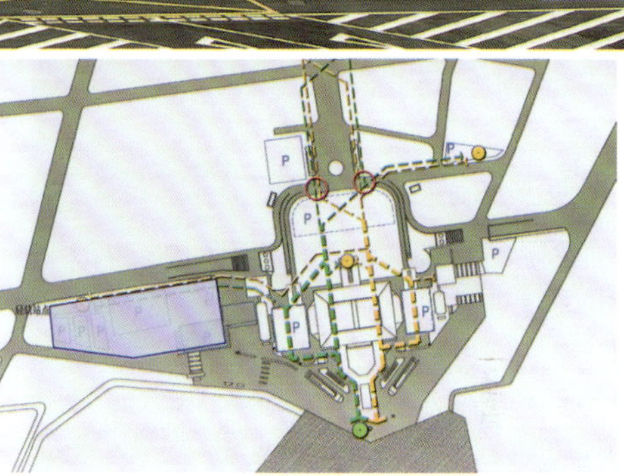

人流分析图

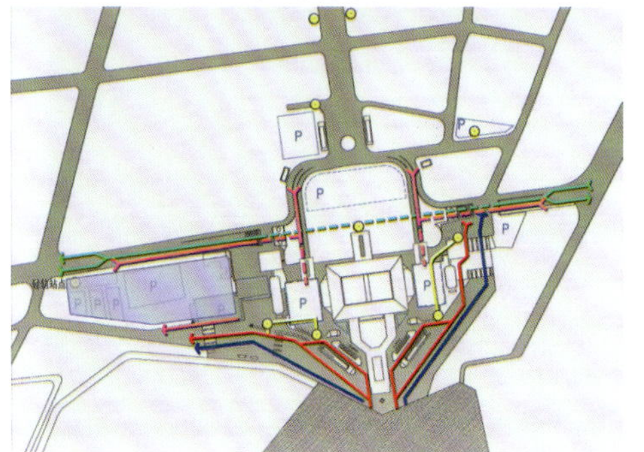

车流分析图

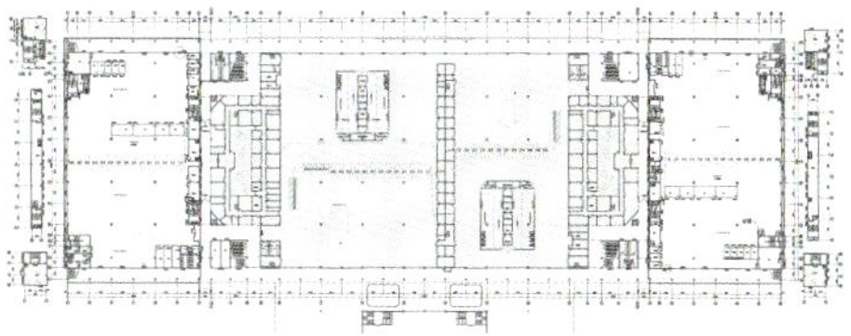

一层平面图

正立面图

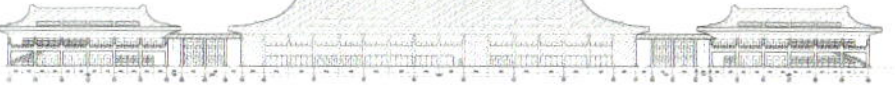

背立面图

总平面图

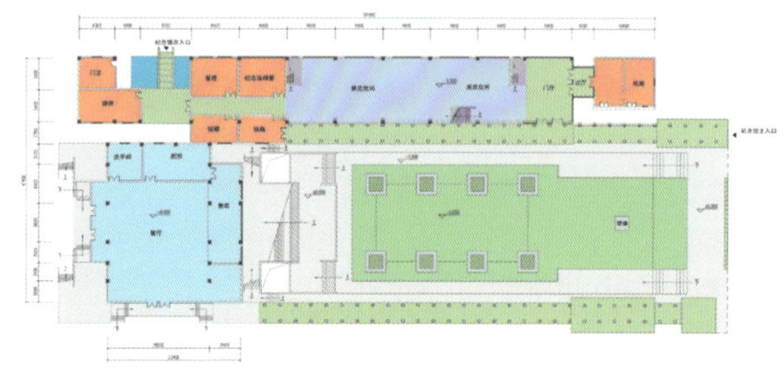

一层平面图

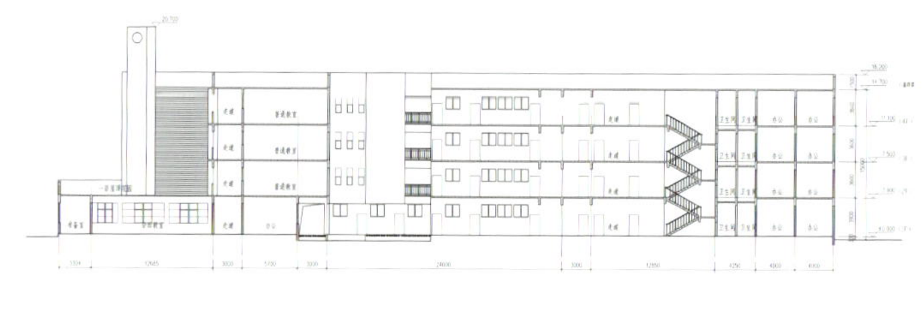

剖面图

TANG GUOAN MEMORIAL SCHOOL AND MEMORIAL HALL

唐国安纪念学校及纪念馆

项目业主：珠海高新技术产业开发区社会发展局
建设地点：广东 珠海
建筑功能：教育建筑、文化建筑
用地面积：22 223平方米
建筑面积：15 006平方米
设计时间：2009年—2010年
项目状态：建成
设计单位：珠海市建筑设计院
设计团队：余动民、廉毅锐
获奖情况：2012年珠海市优秀建筑设计一等奖

唐国安先生是珠海唐家湾鸡山村人，是清华大学首任校长。唐国安纪念学校及纪念馆是珠海市重点文化建设工程之一，同时也是清华大学百年校庆献礼工程。

项目选址珠海唐家湾鸡山村，方案构思源于清华大学旧校区，规划布局以情景重绘的方式再现清华大学老校区广场空间。建筑设计追求人文精神与传统地域文化结合，汲取清华红区经典建筑风格要素，唤起唐国安故乡的清华记忆，创造具有历史纪念意义的空间。

规划设计中，将纪念馆区与学校区分设，但用对比联系的手法保持二者之间的沟通。纪念馆区包括多功能讲堂、陈列馆（含迁建的唐国安故居）以及文化长廊，采用清华校园传统的三合院建筑组团。学校区包括教学用房、教学辅助用房、办公用房和生活服务用房。建筑组合通过内院、长廊的穿插，体现岭南院落建筑的文化意蕴。建筑物多使用通廊和挑檐，满足多雨、日晒地区的功能要求，体现岭南地方建筑特色。

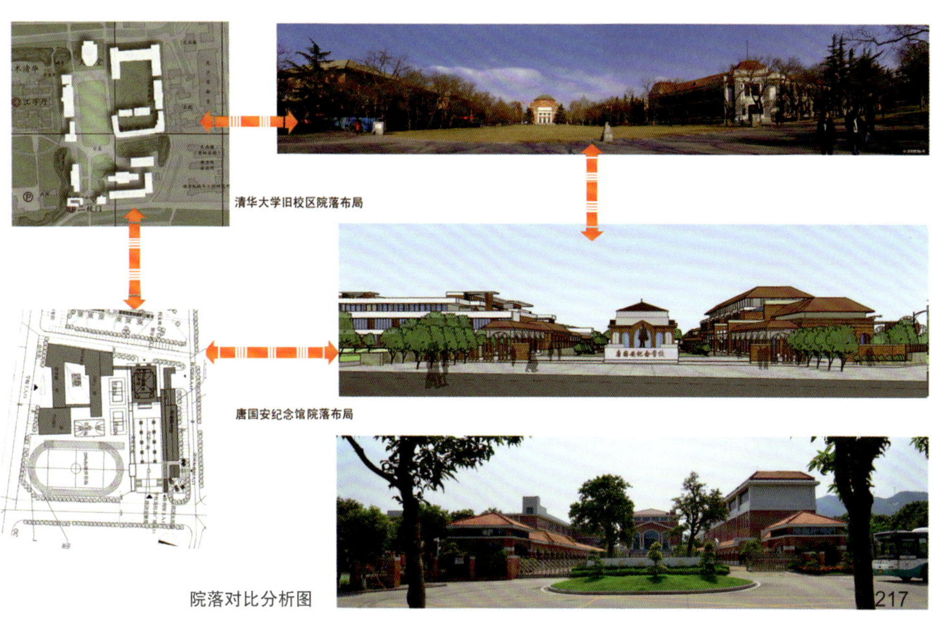

院落对比分析图

GUANGDONG SECOND PROVINCIAL PEOPLE'S HOSPITAL ZHUHAI HOSPITAL

广东省第二人民医院珠海医院

项目业主：珠海高新区卫生院
建设地点：广东 珠海
建筑功能：医疗建筑
用地面积：31 714 平方米
建筑面积：35 680平方米
设计时间：2010年—2012年
项目状态：建成
设计单位：珠海市建筑设计院
主创设计：余动民

项目位于珠海市唐家湾，用地较为局促，设计中将住院部、门（急）诊部等整合到一栋建筑中。体现以人为本、以病人为中心的设计理念，医疗街除满足各医疗区（门诊、急诊、医技）之间的联系功能外，增加了商业服务的内容，包括方便住院病人的小型超市、银行、邮电、咖啡茶座、餐厅及理发店等，医疗街将不同功能的公共空间有机联系。各层合理利用院落、屋顶、平台，形成了病人休息的灰空间，同时丰富了街的视野，强化了空间的层次感，创造了一个亲切、舒适的医疗环境。建筑的立面造型现代且富有韵律，创造一个独特、生态的建筑形象。

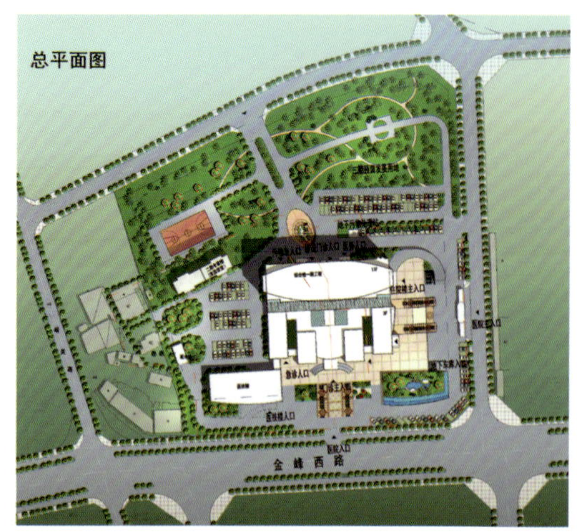

ZHUFENG EXPERIMENTAL SCHOOL

珠峰实验学校

项目业主：珠海市斗门区教育局
建设地点：广东 珠海
建筑功能：教育建筑
用地面积：64 192 平方米
建筑面积：33 845 平方米
设计时间：2016年—2017年
项目状态：在建
设计单位：珠海市建筑设计院
主创设计：余动民

项目位于珠海斗门区内，按54个教学班设计，功能划分为教学区、生活区、运动区。方案充分利用传统园林的造景手法来塑造“生态公园”，通过切合人体尺度的细部设计，创造适宜的交往空间和轻松的学习环境。以沿河绿化景观带及运动场为主要绿化的“面”；校园主干道绿化轴和主要景观步道绿化为“线”；以建筑组团间的绿地小品和庭院绿化为“点”，共同构成校园绿化的整体架构。

JIAHUA CITY SQUARE

加华城市广场

项目业主：珠海中南加华物业投资有限公司
建筑功能：商业建筑
建筑面积：43 670平方米
项目状态：在建
主创设计：余动民
建设地点：广东 珠海
用地面积：12 000 平方米
设计时间：2017年—2018年
设计单位：珠海市建筑设计院

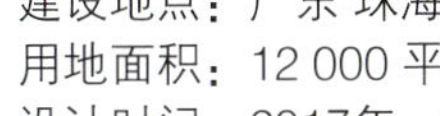

项目位于珠海市金湾区，东临金湾公园，东南面朝未来人工湖。规划布局力求使建筑最大化获取景观效果，项目主要功能分为三部分：办公、商业、培训中心。办公塔楼沿街布置，以办公塔楼为中心，裙楼商业呈“V”形围合布局，东北侧布置培训中心。内外场地设置了两个下沉广场空间，为地下商业引导人流。裙楼屋面均大面积预留屋面绿化，满足休闲需求。建筑立面采用大面积幕墙，强调竖向线条，简洁大气。

曾晖

职务：浙江联建工程设计有限公司董事长
职称：高级工程师

教育背景
1997年—2001年　华中科技大学建筑工程学学士

工作经历
2001年—2008年　中国美术学院风景建筑设计研究院
2008年至今　浙江联建工程设计有限公司

主要设计作品
杭州西田城
海宁南关厢
华立西嘉广场
彭州国际台球中心
杭州冠一商贸大厦
中梁·千岛首府
杭房大江东地块
万城雅园
万城尚园
悦榕府邸
海宁印象公馆

企业概况

浙江联建工程设计有限公司成立于20世纪90年代初，公司总部设在浙江省杭州市，具有国家建筑工程甲级资质。拥有员工150多名，专业技术人员占全公司总人数的95%以上，其中，中、高级技术人员占60%以上，国家一级注册建筑师、国家一级注册结构工程师、国家注册公用设备工程师、国家注册电气工程师、国家注册造价工程师20多名。公司主要从事规划、建筑、室内装饰、风景园林、市政、智能化，涉及建筑设计产业链上的全部设计业务。

组织机构

浙江联建工程设计有限公司设有总经理办公室、行政部、人力资源部、财务部、运营发展部、总师办、设计中心、工会等职能部门，以及下列设计部门及分支机构：宁波建筑设计有限公司（宁波子公司），绍兴建筑设计有限公司（绍兴子公司），丽水建筑工业化设计分公司。

设计业绩

浙江联建工程设计有限公司除了在浙江本省，还在上海、江苏、安徽、山东、江西、云南、湖北等地有业务开展，自成立之日起，设计项目已有500余项，设计了大批富有影响力的建筑作品，如公建类：蓝天市心广场、华联商贸城、彭州国际台球中心、海宁南关厢、绍兴迪荡D7地块、中国轻纺城国贸中心、浙江国信广场A-B楼、温州新都大厦、海宁温州大厦、江苏淮安市淮阴区政府办公楼、余杭市影城、杭州西田城、华立西嘉中心等；住宅类：海宁铜锣湾、东湾、绍兴金地自在城、悦榕府邸、海宁望湖公馆、吴江欧盛花园B地块、海宁鸿翔·桃花源、万城赞园、安徽叶集胜利花园、中梁·千岛首府、杭房大江东地块。

浙江联建工程设计有限公司一直以来坚持追求建筑的可实践性，崇尚平静优雅的空间、光影和结构表现，并致力于追求纯粹的设计精神和室内外空间的无缝结合，兼顾商业价值与学术创新，形成鲜明独立的设计个性。公司也十分重视各种建筑材料的天然质感，以确保其特性在施工节点和建筑细部上得到清晰的表达和体现。

浙江联建工程设计有限公司致力于追求将客户的商业价值和设计师的建筑理想完美结合，以精致的设计风格和充满人文关怀的设计思想，成为现代中国建筑设计的品牌设计企业。

地址：浙江省杭州市西湖区文二路391号西湖国际科技大厦B3-410室　**电话**：0571-87397990　**传真**：0571-87397991　**网址**：www.uadi.net.cn

HAINING NANGUANXIANG

海宁南关厢

项目业主：海宁汇橙时尚文化产业有限公司
建设地点：浙江 海宁
建筑功能：住宅建筑
用地面积：11 946平方米
建筑面积：27 477平方米
设计时间：2016年
项目状态：建成
设计单位：浙江联建工程设计有限公司
主创设计：曾晖
参与设计：周科、吕源元

项目位于海宁市中心，与南关厢历史街区隔河相望。南关厢历史街区较好地保留着明清时期江南市镇典型的商住合一、前店后河、小桥流水的历史风貌和传统格局。此外还有灯艺之窗、红学馆等文化活动场所。会源桥将基地与南关厢历史街区相连。

项目主要分为酒店建筑和商业街建筑两个功能部分。建成后为海宁南关厢塑造一张具有地方特色的城市形象名片，形成一个度假、休闲集群，创造浙北地区酒店形式的新标杆。

BANYAN TREE MANSION

悦榕府邸

项目业主：嘉恒置业有限公司　建设地点：浙江 温州
建筑功能：住宅建筑　用地面积：78 962平方米
建筑面积：230 820平方米
设计时间：2013年
项目状态：建成
设计单位：浙江联建工程设计有限公司
主创设计：曾晖

项目位于乐清滨海新区核心，正对清河湿地公园和盐盆山，驾山驭水，坐拥得天独厚的自然景观资源。地形南低北高，社区整体抬高，建筑错落有致，户户面水的规划形态，充分尊重业主的采光和景观权益，将整个社区的南向面和景观面扩大化。整个悦榕府邸独具英伦风情，园中充满轻奢浪漫主义的情调。作为一个绿色生态社区可满足人们日常活动需求；规整而不拘泥的建筑规划，让清风阳光在园区肆意流淌。

COFCO QIANDAO MAJESTIC MANSION

中梁·千岛首府

项目业主：浙江黄氏房地产开发有限公司
建筑功能：住宅建筑
建筑面积：148 917平方米
项目状态：在建
主创设计：曾晖

建设地点：浙江淳安
用地面积：67 569平方米
设计时间：2017年
设计单位：浙江联建工程设计有限公司
参与设计：楼建成、孟鲁奇、钱盼

HANGNING HOUSE PROJECT

杭宁府项目

项目业主：浙江侨福置业有限公司、海宁万城房产有限公司
建设地点：浙江 海宁
建筑功能：住宅建筑
用地面积：76 401平方米
建筑面积：228 685平方米
设计时间：2018年
项目状态：在建
设计单位：浙江联建工程设计有限公司
主创设计：曾晖
参与设计：周科、朱超超、钱盼、方丽娜

项目位于海宁许村，由南、北两个地块组成。

北地块项目，总体布局以高层围合式组团，园区南低北高，点板结合，城市天际线丰富，组团感整体而又统一。为营造小区生态环境，打造以人为本的高档园区为宗旨，高层区主入口打造院落式景观，园区视线通廊、入口景观轴线、公园式中心花园和院落组团间的景观节点相互交错，使小区形成灵活有序的空间形态。合理组织空间和生态系统，以此来打造最适宜居住和生活的社区。

南地块项目，总体布局以10栋点板结合的高层住宅围合成园区组团，高层住宅平行布局于地块南北两侧，以获得园区内最大的景观空间。设计沿地块西侧南北向布置了两栋安置房，同时在地块南侧中心设置园区主入口，通过设计通透式构架大堂，自然形成纵向园区景观主轴。东西向的景观次轴与南北向的主轴交会在地块中心花园处，形成强烈的十字对称布局。

HANGFANG DAJIANGDONG BLOCK

杭房大江东地块

项目业主：杭州宇祥房地产开发有限公司
建设地点：浙江 杭州
建筑功能：住宅建筑
用地面积：89 821平方米
建筑面积：274 152平方米
设计时间：2017年
项目状态：在建
设计单位：浙江联建工程设计有限公司
主创设计：曾晖
参与设计：楼建成、孟鲁奇、朱超超、钱盼

项目位于大江东前进街道，项目用地南、北、西三侧沿城市道路，东侧沿景观河道。建筑设计中的一大亮点是住宅底层的架空处理，设置花园大堂，形成连续通透的景观通道，将景致延伸到建筑内部，丰富了建筑微环境，活跃了内部空间，底层休闲娱乐空间，可谓一举多得。南侧大面积楼间绿化，将建筑纳入其中，形成人在家中、家在景中的奇妙感受。

WANTOWN GRACELAND

万城雅园

项目业主：海盐万城房产有限公司
建设地点：浙江 海盐
建筑功能：住宅建筑
用地面积：23 057平方米
建筑面积：41 451平方米
设计时间：2018年
项目状态：建成
设计单位：浙江联建工程设计有限公司
主创设计：曾晖
参与设计：周科、周庆良

项目用地呈长条形，总体布局为排屋与花园洋房两大组团。北侧布局3幢4层花园洋房，洋房呈“一”字形布置，结合西侧园区次要出入口，住宅底层设置社区公共管理用房与物业配套用房。南侧排屋区块结合海滨东路排屋区主入口均匀布置3个组团，各组团间建筑通过园区道路错落排列，通过合理的空间设计和生态系统，来打造最适宜居住和生活的社区。建筑朝向除考虑南向外，还尽量争取较好景观，在房间尺度及使用功能上精雕细刻，最大程度地满足业主的居住需求。

PENGZHOU INTERNATIONAL BILLIARD CENTER

彭州国际台球中心

项目业主：彭州莱运文体产业有限公司
建筑功能：商业建筑
建筑面积：51 279平方米
项目状态：在建
设计单位：浙江联建工程设计有限公司
主创设计：曾晖
参与设计：楼建成、孟鲁奇、方丽娜

建设地点：四川 彭州
用地面积：22 276平方米
设计时间：2017年

项目位于彭州市核心地带，拟提供独特的商业功能、多样的商户选择和商业组合，包括零售、餐饮、娱乐与运动体育等，多样化的活动及时尚生活场所，将成为彭州乃至周边地区的一个新地标。

设计师融合当地独有的川西文化底蕴和对时尚生活的追求，营造一个与自然景观和历史建筑结合的多元化、开放的空间。依照原有的庭院格局，并参照商业布局的需要，通过一些微型广场、较大尺寸的庭院或是巷道连接那些分离和过小的庭院，以形成不同个性却彼此相连并不同程度围合的开放空间。

在局部外立面的设计上，借鉴四川传统建筑的特色镂空门窗格，外墙引入镂空窗格幕墙的概念，同时也很好地回应了四川当地丝织的传统。外立面幕墙的颜色从周边建筑环境中取得灵感，外立面陶瓷的浅灰色调也是从砖块上获取的要素。

HANGZHOU XITIAN CITY

杭州西田城

项目业主：杭州西田实业有限公司
建筑功能：商业建筑
建筑面积：78 151平方米
项目状态：建成
主创设计：曾晖
建设地点：浙江 杭州
用地面积：16 956平方米
设计时间：2014年
设计单位：浙江联建工程设计有限公司
参与设计：周科

项目平面布局充分结合地块周边道路及人流现状，考虑地块自身面宽较大，进深较小的特点，设计采用商业横向平行布局方式，以获得更大的沿街商业面。充分考虑建筑体量与城市界面关系，在地块西北角布置了8层的办公楼，“L”形办公楼与商业形成强烈的围合感。办公楼置于商业体上，通过设置商业屋顶绿化，增强了办公舒适度。同时在地块东西两侧通过对城市道路的退让，自然形成了商业广场空间，既丰富了建筑立面效果，又自然引入商业购物人流，形成良好的商业氛围。

产品布局上沿金昌路商业一层区布置沿街商铺，其余商业通过商场内部大小形式各异的天井串联为一体，且通过上下扶梯的垂直交通可灵活便利到达各层。平面与垂直空间丰富灵动。办公采用中廊式小开间办公为主的形式，3.6米的办公层高能使办公人员有较舒适的空间感受。

ARCHITECTS

赵建营

职务：浙江联建工程设计有限公司院长、执行董事
职称：高级工程师
国家一级注册建筑师

教育背景
1997年—2001年　郑州大学建筑学院建筑学学士

工作经历
2001年—2002年　浙江省轻工纺织建筑设计院
2002年—2008年　浙江南方建筑设计有限公司
2008年至今　浙江联建工程设计有限公司

个人荣誉
杭州湖滨地区商贸旅游特色街居湖滨路东侧建设整治项目
荣获2006年浙江省建设工程钱江杯优秀勘察设计二等奖
浙江理工大学体育场
荣获2005年轻工行业优秀建筑设计二等奖

主要设计作品
黄山醉温泉二期度假酒店
莱茵未来科技城小球训练基地
杭州万福中心
海宁望湖公馆
海宁温州大厦
海宁伊顿公馆

企业概况

浙江联建工程设计有限公司成立于20世纪90年代初，公司总部设在浙江省杭州市，具有国家建筑工程甲级资质。拥有员工150多名，专业技术人员占全公司总人数的95%以上，其中，中、高级技术人员占60%以上，国家一级注册建筑师、国家一级注册结构工程师、国家注册公用设备工程师、国家注册电气工程师、国家注册造价工程师20多名。公司主要从事规划、建筑、室内装饰、风景园林、市政、智能化，涉及建筑设计产业链上的全部设计业务。

组织机构

浙江联建工程设计有限公司设有总经理办公室、行政部、人力资源部、财务部、运营发展部、总师办、设计中心、工会等职能部门，以及下列设计部门及分支机构：宁波建筑设计有限公司（宁波子公司），绍兴建筑设计有限公司（绍兴子公司），丽水建筑工业化设计分公司。

设计业绩

浙江联建工程设计有限公司除了在浙江本省，还在上海、江苏、安徽、山东、江西、云南、湖北等地有业务开展，自成立之日起，设计项目已有500余项，设计了大批富有影响力的建筑作品，如公建类：蓝天市心广场、华联商贸城、彭州国际台球中心、海宁南关厢、绍兴迪荡D7地块、中国轻纺城国贸中心、浙江国信广场A-B楼、温州新都大厦、海宁温州大厦、江苏淮安市淮阴区政府办公楼、余杭市影城、杭州西田城、华立西嘉中心等；住宅类：海宁铜锣湾、东湾、绍兴金地自在城、悦榕府邸、海宁望湖公馆、吴江欧盛花园B地块、海宁鸿翔·桃花源、万城赞园、安徽叶集胜利花园、中梁·千岛首府、杭房大江东地块。

浙江联建工程设计有限公司一直以来坚持追求建筑的可实践性，崇尚平静优雅的空间、光影和结构表现，并致力于追求纯粹的设计精神和室内外空间的无缝结合，兼顾商业价值与学术创新，形成鲜明独立的设计个性。公司也十分重视各种建筑材料的天然质感，以确保其特性在施工节点和建筑细部上得到清晰的表达和体现。

浙江联建工程设计有限公司致力于追求将客户的商业价值和设计师的建筑理想完美结合，以精致的设计风格和充满人文关怀的设计思想，成为现代中国建筑设计的品牌设计企业。

地址：浙江省杭州市西湖区文二路391号西湖国际科技大厦B3-410室　**电话：**0571-87397990　**传真：**0571-87397991　**网址：**www.uadi.net.cn　**电子邮箱：**761435526@qq.com

HANGZHOU WANFU CENTER

杭州万福中心

项目业主：浙江汉通电子科技有限公司
建筑功能：商业建筑
建筑面积：89 042平方米
项目状态：建成
设计单位：浙江联建工程设计有限公司
主创设计：赵建营
参与设计：李鸽、顾云峰
建设地点：浙江 杭州
用地面积：38 036平方米
设计时间：2013年

项目位于杭州市滨江区，地块北面为海康威视，西面与华为集团杭州公司毗邻。

立面设计简洁、明快、大方，针对每个单体不同的使用功能要求，在整个园区和谐统一的前提下，赋予单体不同的建筑立面设计理念，通过不同的立面组合与平面功能相协调，形成了整个园区内富有变化的空间立面效果，营造现代化的园区氛围。

建筑立面的设计注重与周边环境的协调，尽量体现现代化建筑精致、严谨的精神；在具体形式上通过对幕墙色彩进行区分，形成斑驳、动感的立面效果，体现出整个园区现代、活泼的建筑风貌。

HAINING WENZHOU BUILDING

海宁温州大厦

项目业主：海宁金诺投资有限公司　建设地点：浙江 海宁
建筑功能：商业建筑　用地面积：16 272平方米
建筑面积：116 307平方米　设计时间：2013年
项目状态：建成
设计单位：浙江联建工程设计有限公司
主创设计：赵建营
参与设计：李鸽、董泽俊

根据地块特征及功能要求，方案将整个地块分为四大功能区：商业区、办公区、酒店及会所。

建筑立面融合新古典主义精华，从简单到繁杂、从整体到局部，精雕细琢，都给人一丝不苟的印象，处处隐含高雅和谐的意境。设计师合理利用高低、色彩、光影、虚实对比，从而营造出鲜明的建筑个性和设计风格。从设计上可以强烈地感受传统的历史痕迹与浑厚的文化底蕴，摒弃了过于复杂的肌理和装饰，反映出现代个性化的美学观点和文化品位。

主体上采用竖向开窗的形式强调建筑物的高耸、挺拔，形成拔地而起、傲然屹立的非凡气势。建筑群在造型风格上保持一致，同时又不拘泥立面造型的雷同，在和谐中求变化，在变化中求统一，从而丰富了城市景观。

沿街立面图

海宁·原创服饰中心
盛大开业
BODAI

BODAI

HUANGSHAN RAVISHING HOT SPRING RESORT PHASE II

黄山醉温泉二期度假酒店

项目业主：黄山市新徽投资有限公司
建设地点：安徽 黄山
建筑功能：酒店建筑
用地面积：19 980平方米
建筑面积：10 592平方米
设计时间：2012年
项目状态：建成
设计单位：浙江联建工程设计有限公司
主创设计：赵建营
参与设计：李鸽

项目位于世界著名的国际旅游胜地黄山市，四面环山，风景秀美，交通发达，是国家级风景名胜区和避暑疗养胜地。

项目充分利用山地地形的特点和优势，在尊重自然环境的前提下，以生态和绿色人居理念为特色，合理布局，因地制宜，将建筑与环境融为一个整体。

从地形现有条件和功能考虑出发，以点带线的布局布置建筑，酒店大堂作为一个标志性的建筑，8栋客房沿着山势布置，拱卫大堂，既顺应地势，又凸显建筑之间的主次关系。

酒店大堂采用传统的八边形平面设计，呈现稳重端庄的美感，立面造型采用阁楼造型，尽显精致典雅的风范，与山地景观融为一体，相得益彰。客房大多靠景观面布置阳台、露台，让自然环境充分融入到住客的日常生活之中。

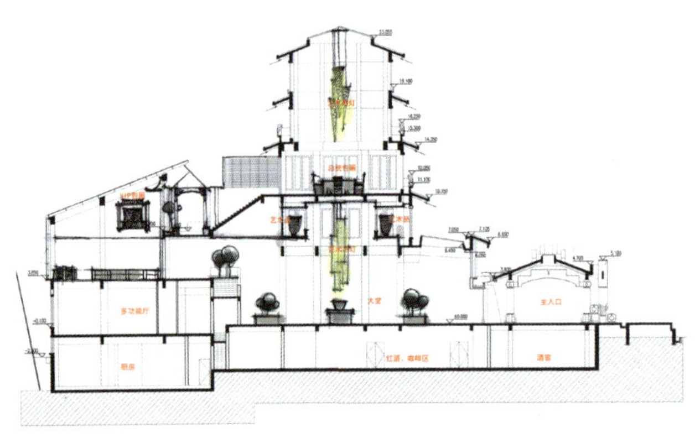

RHINE FUTURE SCIENCE CITY SMALL BALL TRAINING BASE

莱茵未来科技城小球训练基地

项目业主：浙江莱茵达投资管理有限公司
建设地点：浙江 杭州
建筑功能：体育建筑
用地面积：6 673平方米
建筑面积：19 046平方米
设计时间：2017年
项目状态：在建
设计单位：浙江联建工程设计有限公司
主创设计：赵建营
参与设计：董泽俊

项目位于杭州莱茵未来科技城重点建设区块东北角，为未来科技城小球训练基地。项目可以很好地满足未来科技城区的休闲体育健身和举办一些小型比赛的需求。

通过设置小球训练基地的基础功能，并配套以文化、健身、休闲、培训等产业，使单纯的小球训练基地向文化、经济等综合休闲中心过渡，打造一个全民小球休闲生态产业综合体。

项目分南北楼，并在南北楼之上设置大跨度建筑，使整个建筑形成一个门式建筑，并把功能相应地布置其中。整个区块设置成开放式园区，人车分流，有利于项目和城市的互动。

HAINING LAKE VIEW MANSION

海宁望湖公馆

项目业主：海宁市树诚房地产开发有限公司
建设地点：浙江 海宁
建筑功能：住宅建筑
用地面积：32 667平方米
建筑面积：99 674平方米
设计时间：2014年
项目状态：建成
设计单位：浙江联建工程设计有限公司
主创设计：赵建营
参与设计：李鸽、孟鲁奇

HAINING EATON MANSION

海宁伊顿公馆

项目业主：海宁鸿合置业有限公司
建设地点：浙江 海宁
建筑功能：住宅建筑
用地面积：51 155平方米
建筑面积：131 254平方米
设计时间：2017年
项目状态：在建
设计单位：浙江联建工程设计有限公司
主创设计：赵建营
参与设计：董泽俊、李瑞

项目处在海宁未来发展板块，紧邻浙江大学国际联合学院及鹃湖景观公园。设计师注重建筑与鹃湖、建筑与人的关系，以纯低密建筑群所形成的“低”平线致敬鹃湖秀美，并且南低北高的建筑排布最大化实现每一栋建筑的自然视野，达成人、建筑与自然的和谐共生。

项目结合周边特点，总体布局为排屋与高层住宅两大组团，让建筑隐身于鹃湖周边的自然环境中，内部空间最大超25米南向面宽，边套“L”形环景阳台，部分边套特设环景阳台，270°观景视野，阳光、清风、美景交相辉映，完美相融；一层有朝南私家花园，并栋栋奢享屋顶花园。

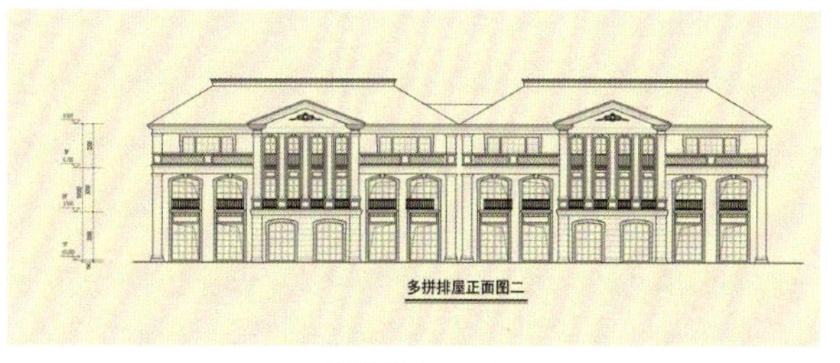

多拼排屋正面图

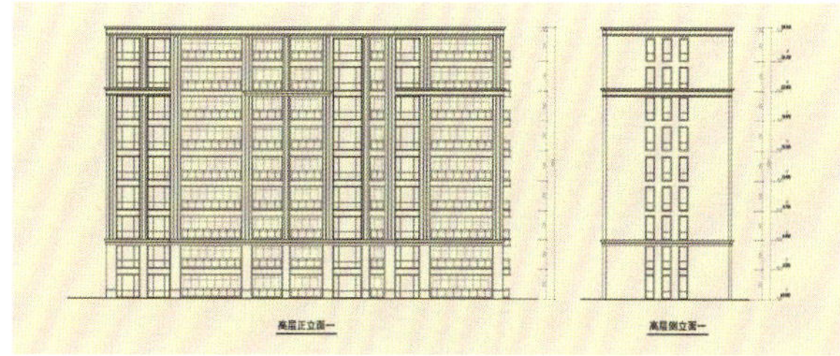

高层立面图

山东建大 建筑规划设计研究院

SHANDONG JIANZHU UNIVERSITY ARCHITECTURE & URBAN PLANNING DESIGN INSTITUTE

赵学义

职务：山东建大建筑规划设计研究院院党委书记、总建筑师、总规划师
职称：教授

教育背景

1980年—1983年　山东建筑工程学院城市规划专业学士
1993年—1996年　天津大学建筑学院建筑设计及理论专业硕士

工作经历

1983年—1985年　山东建筑工程学院城市建设系政治辅导员
1985年—1999年　山东建筑工程学院建筑系助教、讲师、副教授
1999年—2004年　山东建筑工程学院设计研究院副院长兼总建筑师
2004年—2012年　山东建大建筑规划设计研究院院长兼总建筑师
2012年至今　山东建大建筑规划设计研究院党委书记兼副院长、总建筑师、总规划师

个人荣誉

2003年　山东省优秀建筑师称号
2004年　山东省十佳注册建筑师
2006年　山东省优秀规划院院长
2010年　山东省工程设计大师

主要设计作品

山东大学青岛校区博物馆
山东财经大学莱芜校区图书馆公共教学楼组团
青海师范大学新校区体育运动区
山东建筑大学铁路工业与建筑展示基地
山东交通职业学院图书综合楼
山东青年干部管理学院实验综合楼

山东建大建筑规划设计研究院（原山东建筑大学设计研究院）成立于1960年。1997年国家建设部审定批准为建筑工程设计甲级资质。目前，设计院拥有建筑工程设计、城市规划设计、土地规划、风景园林设计、工程咨询五个甲级资质以及建筑工程施工图设计审查一类资格，同时拥有市政工程、古建筑保护乙级设计资质。主要从事民用与工业建筑设计、城市规划及土地规划设计、风景园林设计、市政工程设计、装饰设计、古建筑保护设计、工程加固设计及工程咨询和建筑工程施工图设计审查等业务。

设计院现拥有员工250余人，专家支持团队50余人，其中国家级注册建筑师12人、注册结构工程师16人、注册公用设备工程师15人、注册电气工程师6人、注册规划师20人、注册咨询工程师10人、注册土木工程师（岩土）2人，山东省工程勘察设计大师4人、山东省城市规划大师4人、中国建筑学会优秀青年建筑师1人、山东省杰出青年勘察设计师4人、济南市优秀青年勘察设计师7人。设计人员中具有高级技术职称50余人，中高级技术职称人员占60%以上。经过50余年几代人的努力，设计院已经成为一所集设计、教学与科研相结合，技术实力雄厚，管理先进，在省内外有一定影响和较高知名度的设计研究单位。

20世纪90年代以来，设计院进入较快发展时期，一支颇具实力的中青年技术骨干队伍已经形成，依托山东建筑大学强大的人才与学科优势，全体员工勤奋工作、锐意创新，先后承担了多项大型工程项目的建筑设计、规划设计和工程咨询任务，涌现出一大批在国内有一定影响的优秀作品。

其中，教育建筑是设计院的鲜明特色和核心竞争力。数十年来，参与了山东省绝大多数高等院校的新校区建设，很大部分都是从科研立项、整体规划、单体设计到施工图设计、景观设计、市政设计全部承担，为建设方提供一站式服务，避免了多个设计单位配合不易、协调困难造成的错漏缺失和工期延误，极大地为建设方节省了建设资金，提高了建设效率。如：山东建筑大学新校区、山东大学兴隆山校区、山东大学中心校区改造、山东大学青岛校区、山东财经大学莱芜校区、曲阜师范大学日照校区、济宁医学院日照校区、山东省中医药大学长清校区、山东农业大学科教园区、齐鲁工业大学菏泽校区、山东交通学院威海校区、

地址：山东省济南市历山路96号　**电话：**0531-86367638　**传真：**0531-86956156　**网址：**http://xwzx2016.sdjzu.edu.cn/sjyjy/　**电子邮箱：**SDJDSJY@126.com

陈绪燕

职务：山东建大建筑规划设计研究院工作室主任
职称：高级工程师

教育背景
2001年—2006年　石家庄铁道大学建筑与艺术学院建筑学学士
2006年—2009年　山东建筑大学建筑城规学院建筑学硕士

工作经历
2009年—2013年　山东同圆设计集团有限公司
2013年至今　山东建大建筑规划设计研究院

主要设计作品
山东青年政治学院后勤综合保障楼
济南银丰山青苑
齐鲁工业大学艺体教学中心
章丘市新城实验中学
章丘职业成人教育中心
宁阳实验中学
济南大学泉城学院东山校区
中华陶瓷琉璃文化城
济宁市任城区东南片区中学、民生煤化小学
山东艺术学院艺术实践中心

高中岭

职务：山东建大建筑规划设计研究院副主任
职称：工程师

教育背景
2002年—2007年　山东大学土建与水利学院建筑学学士
2007年—2010年　哈尔滨工业大学建筑学院建筑学硕士

工作经历
2010年—2016年　山东同圆设计集团有限公司
2017年至今　山东建大建筑规划设计研究院

主要设计作品
恒利新都汇商业办公楼
唐冶贞观街产业园区
济宁职业学院西片区规划设计
焦裕禄纪念馆及干部培训学校
济宁高新区育才中学
新疆铁热木镇养老院及老年人活动中心
济宁卫生学校新校区规划设计
山东管理学院实训综合楼

范凯

职务：山东建大建筑规划设计研究院建筑师
职称：中级

教育背景
2007年—2012年　山东建筑大学建筑城规学院建筑学学士

工作经历
2012年至今　山东建大建筑规划设计研究院

主要设计作品
济宁市高新区科技新城学校
禹城市残疾人众创基地
山东警察学院图书馆
青海师范大学附属第三中学
山东艺术学院艺术实践中心
省级机关人防疏散基地
菏泽市成武县汶上集镇安置区

贾玉东

职务：山东建大建筑规划设计研究院建筑师
职称：初级

教育背景
2008年—2013年　山东建筑大学建筑城规学院建筑学学士

工作经历
2008年至今　山东建大建筑规划设计研究院

主要设计作品
山东交通职业学院图书综合楼
中华陶瓷琉璃文化城
山东青年干部管理学院实验综合楼
济南市非遗片区安置区
齐鲁工业大学艺体教学中心
济南大学泉城学院东山校区

聊城大学新校区、青海师范大学新校区等大学新校区项目，参与的各类学校单体建筑设计更是达到数百项，其中许多项目获得了国家级和省部级奖励。

设计院具备各类型综合建筑的设计、咨询能力，有较大影响力的项目有：临沂市中心广场、济南军区燕子山庄、山东工会干部管理学院图书馆、威海乐天双子星超高层综合体、烟台新天地商业综合体、山东省人社厅综合办公大楼等数百余项大型公共建筑工程的设计；完成了山东建筑大学教授花园、济南舜兴花园、济南银丰山青苑等百余项大型居住区的规划和建筑设计；完成了第十一届全运会自行车馆、第十一届全运会综合训练馆、解放军107医院、东明县人民医院新院区、郓城县人民医院新院区、单县人民医院新院区等50余项体育建筑和医疗建筑设计；完成了几十项重型钢结构厂房、大空间钢结构、装配式建筑的设计；完成了200余项建设项目的可行性研究报告编制工作。设计院设计业务领域不断扩大，设计技术实力日益增强。

设计院通过科学的管理、热情周到的设计服务、先进系统的质量管理体系，取得了良好的经济效益与社会效益，2001年通过了ISO9001国际质量管理体系认证。近年来，设计院先后荣获国家级奖励13项，获省级优秀勘察设计、城市规划设计、风景园林设计及建筑方案创作一等奖36项、二等奖72项、三等奖86项。荣获山东省优秀工程咨询、装饰设计一等奖21项。多项科研成果荣获国家级、省部级奖励。

近年来，设计院注重强化设计队伍建设，更新市场观念及创新理念，逐步将服务范围由省内拓展到新疆、广西、黑龙江、山西、青海、安徽、河南等省（自治区），并远赴新加坡进行设计服务。先后有十几项重点工程在全国性设计招标活动中中标，如青海师范大学新校区、广西北海山东体育训练基地、山西吕梁火车站站前广场及市民广场、黑龙江省甘南县主城区控制性详细规划等，充分显示了设计院的综合实力和竞争力。

SHANDONG TRANSPORT VOCATIONAL COLLEGE BOOK COMPLEX BUILDING

山东交通职业学院图书综合楼

项目业主：山东交通职业学院
建设地点：山东 潍坊
建筑功能：教育建筑
用地面积：14 000平方米
建筑面积：31 841平方米
设计时间：2016年
项目状态：方案
设计单位：山东建大建筑规划设计研究院
主创设计：赵学义
设计团队：贾玉东、陈绪燕、周嫱
获奖情况：山东省优秀建筑设计方案三等奖

在建筑布局方面，因基地南侧为学校最高点凤凰山，山顶有凤凰雕塑。图书综合楼作为校园南北轴线上的控制点，主入口采用“非对称式”布局，设计在基地的西南角，大门正对凤凰山顶开放，寓意了学校对于人才的吸纳与尊重和莘莘学子能够展翅高飞。

建筑南立面主墙体以书架为设计构思，演化为建筑立面格栅，采用排列有序与无序的格栅，形成南立面的主要建筑元素。报告厅设计采用流畅的曲线形体，与建筑南侧凤凰山上的凤凰雕塑相呼应，流畅的曲线形体弱化了校园原有建筑的僵硬，使得整体校园具有活泼感和亲切感。

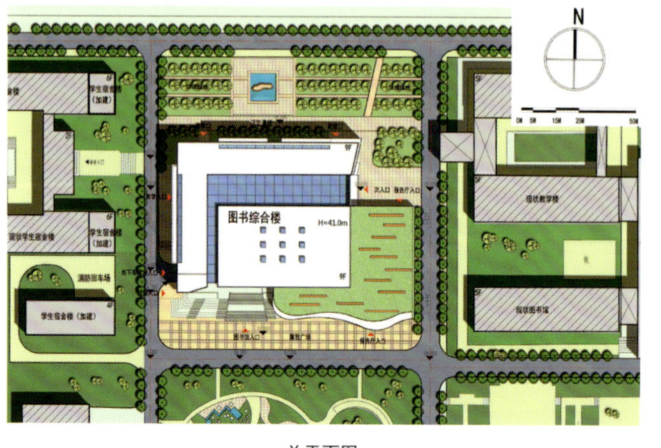

总平面图

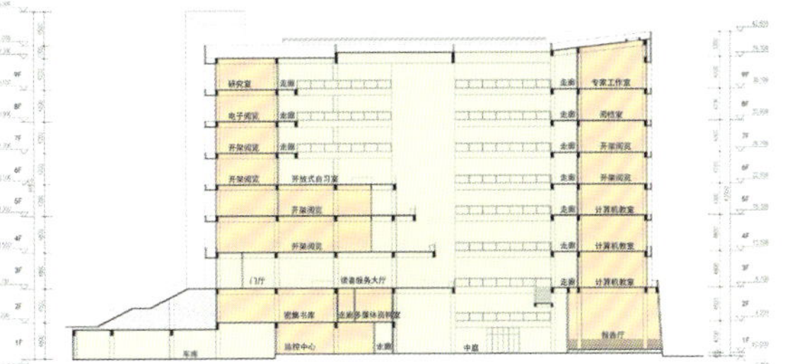

剖面图

西立面图

东立面图

JIAO YULU MEMORIAL HALL AND CADRE TRAINING SCHOOL

焦裕禄纪念馆及干部培训学校

项目业主：淄博颜山文化旅游发展有限责任公司
建设地点：山东 淄博
建筑功能：教育建筑
用地面积：197 614平方米
建筑面积：61 000平方米
设计时间：2017年
项目状态：方案
设计单位：山东建大建筑规划设计研究院
主创设计：高中岭
设计团队：贾玉东、牟晓阳、刘杰民、牛思宇

设计方案在建筑形制和材料选用上汲取了当地传统民居的特色，并运用现代手法进行提炼表达，传承地域传统文化。建筑师希望建筑能以一种低调内敛的姿态融入到环境中，因此在设计上采用化整为零的策略，将建筑分解为若干庭院的组合方式，围绕小崮山展开，在建筑与山体之前设置园林水系，形成"山水园"的空间格局。

设计中将焦裕禄精神"艰苦朴素，吃苦耐劳，对党和人民忠贞奉献的品质"提炼为"一片冰心在玉壶"，并应用到建筑形体的设计上。纪念馆由外环和内核两部分组成，外环为展示大厅，采用传统坡屋面，象征玉壶；内核为纪念大厅，采用匣钵玻璃幕墙，象征冰心；外环和内核的间隙为泡桐树林营造的悼念庭院。纪念馆设计简洁内敛、质朴厚重，用现代建筑手法塑造了传统文化精神内涵。

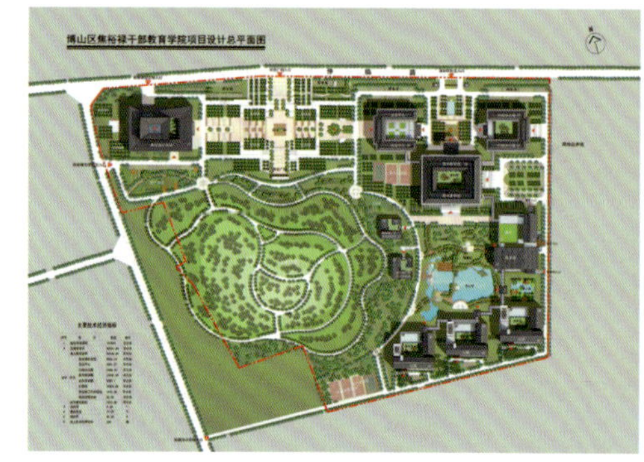

HENGLI XINDUHUI COMMERCIAL OFFICE BUILDING

恒利新都汇商业办公楼

项目业主：山东恒利房地产有限公司
建设地点：山东 禹城
建筑功能：商业、办公建筑
用地面积：4 756平方米
建筑面积：15 362平方米
设计时间：2017年
项目状态：方案
设计单位：山东建大建筑规划设计研究院
主创设计：高中岭
设计团队：周嫱、牛思宇、尹甜甜

项目方案设计注重建筑的完整性，将商业与办公一体化设计，采用实与虚的建筑手法，避免了大体量对周边环境产生压迫感。一层采用玻璃幕墙，透出内部商业氛围，吸引人流的同时也展现了建筑的亲切感。

立面设计上，建筑主体采用渐变的三角形肌理建筑表皮，一方面体现丰富的建筑形体下的内涵与稳重，另一方面以夜晚三角灯带为整个建筑渲染商业氛围。建筑上部体块采用竖向的轻盈铝板线条的处理手法，强调办公建筑的现代感。建筑形体上，在东北方向转角处采用弧形手法，把转角消极空间转化为积极空间，同时强调了建筑表皮的完整性。

TANGYE ZHENGUAN STREET INDUSTRIAL PARK

唐冶贞观街产业园区

项目业主：山东建大和润置业有限公司
建筑功能：办公建筑
建筑面积：143 600平方米
项目状态：方案
主创设计：高中岭
建设地点：山东 济南
用地面积：40 900平方米
设计时间：2017年
设计单位：山东建大建筑规划设计研究院
设计团队：张琦、贾玉东、牟晓阳、尹甜甜

方案力求拔高容积率，增大开发强度，增加商业面积，提升利润空间，合理运用场地，将地块价值通过设计手段提升。

通过生态理念提升建筑品质。与唐冶新区的“水在城中、城在绿中、绿在山中”的景观规划结构相契合，通过生态理念提高建筑品质，营造建筑人性化、灵活性、体验性空间，最终构建一个涵盖产业、智慧、交流、生态、活力于一体的复合型商务园区。

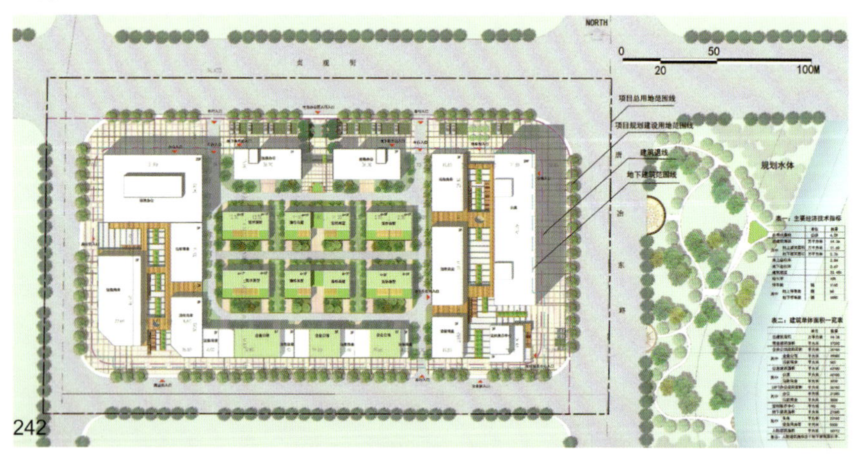

PLANNING AND DESIGN OF THE NEW CAMPUS OF JINING HEALTH SCHOOL

济宁卫生学校新校区规划设计

项目业主：济宁卫生学校　建设地点：山东 济宁
建筑功能：教育建筑　用地面积：341 000平方米
建筑面积：117 526平方米　设计时间：2017年
项目状态：方案　设计单位：山东建大建筑规划设计研究院
主创设计：高中岭　设计团队：范凯、周嫱、贾玉东、郭妍

项目力求在规划合理、功能完善、环境宜人的基础上，重点体现儒学文化、护理精神的深厚内涵，塑造“文化地标、现代书院、人文校园、儒学胜景”。

设计采用“浅轴线、组团化”的布局模式，弱化轴线感带来的拘谨与严肃。借鉴中国古典园林的造园手法，建筑沿场地外围展开，中间留出大面积的空间作景观绿地，形成有层次、有渗透的园林式空间。

整个校园形成“一轴、一心、一环、三区”的规划结构。同时，为适应现代教学多元化、开放性的空间需要，设计师将功能空间进行适度融合，集约设置，形成功能集约、使用便利、空间丰富的校园综合体。

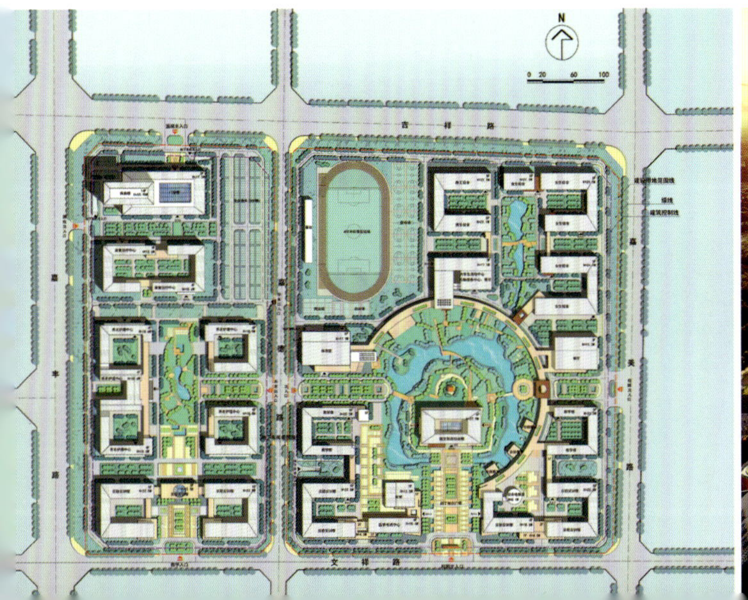

SHANDONG ARTS COLLEGE ART PRACTICE CENTER

山东艺术学院艺术实践中心

项目业主：山东艺术学院
建设地点：山东 济南
建筑功能：文化建筑
用地面积：165 100平方米
建筑面积：51 061 平方米
设计时间：2015年
项目状态：方案
设计单位：山东建大建筑规划设计研究院
主创设计：陈绪燕
设计团队：贾玉东、周嫱、范凯

设计注重建筑与城市、学校和使用人员的关系,立意为凝固的音乐，起伏的舞姿。优美的绿化双曲线屋顶形成自然的绿坡，两个晶莹剔透的建筑体量就像从大地自然生长出来的晶体，散落在大沙河畔，不加任何修饰，宛若天成。

建筑布置在东西主轴线上，以谦逊的姿态匍匐于大沙河畔，呈环抱之势环抱艺术馆及图书馆，形成强有力的呼应关系。充分利用地下空间，形成三个下沉式广场，使剧场人流、展览人流有效分流。西侧玉符河景观与东侧东校区景观在此处完美交集，形成完整的区域景观绿化系统。

沿场地边界布置环形车道，形成环形车行交通系统，使场地利用最大化。

设计把握经济、合理。通过巧妙的造型设计原则、精心选材，实现低成本、高效能的效果。

SHANDONG YOUTH POLITICAL COLLEGE EXPERIMENTAL TRAINING BUILDING

山东青年政治学院实验实训楼

项目业主：山东青年政治学院
建筑功能：教育建筑
建筑面积：29 747平方米
项目状态：建成
主创设计：陈绪燕

建设地点：山东 济南
用地面积：20 827平方米
设计时间：2013年10月
设计单位：山东建大建筑规划设计研究院
设计团队：刘杰民、贾玉东、范凯

项目充分考量地块与校园及周边空间环境的关系，结合山东青年政治学院校园的整体规划，强调场地空间的整体性，使整个规划布局与环境相协调，并且为整个地块融入校园周边区域提供了可能。充分考虑地块周边现有建筑对建筑空间的影响，保证合理的空间间距，营造良好的空间视野，充分利用城市景观资源。

设计以满足规划要求为前提，从用地的实际情况出发，妥善解决交通、消防、安全、通风、环保等问题，合理组织人流及车流。

设计力求通过建筑外立面诠释挺拔、大气的建筑形象，有力展现现代建筑所应具有的动人的精神风貌，打造山东青年政治学院新的景观点。

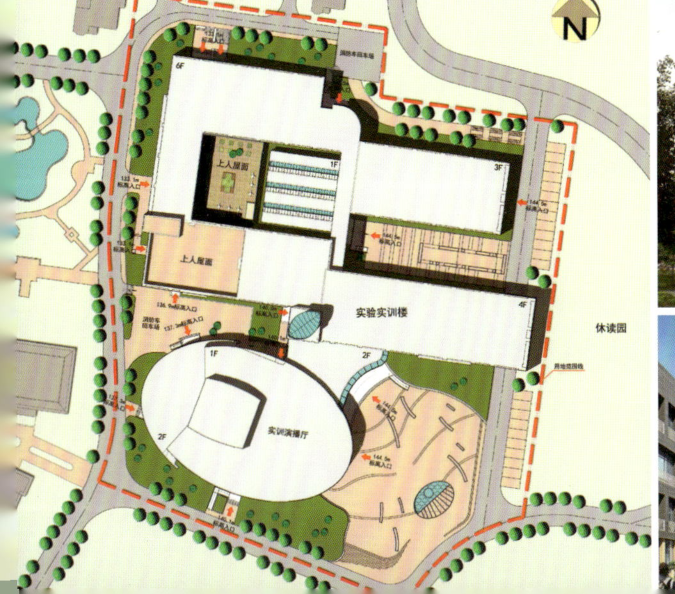

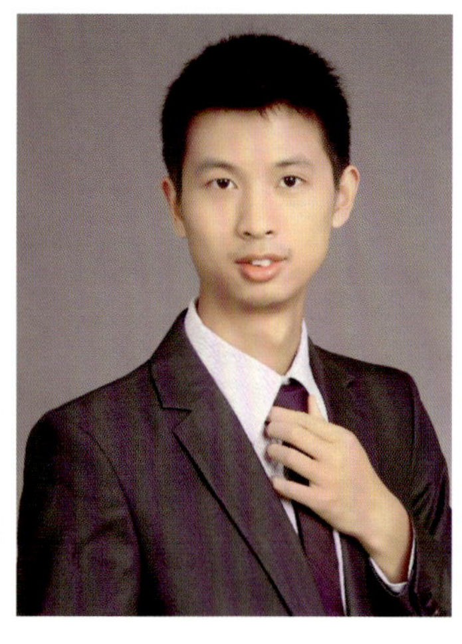

郑嵘

职务： 北京天华北方建筑设计有限公司副总建筑师兼建筑一所所长

教育背景

1997年—2002年　石家庄铁道大学建筑学学士

工作经历

2002年—2006年　上海城乡建筑设计院
2006年—2010年　上海天华建筑设计有限公司
2011年至今　北京天华北方建筑设计有限公司

个人荣誉

泰康之家——燕园　荣获2016年美国绿色建筑委员会颁发的LEED绿色建筑——新建建筑核心和外观体系金级预认证
2016年—2017年地产设计大奖·中国
天津金融街和平中心　荣获2016年中国土木工程詹天佑奖优秀住宅小区金奖
厦门云玺　荣获2017年美国绿色建筑委员会颁发的LEED绿色建筑金级认证
融科瀚棠　荣获2016年上海市住宅优秀项目二等奖
雍江御庭　荣获2016年上海市住宅优秀项目三等奖
地产设计大奖·中国优秀奖
天津金融街融汇广场　荣获2014年天华设计大奖·成就奖

主要设计作品

天津金融街南开中心　招商局——臻园
厦门鼎晖国际金融中心　中冶德贤公馆
招商亚林东　瑞虹新城

方淳

职务： 北京天华北方建筑设计有限公司副总建筑师
职称： 中级工程师

教育背景

2002年—2007年　清华大学建筑学学士
2009年—2010年　美国宾夕法尼亚大学建筑学硕士

工作经历

2010年—2012年　三磊建筑设计有限公司
2012年—2016年　华通设计顾问工程有限公司
2016年至今　北京天华北方建筑设计有限公司

个人荣誉

2018年龙湖集团同路人奖

主要设计作品

北京龙湖常营产业园
北京首开龙湖熙悦天街
上海瑞虹新城瑞安167B地块项目
北京门头沟金融街永定镇MC-0018-0060-0061地块项目
一方集团滠县大健康产业园
泰康之家申园二期
济南CBD片区总体城市设计
济南张马屯片区总体城市设计
济南奥莱西—中烟地块总体城市设计
天津万科怡园

姚斌

职务： 北京天华北方建筑设计有限公司建筑二所设计副所长

教育背景

2004年—2009年　厦门大学建筑学学士

工作经历

2009年—2010年　上海天华建筑设计有限公司
2011年至今　北京天华北方建筑设计有限公司

个人荣誉

泰康之家——燕园　荣获2016年美国绿色建筑委员会颁发的LEED绿色建筑——新建建筑核心和外观体系金级预认证
2016年—2017年地产设计大奖·中国
厦门云玺　荣获2017年美国绿色建筑委员会颁发的LEED绿色建筑金级认证
通州泰禾·拾景园售楼处　荣获2015年金盘奖
2018年上海市优秀住宅设计二等奖
天津金融街融汇广场　荣获2014年天华设计大奖·成就奖
探索边缘居住　荣获2013年深港双年展入围奖
北京泰康之家医疗综合社区　荣获天华设计大奖·创新大奖
天津世纪中心融汇苑　荣获天华设计大奖·成就大奖

主要设计作品

嘉里秦皇岛海碧台
烟台万科御龙山
广州融御
广州花溪小镇

天华 Tianhua

地址： 北京市丰台区金融街万科丰科中心2号楼5层
电话： 010-58301595
网址： www.thape.com.cn
电子邮箱： bjth@thape.com.cn

天华创立于1997年，是中国第一批民营建筑设计公司。20年的时间，天华已成长为中国规模最大、专业最全的综合设计服务公司之一。

天华是全球每年设计居住类建筑最多的设计公司之一，主持项目已累计超过5 000个，遍及全国各个省、市、自治区。每年完成的建筑设计近600个项目，面积超过4 000万平方米。

天华在“海阔凭鱼跃，天高任鸟飞”的人才管理理念中，吸引发展和保留优秀人才，从而创建了富有竞争力的卓越组织。天华拥有雄厚的技术人才，员工达3 500人，其中60%为建筑师，国家一级注册建筑师、一级注册结构工程师、一级注册设备工程师、高级工程师近200名。

天华年营业额已超过17个亿，30个子公司遍布于全国16个城市，公司与客户、上下游合作伙伴一起，助力城市持续发展。

天华为客户提供城市规划、建筑设计、室内设计、景观设计、技术咨询、建筑审图以及VR技术等专业服务，以客户需求和前沿发展理念为驱动力，使公司始终处于行业领先地位，将富有特色的方案与强大的技术相结合，不断增强综合解决能力。

天华始终坚持科学统筹“咨询、设计、技术、管理”互联的高效服务模式，因地制宜地为不同城市建设项目提供具有创新性和经济性的解决方案。

OVERALL URBAN DESIGN OF JI'NAN CBD AREA

济南CBD片区总体城市设计

项目业主：平安、龙湖、万科、招商、仁恒
建设地点：山东 济南
建筑功能：商业、办公、住宅、园林建筑
用地面积：310 000平方米
设计时间：2017年—2018年
项目状态：方案
设计单位：北京天华北方建筑设计有限公司
主创设计：方淳
参与设计：许春臣、刘蒙、赵海蓝

济南城市发展总的目标定为：打造“四个中心”、建设现代泉城，即：打造全国的区域性经济、金融、物流和科技创新中心，建设与山东经济文化强省相适应的现代泉城。

济南将举全市之力建设中央商务区，一同推进规划、拆迁、建设、招商各项工作，围绕新总部经济、“金融+”和现代商务服务业，抓好核心区、起步区引爆项目、超高层项目落地开工，策划十大金融招商项目，打造高端业态和总部经济集聚区。

项目旨在打造经济、金融、物流、科技创新为核心的“四个中心”。该项目已完成设计。

BEIJING LECHENG BANBIDIAN KINDERGARTEN

北京乐成半壁店幼儿园

项目业主：乐成
建设地点：北京
建筑功能：教育建筑
用地面积：1 200平方米
建筑面积：5 000平方米
设计时间：2016年—2017年
项目状态：在建
设计单位：北京天华北方建筑设计有限公司
主创设计：方淳
参与设计：许春臣、刘蒙、耿蓝天、赵海蓝

项目位于北京市通州区，是一所西方教育模式的高端民办幼儿园。设计师通过积木搭接的方式形成了“三重环”，组织起整个建筑空间，在相对局促和有限的场地内通过下沉庭院、屋顶乐园等，将所有可到达的外部场地都变成孩子们的游乐园。同时取消传统教室单元化的模式，打通各单元，用更鼓励孩子自主活动的开放式空间组织教学单元；取消传统的教师办公室、校长室，改为开放的自由式办公空间，为孩子们提供了更多的学习、互动场所，让这座幼儿园可以承载孩子们成长的最初阶段里最美好的回忆。

TIANJIN VANKE YI GARDEN

天津万科怡园

项目业主：万科
建设地点：天津
建筑功能：养老建筑
用地面积：2 650平方米
建筑面积：9 600平方米
设计时间：2016年—2017年
项目状态：建成
设计单位：北京天华北方建筑设计有限公司
主创设计：方淳
参与设计：许春臣、刘蒙、耿蓝天、翟博泓、赵亚娇、戚祥玉、申弘毅

项目是天津市候台区的第一个高端养老护理机构。设计师根据老人不同的生活习惯和身体状况设置单人间、双人间以及失智专区。秉承“尊老为德，敬老为善，助老为乐，爱老为美”的设计和运营理念，为老人打造“有尊严，有作为”的养老环境，这里将是当地老人的养老圣地，也成为天津养老地产的标杆项目。

XIAMEN YUNXI

厦门云玺

项目业主：厦门鼎泰和金融中心开发有限公司
建设地点：福建 厦门
建筑功能：办公建筑
用地面积：18 351平方米
建筑面积：19 550平方米
设计时间：2013年
项目状态：建成
设计单位：北京天华北方建筑设计有限公司
主创设计：郑嵘、姚斌

厦门云玺是设计师毕业以后在厦门设计的第一个公建项目，项目位于厦门本岛东侧（湖里区），距海约1千米，在两岸金融中心的起步区，地理位置及城市发展上都处于很好的地位。交通便利，紧邻即将建设的地铁站，具备办公建筑的优越的交通条件，建筑高度143.83米。

在规划设计中，加入了传统民居的精髓，运用现代技术，打造了前院（办公前广场）、内院（中央商业主题广场）、后院（立体花园）、廊道（商业街）等组成的立体公共花园空间，同时以这些公共空间组织多种办公人流和商业人流的生活形态，传承新式的“民居”特色。

设计中考虑了未来产业的发展对于办公空间的不同需求以及企业在不同发展阶段对办公空间的需求，设计了多种产品类型，形成一个多种复合办公的模式。项目建成后已成为起步区乃至整个两岸金融中心的行业标杆。

商业广场

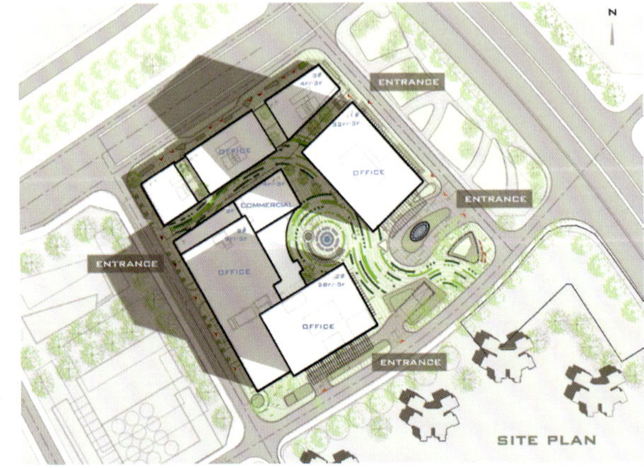

TONGZHOU TAIHE SHIJING GARDEN SALES OFFICE(KINDERGARTEN)

通州泰禾·拾景园售楼处（幼儿园）

项目业主：北京泰禾房地产开发有限公司
建筑功能：售楼处、幼儿园
建筑面积：2 000平方米
设计时间：2013年
项目状态：建成
设计单位：北京天华北方建筑设计有限公司
主创设计：姚斌
参与设计：杜江
获奖情况：2015年金盘奖
建设地点：北京
用地面积：5 000平方米

通州泰禾·拾景园售楼处（幼儿园）秉承中式经典，传承中华文化。

1. 泰禾·拾景园售楼处的设计在充分体现中式建筑文化的同时兼顾后期幼儿园的功能，采用建筑的组合方式，植入中式元素符号，营造臻美的售楼展示形象。

2. 售楼处位于整体项目的东南角，公共绿地的西侧，平面呈长方形，占用了三层中的首层、二层。售楼展示、接待及样板间功能全部在首层解决；二层一半的面积作为内部办公，另一半空间作为模型展示和入口的挑空空间，提高展示空间的体验。

3. 根据幼儿园教学特点，形成4个相同的体量，上下错动，前后进退，自然形成虚实空间关系；结合园林造景，凸显中式建筑的韵味。通过石材、玻璃及铝板的搭配，充分运用材料的特性，让整个建筑犹如一些漂浮错动的盒子，按照一定的逻辑关系组合在一起，既符合孩子的心理特性，又充分展现售楼形象。

TIANJIN FINANCIAL STREET HEPING CENTER

天津金融街和平中心

项目业主：金融街天津公司
建设地点：天津
建筑功能：办公、住宅建筑
用地面积：6 408平方米
建筑面积：109 755平方米
设计时间：2012年
项目状态：建成
设计单位：北京天华北方建筑设计有限公司
主创设计：郑峡
获奖情况：2016年中国土木工程詹天佑奖优秀住宅小区金奖

1. 打造天津城市新名片

项目位于城市金融商业核心区,根据天津市城市总体规划要求，设计中充分考虑了对城市天际线的贡献，从海河向南逐渐升高，形成了层次分明、错落有致的效果，着力打造了天津的城市新名片。

2. 天津“双地标”

历经多年全力打造的和平中心项目和大沽北路西侧的环球中心项目，是天津最具标识性和辨识度的“双地标”，并成为具有国内顶尖品质的建筑群。

3. 近200米的城市超高层住宅

项目由三块地组成，其中30#地为一栋260米高的超高层写字楼和以金融办公为主题的裙房商业；31#、32#地为三栋住宅楼和以生活服务为主题的商业裙房，其中最高移动高度达到190米，从建筑摆位上，三栋住宅塔楼呈“品”字形布局，建筑组团关系与整个城市肌理相一致，沿住宅塔楼的外侧，布置一圈商业，向城市开放，符合所在区域中心商务金融区的城市定位。

TAIKANG COMMUNITY YAN GARDEN

泰康之家——燕园

项目业主：泰康之家北京投资有限公司
建设地点：北京
建筑功能：养老建筑
用地面积：138 500平方米
建筑面积：305 074平方米
设计时间：2012年
项目状态：建成
设计单位：北京天华北方建筑设计有限公司
主创设计：郑峡
获奖情况：2016年美国绿色建筑委员会颁发的LEED绿色建筑——新建建筑核心和外观体系金级预认证
2016年—2017年地产设计大奖·中国

项目作为中国现代老年社区的领跑者，探索前沿的养老模块，关注养老社会化服务需求，打造“管家式”社区服务体系，组织复杂多样的后勤服务体系，掌握养老的运营模式，打造“一站式”养老服务、满足各层次个性化需求的活力型持续照料退休社区，在中国养老产业中走出一条新路子。

这个持续照料社区，是集独立生活、协助生活、专业护理、记忆障碍、医院、健康管理中心及养生会所于一体的功能完善、配套齐全的新型养老社区，力求打造活力的开放式“老年大学”社区，领跑中国现代老年社区。

“童年的纯真，少年的狂野，中年的潇洒，老年的悠闲”，这是一幅完整的生命构图。本着“老吾老以及人之老”的精神，为人生最后一幕精心设计，为中国未来养老事业开创一个崭新的舞台。

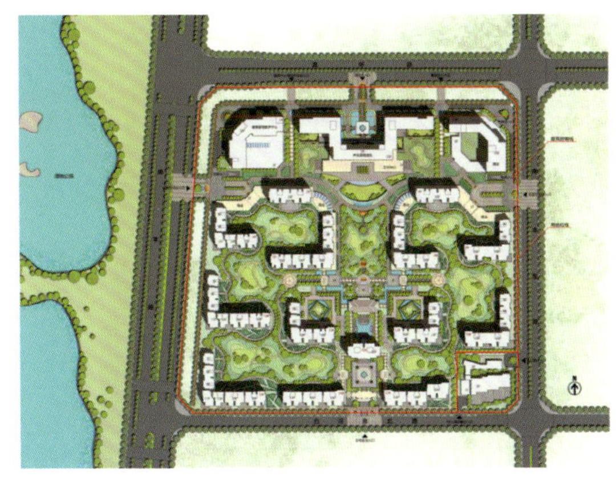

总平面图

首层平面图

ARCHITECTS

左光之

职务： 安徽建筑大学乡村振兴研究院常务副院长
合肥建工集团有限公司建筑设计研究院院长
职称： 安徽建筑大学教授
国家一级注册建筑师

教育背景
1996年—2001年　安徽建筑大学建筑学学士
2005年—2007年　合肥工业大学建筑学硕士

工作经历
2001年—2007年　安徽建筑大学助教
2007年—2011年　安徽建筑大学讲师
2011年—2013年　安徽建筑大学副教授
2013年—2017年　金寨县人民政府副县长（挂职）
2017年至今　安徽建筑大学教授

教学成果
指导学生参加《八月桂花遍地开》纪念馆设计竞赛，荣获一等奖
《区域传统文化与现代教育相结合的教学改革》荣获三等奖

科研成果
徽州古民居保护利用工程技术集成与示范研究　荣获安徽省科技厅优秀成果奖
金寨县城总体规划（2013年—2030年）　荣获安徽省规划行业学会二等奖

主要设计作品
金寨县花石乡大湾村大湾扶贫移民安置点规划与方案设计
金寨县响洪甸三元庄生态谷规划
石台县政务中心详细规划设计
安徽省委党校图书馆方案设计
芜湖县图书馆方案设计
淮南市妇女儿童医疗中心规划及建筑方案设计
淮南高新区“双创”综合服务中心
金寨县光荣院建设工程规划设计
金寨县江店客运总站

JIANGDIAN PASSENGER TRANSPORT TERMINAL, JINZHAI COUNTY

金寨县江店客运总站

建设地点：安徽 金寨
建筑功能：交通建筑
用地面积：161 467平方米
建筑面积：14 467平米
设计时间：2018年
项目状态：在建
主创设计：左光之

坚持现代性与高起点的原则

高起点、高标准、高水平进行规划设计，结合当今比较前沿的先进交通类建筑进行规划设计与表达，通过规划的设计手法建设成为有特色的城市风貌。

坚持“地域文化”的原则

以建设金寨县最具特色的公路汽车站为目标，树立品牌形象，使其成为该县的一个地标，做到经济效益、环境效益与社会效益的统一。

坚持“以人为本”的原则

强调“以人为本”的设计原则，在规划设计中以方便人们的出行为出发点，应用先进的理念，配套完善的服务设施，通过合理的交通组织，建立高效的道路安全系统，同时注重步行系统的建构与静态交通的安排，创造一个布局合理、流线明确、快捷的现代汽车客运枢纽。

坚持“绿色生态”的原则

充分利用基地现有的条件，合理规划基地内道路与绿地的配置，同时在场地周边种植各种乔灌木，突出“阳光、空气、绿色”的生态主题。精心塑造生动和谐的旅客活动空间与交通流线空间，形成层次分明、高低错落、富有特色的建筑景观和天际轮廓线，构筑地域特色和现代气息并重的城市交通站。

HUAINAN HIGH-TECH ZONE "DOUBLE CREATION" COMPREHENSIVE SERVICE CENTER

淮南高新区“双创”综合服务中心

项目业主：淮南市山南开发建设有限责任公司
建设地点：安徽 淮南
建筑功能：办公、住宅建筑
用地面积：83 305平方米
建筑面积：168 503平米
设计时间：2017年
项目状态：在建
主创设计：左光之、郝芮平、胡良全、左伟

项目的功能分区明显，总平面布局借鉴“工业邻里”和“混合居住”的概念，将双创大厦配套商业、研发区、绿地、生活空间和市政设施分区布置，整体上动静分区明确，规划合理，避免了不同功能互相干扰，为园区的综合服务品质提供很好的环境要求。项目还充分考虑园林绿化设计，集中绿地与建筑周边绿地、街头绿地相结合， 构筑绿色生态基地。

项目整体设计力图营造和谐、变化、富有视觉冲击力的整体建筑形象，并与周边建筑完美融合，创造一个既相对庄严又包容开放的形象。整个园区功能赋予建筑体量的多样化、空间的多变化、视觉感觉的多层次，体现经济、合理、灵活、适用的原则。

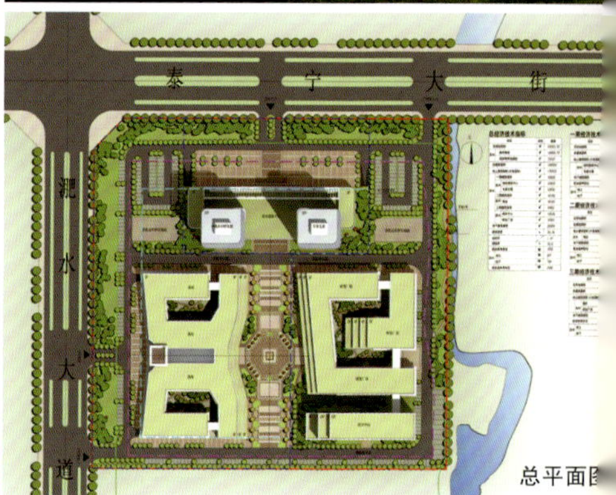

PLANNING AND ARCHITECTURAL DESIGN OF HUAINAN WOMEN AND CHILDREN MEDICAL CENTER

淮南市妇女儿童医疗中心规划及建筑方案设计

项目业主：淮南市社会发展投资有限公司
建设地点：安徽 淮南
建筑功能：医疗建筑
用地面积：62 660平方米
建筑面积：48 000平米
设计时间：2013年
项目状态：方案
设计团队：左光之、郝芮平、胡良全、左伟

整体布局很好地呼应了建筑基地和淮南市妇女儿童医疗中心的发展趋势，将整个地块总体分为三个部分：预留发展部分、主体功能部分和办公后勤部分。其中主体功能部分包括门急诊医疗区、儿童医疗区、妇女医疗区、功能检查区和康复休息区。

1. 以三叶草为设计原型，寓意“幸福、健康、爱”的主题，突出医疗中心“利民、益民、惠民”的宗旨。

2. 用隐喻的设计理念，将主体建筑拟人化，恰似一个展开双臂拥抱孩子的形体，形成建筑组团形式，象征着爱。

3. 用抽象的艺术手法，将建筑形体隐喻为分裂的细胞，经过城市的哺育，孕育新生幼儿，突出医疗中心的功能。

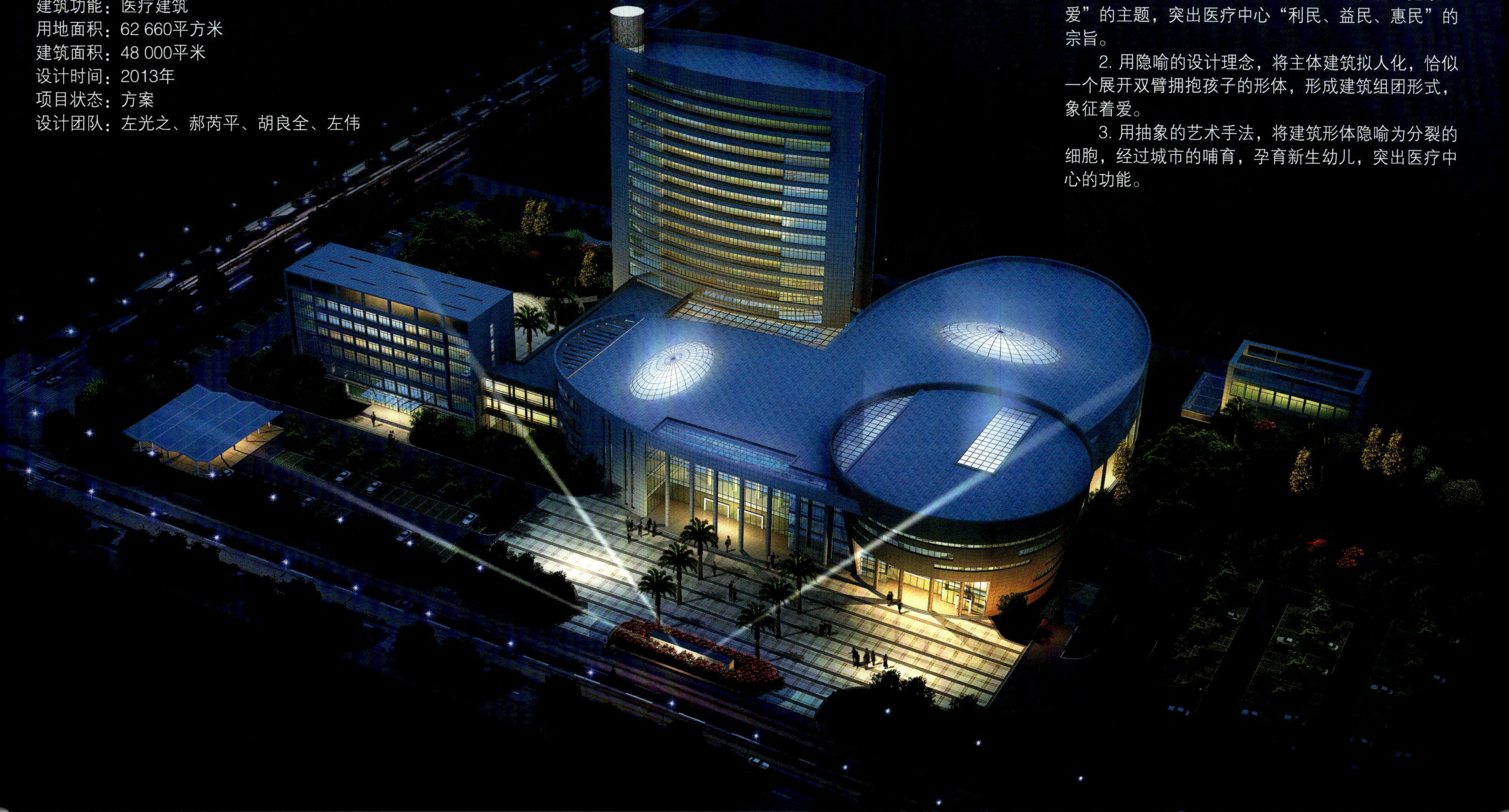

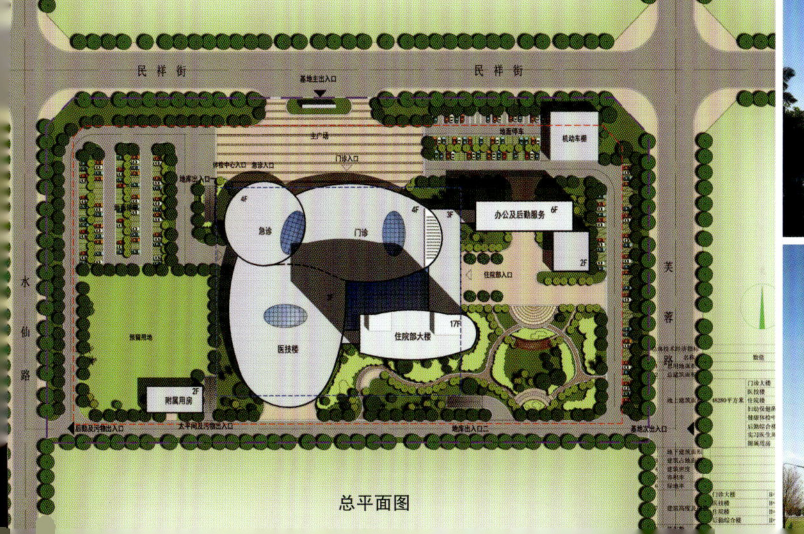

总平面图

SCHEME DESIGN OF WUHU COUNTY LIBRARY

芜湖县图书馆方案设计

项目业主：芜湖县人民政府
建设地点：安徽 芜湖
建筑功能：文化建筑
用地面积：6 666平方米
建筑面积：5 495平米
设计时间：2010年
项目状态：建成
主创设计：左光之、金乃玲、王成

项目设计按县级图书馆要求分为书库、阅览室、综合和行政办公几大功能区；电脑自动检索图书，开辟多媒体阅览、微阅览、视听室；建筑内外交通关系明确。

以现代建筑为基调，充分体现当代建筑的特征，光影变化丰富，强调立面的韵律，以活泼而不失稳重的构图手法突出县级图书馆的重要地位。建筑主体外墙采用具有厚重质感的干挂大理石，主入口外墙保持原来质感的混凝土，与东南面新建筑取得协调。高低错落的绿色屋顶与建筑西北面起伏的地势遥相呼应，使建筑有机地融入优美的东湖大景观之中。

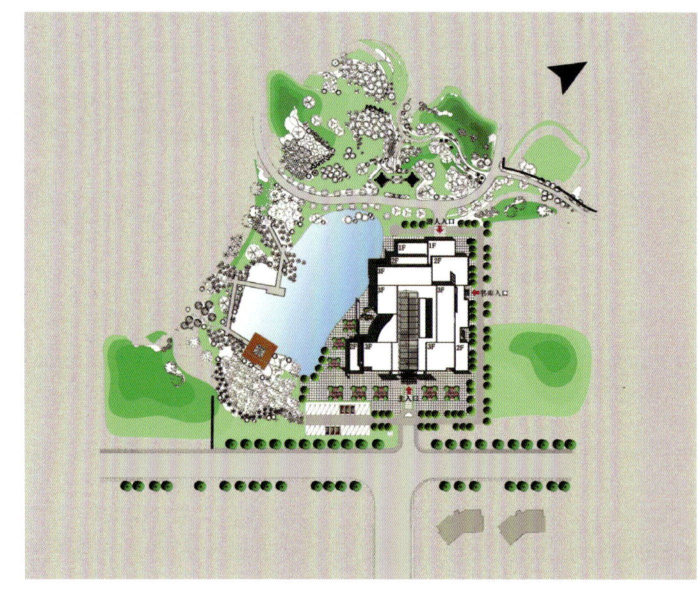

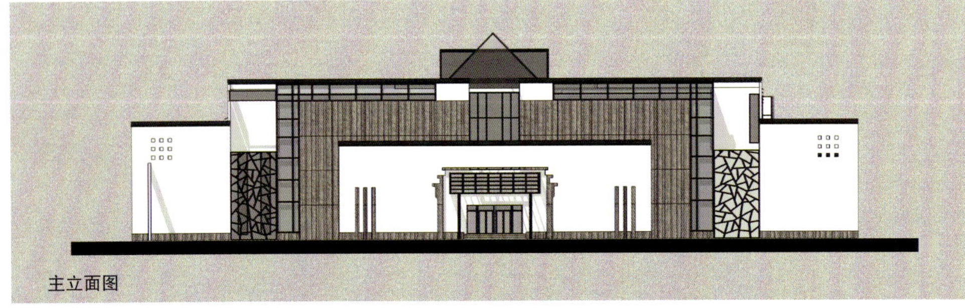

主立面图

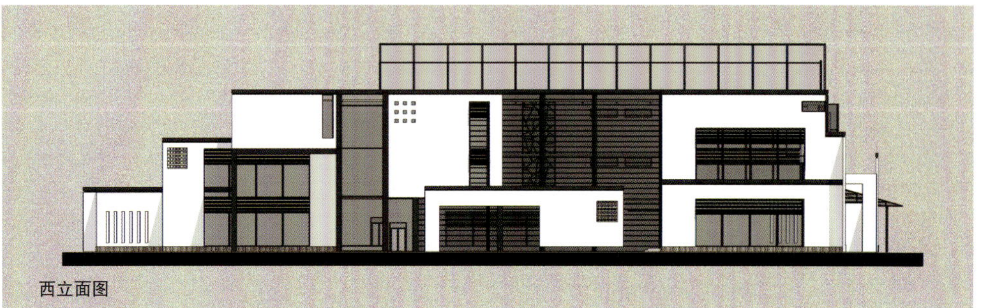

西立面图

ANHUI PROVINCIAL PARTY SCHOOL LIBRARY

安徽省委党校图书馆

项目业主：安徽省委党校
建筑功能：文化建筑
建筑面积：10 000平米
项目状态：建成

建设地点：安徽 合肥
用地面积：4 900平方米
设计时间：2007年
设计团队：左光之、刘仁义、王成

项目充分考虑党校现状及长远规划要求：近期尽量保留现有建筑，远期考虑南侧新建活动中心和教学楼改造。设计力求平面功能合理、齐全、分区明确、方便使用和管理，体现文明、美化环境、造价适中的原则，创造出有地方特色的“徽派建筑”。主楼为5层成“L”形布置，大报告厅甩出主体布置，造就空间的围合感和层次感，使得建筑的外部空间既相互独立、又相互贯通。

DETAILED PLANNING AND DESIGN OF SHITAI COUNTY GOVERNMENT AFFAIRS CENTER

石台县政务中心详细规划设计

项目业主：石台县人民政府
建设地点：安徽 石台
建筑功能：办公建筑
用地面积：46 569平方米
建筑面积：36 000平米
设计时间：2010年
项目状态：方案
主创设计：左光之、郝芮平、胡良全

总体定位

石台县的行政中心是体现石台特色的城市形象展示区。

功能构成

1. 面向管理

行政管理——全县的行政办公楼；
会议中心——与行政办公相配套的会议中心；
配套服务——食堂及辅助配套。

2. 面向市民

行政服务中心——面向市民的综合行政服务窗口；
广场——礼仪广场，同时为周边市民提供游憩的场所。

设计构思

注重地方特色的塑造，采用新徽派建筑的元素，院落空间、粉墙黛瓦、坡屋顶、黑白灰主色调，同时将现代建筑手法的玻璃幕墙以及景观元素中的“借景”“漏景”融为一体，并采用大坡屋顶的传统建筑形式，体现政府的严肃性和庄重性，营造宜人的办公环境。

JINZHAI COUNTY GLORIOUS HOUSE CONSTRUCTION ENGINEERING PLANNING AND DESIGN

金寨县光荣院建设工程规划设计

项目业主：金寨县民政局
建设地点：安徽 金寨
建筑功能：养老建筑
用地面积：19 622平方米
建筑面积：10 187平米
设计时间：2018年
项目状态：在建
主创设计：左光之、郝芮平、胡良全、刘成毅

场地划分成两个区域，分别为一期用地和二期用地，合理开发，并为将来发展预留空间。本次主要为一期用地建设，建筑用房整体布局为庭院围合式，主体为三个单体通过连廊连接，不同单体代表不同的使用功能。

建筑体现了“美观、大方、经济、适用”的设计原则，设计力求与总体规划相协调，结合地形规划设计，将地形合理地利用，使建筑充分融入环境中。建筑采用了中式和现代相结合的风格，整体采用暖色调，给人一种温暖如家的感觉。

PLANNING AND SCHEME DESIGN OF DAWAN POVERTY-RELIEF RESETTLEMENT SITE IN DAWAN VILLAGE, HUASHI TOWNSHIP, JINZHAI COUNTY

金寨县花石乡大湾村大湾扶贫移民安置点规划与方案设计

项目业主：金寨县规划局
建设地点：安徽 金寨
建筑功能：居住建筑
用地面积：39 443平方米
建筑面积：4 743平米
设计时间：2016年
项目状态：在建
主创设计：左光之、金乃玲、左伟

大湾村位于花石乡西南部，地处山青水秀、景色迷人、环境优美的帽顶山脚下，平均海拔800米以上，全村辖37个居民组、940户、共3 610人（其中库区移民650人）。

大湾村积极执行脱贫政策，经过走访和调查，拟将安置地点规划在图中红色区域部分。黄色部分是原村民住宅，大部分老旧破损，拟将里面所有村民迁入安置区，老建筑保留，作为本地的风貌特色。蓝色区域为池塘和小溪等水系。

基地周边环境极佳，南部依靠山坡，北面地势平缓，面向远处的池塘，有着开阔的视野，可以看到远处的山体和优美的景色。基地现状为梯田式逐级而上，极具特色。

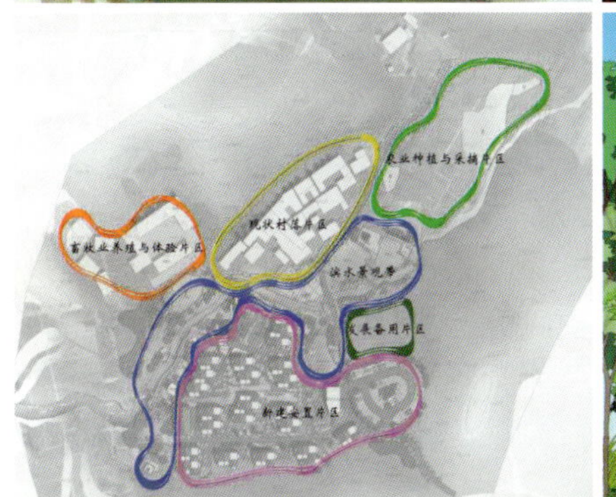

王的刚

职务：创始人、总建筑师
职称：教授级高级工程师
国家一级注册建筑师

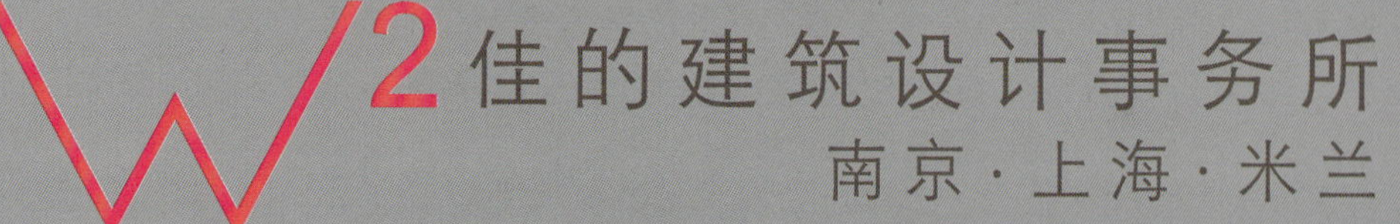

1963年出生于中国上海，毕业于南京工学院建筑系，1985年获得建筑学学士学位，受教于工程院院士钟训正教授，之后继续攻读硕士研究生，并于1988年毕业并获得工程硕士学位，同年受聘于东南大学建筑设计研究院任高级建筑师。1996年起于英国Oxford Brookes University建筑学院国际民居研究中心受教于Dr. Paul Oliver（国际民居研究学科领导人物，世界民居大百科全书主编）攻读硕士学位，于1997年获得首个国际民居研究艺术学硕士学位，1999年完成学业回国任东南大学建筑设计研究院副总建筑师。1994年10月创立南京佳的建筑设计事务所（W2 Architects），现任总建筑师。其公司及个人作品被世界建筑师网站收录，多次在国际知名学术会议、研讨会上进行学术交流和作品展出，2012年被邀请参加威尼斯建筑双年展进行个展。

仲雨

职务：南京佳的建筑设计事务所总工程师
职称：国家一级注册建筑师

教育背景
2000年—2005年　重庆交通大学土木建筑学院学士

工作经历
2005年—2006年　深圳华森建筑与工程设计顾问有限公司
2007年—2008年　深圳市建筑设计研究总院
2008年—2017年　香港华艺设计（深圳）有限公司
2018年至今　南京佳的建筑设计事务

邹康

职务：南京佳的建筑设计事务所副总建筑师
职称：国家一级注册建筑师

教育背景
2001年—2006年　南京工业大学建筑学学士
2007年—2010年　东南大学建筑学硕士

工作经历
2010年—2015年　东南大学建筑设计研究院有限公司
2016年至今　南京佳的建筑设计事务所

卜源远

职务：南京佳的建筑设计事务所副总建筑师
职称：高级工程师
国家一级注册建筑师

教育背景
1997年—2002年　东南大学建筑学学士

工作经历
1997年—2008年　泛华工程有限公司南京分公司
2008年至今　南京佳的建筑设计事务所

张云雁

职务：南京佳的建筑设计事务所建筑师

教育背景
2004年—2009年　南京工业大学建筑学学士

工作经历
2009年—2012年　江苏纬信工程咨询有限公司
2012年—2013年　江苏省交通规划设计院股份有限公司
2013年至今　南京佳的建筑设计事务所

王海川

职务：南京佳的建筑设计事务所建筑师

教育背景
2010年—2014年　南京林业大学城乡规划系学士

工作经历
2014年—2015年　瑞士CPP建筑设计咨询有限公司
2015年至今　南京佳的建筑设计事务所

沈超

职务：南京佳的建筑设计事务所建筑师

教育背景
2008年—2011年　英国卡迪夫大学威尔士建筑学院建筑学学士
2011年—2013年　英国卡迪夫大学威尔士建筑学院建筑学硕士
2013年—2015年　英国考文垂艺术与设计学院工业设计系硕士

工作经历
2010年—2011年　Russell Jones Architects
2015年至今　南京佳的建筑设计事务所

26载风雨兼程，26年坚持不懈，“创新是设计的灵魂，做——对得起自己心灵的设计，做——不负业主付出的设计，做——能够走进未来的设计”，这就是南京佳的建筑设计事务所（W2 Architects）从未改变的宗旨。事务所这么多年艰难地坚持设计创新第一，无论外面的世界如何风云变幻，执着于内心的理念，踏踏实实地从做建筑方案、全套施工图设计到现在全心致力于前端的方案设计。在分工越来越细的今天，事务所有明确的定位，用卓越的设计团队去完成最体现设计价值的部分。

这么多年，事务所做了大小近千余个设计，从城市设计到建筑群、到单体建筑、到室内设计，规模不分大小，但有特点。建筑设计类型有文化类小镇（数十个）、大型城市新区规划设计、老城区改造、老厂房改造成创意园区、大型科技创意产业园、美术馆、博物馆、农业展览、各类综合性商业办公建筑、别墅区、新农村改造，几乎囊括所有建筑品类；室内设计类型包括酒店设计、办公楼设计、餐厅、会所、展览馆、老厂房改造酒店、客栈、样板房，等等。

W2佳的建筑设计事务所是第一批被我国授予的甲级建筑设计和甲级室内设计资质的民企。通过26年的实践，事务所拥有成熟的设计团队和丰富的前期设计经验，拥有担任大型项目设计总顾问的能力。同时根据项目市场需求，配备了项目策划部门，帮助业主进行开发研究，为项目提供有效的经济指导和文化背景研究及定位。

对作品的要求是：超越客户的期待，丰满客户的需求。

正是这样的坚持，让事务所拥有26年的忠诚客户，从没有营销团队，凭着优质服务和口碑相传，一直走到今天，成为多家国内和国际上市公司的长期合作伙伴。

作品多次得到国家级设计奖、江苏紫金设计奖，设计项目获得国家绿色建筑三星等荣誉，并受邀参加2012年威尼斯建筑双年展。

地址：南京市鼓楼区鼓楼街88号703室　**电话：**025-83168222　**传真：**025-83168200　**网址：**www.wtwo.cn　**电子邮箱：**W2@wtwo.com.cn

NATIONAL SOFTWARE INDUSTRY BASE INCUBATION RESEARCH AND DEVELOPMENT CENTER

国家软件产业基地孵化研发中心

项目业主：江苏省软件产业股份有限公司
建设地点：江苏 南京
建筑功能：孵化研发中心
用地面积：238 000平方米
建筑面积：152 000平方米
设计时间：2006年
项目状态：建成
设计单位：南京佳的建筑设计事务所
获奖情况：参加2012年威尼斯建筑双年展

设计团队在项目分析及研究过程中，并不仅仅拘泥于传统软件园的运营模式，旨在探讨出一种符合当时软件园孵化、研发、生长需求的建筑体系POD（proper orthogonal decomposition），以满足软件园在全过程中对企业灵活多变的服务需求。

设计中借用了“POD”组合概念来规划，形式分而不散。在狭长的地块内，设计尽量沿着地块的边缘布置，分为东西两个区域，地块的中间作为园区内的公共绿地，服务周边的办公建筑。建筑形体以表现建筑的单元体量，各单元相互关联形成群体。整个建筑群体在地面做了大量的灰空间，意在适应狭长地形而不太富裕的绿地空间并与周边的建筑体产生更多的互动。景观的设计是以生态和自然为主题，植入大面积草坪以维护自然的生态平衡。

LISHUI RURAL RENOVATION PROJECT

溧水乡村改造项目

项目业主：南京溧水商贸旅游集团有限公司
建设地点：江苏 南京
建筑功能：酒店及民宿
用地面积：20 243平方米
建筑面积：6 156平方米
设计时间：2017年
项目状态：建成
设计单位：南京佳的建筑设计事务所

城市化进程的快速发展，带来的成果显著，但也加剧了城市和乡村发展失衡。如何缩小城市与乡村的物质生活及精神文化差异，是目前急需解决的一项社会问题。

受到产业形式的制约，如何缩小城乡差异，各方都在做一些尝试。建设“美丽乡村”吸引城市居民到乡村消费，来缩小城乡物质文化差异；通过“拉近”城乡居民的距离加强精神交流，来缩小精神文化差异，成为主流。在“美丽乡村”的大背景下，本项目以山水田园为载体，以“百果园”现代农业及九塘传统桑蚕产业为基础，植入体验类产业文化实现产业升级；以保护地方传统民俗文化为基础，植入现代都市拥有的“公共文化建筑”空间，发展现代文化，实现了精神文化升级。

SATERI GROUP EXHIBITION HALL

赛得利集团展厅

项目业主：赛得利（福建）纤维有限公司
建设地点：福建 莆田
建筑功能：展厅建筑
用地面积：3 300平方米
建筑面积：1 260平方米
设计时间：2016年
项目状态：建成
设计单位：南京佳的建筑设计事务所

赛得利集团展厅位于福建省莆田市，展厅建设的目的是为了传达赛得利集团环保可持续的生产理念。可持续种植林是赛得利用于生产的主要原料，项目企图在自然保护与生产之间寻找一个平衡点，突出自然保护对于赛得利生产的重要性。项目由室内展厅和室外景观两部分构成，室外景观由形似坡屋顶剪影的白色轻质钢结构框架环绕，形成一个介于展厅室内空间和室外空间的中间过渡地带。参观者在曲折形道路的引导下穿过人造景观树林进入展厅，这一设计旨在让参观者进入展厅之前感受到自然的亲切与美好以及自然与赛得利生产活动之间的紧密联系，同时也带给参观者别样的参观体验。

NANJING YOUTH PALACE

南京市青少年宫

项目业主：南京市青少年宫
建设地点：江苏 南京
建筑功能：文化建筑
用地面积：11 623平方米
建筑面积：65 000平方米
设计时间：2016年
项目状态：在建
设计单位：南京佳的建筑设计事务所

考虑到地块周边城市环境的复杂性和敏感性，建筑单体设计的首要思路便是考虑如何打造优质的城市界面与城市环境，保持周边城市空间的连续性和开放性。

地块西侧紧临城市公园，空间形态塑造将强调与公园绿地之间的联系，加强视觉的通透性。建筑局部采用下沉式，与南侧城市绿地、湖南路地下空间建立联系，塑造休闲文化活动场所。

建筑造型上弧线的运用和小角度倾斜的设计，在提升周边城市空间质量的同时，也赋予了青少年宫独特的建筑形体特点，突出其作为南京新文化地标的定位。建筑内部空间设计丰富有趣、高效便捷，只为成就一座充满回忆、体验与趣味的青少年活动综合体。

JIANGSU LIANCHUANG ZHONGLOU INTERNATIONAL SOFTWARE PARK

江苏联创钟楼国际软件园

项目业主：常州联创金陵科技置业有限公司
建设地点：江苏 常州
建筑功能：办公建筑
用地面积：122 665平方米
建筑面积：367 000平方米
设计时间：2011年
项目状态：建成
设计单位：南京佳的建筑设计事务所

项目位于常州市运河沿岸，高层建筑与运河之间的互动感知是设计团队一直思考的问题。运河沿岸建筑的营造方式，不仅关乎运河风貌的保护，也关乎城市居住者居家感受。昔日记忆在当代生活中的映射，才能带来一种熟悉、安定的栖居方式。“通过河岸、桥梁给河流带来河岸后面的地景，它使河、岸、地互为邻居”。将空间与当地历史、地理与文化结合，以建筑和运河真实对话，营造尺度适宜的城市空间，形成一条从水面到空中有机的“河”。

XIANLIN BUSINESS OFFICE CENTER

仙林商务办公中心

项目业主：南京仙林大学城管委会
建设地点：江苏 南京
建筑功能：办公建筑
用地面积：40 085平方米
建筑面积：65 000平方米
设计时间：2009年
项目状态：方案
设计单位：南京佳的建筑设计事务所

作为栖霞区新政府服务窗口，仙林商务办公中心从一开始就以可控制的适度开放空间、敞开的建筑形态，体现政务公开透明的姿态。设计中以简约低调的手法将建筑融入仙林地区开放型、生态型的大学城特质中。

建筑摒弃琐碎、去繁从简，从建筑最本质元素的再生，让建筑少虚浮、少装饰、少繁杂；追求更纯粹的空间，关注更纯净的材质，折射更透彻的光影。

独立的各功能体块形成的半围合的建筑群体，8米见方的基础单元与仙林地区低密度小尺度的城市肌理相匹配，与周边景观及自然环境有所呼应，避免给人以庄重严肃的传统政务窗口形象。

YANCHENG ART MUSEUM

盐城美术馆

项目业主：盐城市城市建设投资集团有限公司
建筑功能：文化建筑
建筑面积：40 700平方米
项目状态：建成
获奖情况：三星级绿色建筑设计标识证书
建设地点：江苏 盐城
用地面积：68 759平方米
设计时间：2013年
设计单位：南京佳的建筑设计事务所有限公司

传统意义上政府大院前的市民广场总给人留下一种严肃、空旷、利用率低的印象。在盐城市，项目的设计团队试图改变这一现状。市政府前的市民广场及地下空间，通过设计，成为一个以美术馆为中心的城市公园。运用中国传统文化中的“土、金、水、木、火”五行元素的主题来创造景观节点，这些节点形成有引力的中心点，周围绿化系统的几何结构则是这种引力作用而产生的运动的抽象表现。设计的风格是中西结合并具有现代感的，但也包含了古典的中国元素。“背山面水”，以流动的“气”抽象地把这种能量引入到设计中去。

设计在公园正下方的地下美术馆，与地面空间之间以下沉庭院的方式相连。把自然光、景观元素和新鲜空气直接引入地下空间，成为一个会呼吸的美术馆。地下美术馆的形态设计也是与景观有机结合，内聚式的空间让使用者观赏到自然的美，同时体验盐城本地的历史文化内涵。在中央轴线上，半开放的地下空间形成一个多重功能的公共活动区域，服务于市民和各方来客。

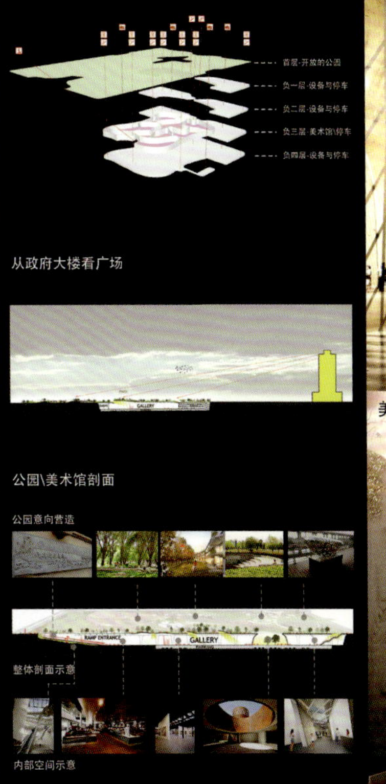

钟华颖

职务： 南京大学建筑与城市规划学院教师
南京大学建筑规划设计研究院有限公司数字建筑工作室主持建筑师
职称： 助理研究员

教育背景

1995年—2000年　东南大学建筑学院建筑学学士
2000年—2004年　东南大学建筑学院建筑学硕士
2004年—2013年　东南大学建筑学院建筑学博士
2007年—2010年　荷兰代尔夫特理工大学HYPERBODY工作室客座研究员

工作经历

2013年至今　南京大学建筑与城市规划学院
南京大学建筑规划设计研究院有限公司数字建筑工作室

钟华颖，师从东南大学韩冬青教授，并受到了数字建筑设计先驱、荷兰代尔夫特理工大学 Kas Oosterhuis 教授的指导和影响。博士研究方向是数字建筑设计技术与理论。博士毕业后进入南京大学建筑与城市规划学院任教，继续从事数字建筑的研究与教学。

钟华颖是南京大学建筑规划设计研究院有限公司数字建筑工作室主持建筑师。其建成作品万科集团创展中心、万科悬浮咖啡厅和张拉整体系列装置在本土建筑数字化设计和数控建造方面取得重要的技术突破，获得多个省级建筑创作奖项，在学界和行业产生重要影响。参与的工程实践项目涵盖城市综合体、文化展览建筑、教育建筑、办公建筑、旅游建筑、城市设施、建筑改造更新等多个建筑设计领域。在完成工程实践的同时，将方法理论研究与工程实践相结合，取得了丰硕的工作成果。

个人荣誉

2018年第十二届中国建筑学会青年建筑师奖
第八届江苏省土木建筑学会建筑创作奖
第九届江苏省土木建筑学会建筑创作奖
第十一届江苏省土木建筑学会建筑创作奖

主要设计作品

万科集团创展中心
万科广场悬浮咖啡厅
宿迁三台山花田剧场
石塘互联网会议中心
金陵停车场
云夕三维打印亭
张拉整体系列装置
江苏省气象灾害监测预警与应急中心
泰州国际财富中心改造方案
江苏涟水党校
浦口区盘城中学、永丰中学合并异地建设工程
南京河西新城区虹苑腾达初级中学
南京河西南部新城九号小学
南京长城中学
南京汤泉旅游度假区
南京江宁石塘综合体
长兴古城公园地块停车场
南京信息工业大学整体规划投标
南京南部新城机场河景观
天生桥游客中心

南京大学坐落于钟灵毓秀、虎踞龙蟠的金陵古都，是一所历史悠久、声誉卓著的百年名校。其前身是创建于1902年的三江师范学堂，此后历经两江师范学堂、南京高等师范学校、国立东南大学、第四中山大学、国立中央大学、国立南京大学等历史时期，于1950年更名为南京大学。1952年，在全国高校院系调整中，南京大学调整出工学、农学、师范等部分院系后与创办于1888年的金陵大学文、理学院等合并，仍名南京大学。校址从四牌楼迁至鼓楼金陵大学原址。

在一个多世纪的办学历程中，南京大学及其前身与时代同呼吸、与民族共命运，谋国家之强盛、求科学之进步，为国家的富强和民族的振兴做出了重要的贡献。尤其是改革开放以来，作为教育部直属的重点综合性大学，南京大学又在崭新的历史机遇中焕发出新的生机，在教学、科研和社会服务等各个领域保持良好的发展态势，各项办学指标和综合实力均位居全国高校前列。1994年，南京大学被确定为国家“211工程”重点支持的大学；1999年，南京大学进入国家“985工程”首批重点建设的高水平大学行列；2006年，教育部和江苏省再次签订重点共建南京大学的协议；2011年，教育部和江苏省签署协议继续重点共建南京大学；2016年，南京大学入选首批国家级双创示范基地；2017年，南京大学入选A类世界一流大学建设高校名单，15个学科入选世界一流学科建设名单。

南京大学目前拥有仙林、鼓楼、浦口三个校区，有29个直属院系，各类学生总计34 580人，其中本科生13 196人、硕士研究生12 195人、博士研究生6 036人、外国留学生3 153人。全校设本科专业86个、专业硕士学位授权点24个、专业博士学位授权点1个，硕士学位授权一级学科10个、硕士学位授权二级学科点（不含一级学科覆盖点）6个，博士学位授权一级学科41个、博士学位授权二级学科点（不含一级学科覆盖点）2个，博士后流动站38个，国家级人才培养基地12个；有一级学科国家重点学科8个，二级学科国家重点学科13个，江苏高校优势学科建设工程二期项目立项学科与重点序列学科20个；有国家实验室（筹）1个，国家级2011协同创新中心2个，国家重点实验室7个，教育部重点实验室8个，江苏高校协同创新中心5个，江苏省重点（工程）实验室10个，国家工程技术研究中心1个，国家地方联合工程研究中心1个，教育部工程中心2个，环境保护部工程技术研究中心1个，国防科工局国防重点学科实验室1个，国家测绘地理信息局重点实验室1个，江苏省工程中心10个，教育部人文社会科学重点研究基地4个，国家高端智库建设培育单位1个。学校拥有一支高素质的师资队伍，其中包括中国科学院院士29人、中国工程院院士3人、中国科学院外籍院士1人、第三世界科学院院士4人、俄罗斯科学院院士1人、加拿大皇家科学院院士1人，“千人计划”创新人才31人、创业人才14人、“外专千人计划”入选者4人，“万人计划”科技创新领军人才10人、哲学社会科学领军人才3人、百千万工程领军人才2人、教学名师2人，教育部“长江学者奖励计划”特聘教授97人、讲座教授25人，国家杰出青年基金获得者117人，国家级教学名师10人，国务院学位委员会学科评议组成员22人，国家级有突出贡献的中青年科学、技术、管理专家27人，国家重点研发计划、国家科技重大专项、重大科学研究计划、“973计划”、863计划等重大项目首席科学家76人次，“青年千人计划”入选者113人，“万人计划”青年拔尖人才8人，教育部“新世纪优秀人才支持计划”入选者238人，“百千万人才工程”国家级人选34人。

自上个世纪初建校以来，南京大学就一直是开展国际交流与合作最活跃的中国大学之一，与世界上众多一流大学和高水平科研机构建立了紧密的协作关系。其中，始建于20世纪80年代的南京大学－霍普金斯大学中美文化研究中心迄今已成功举办30年，它是中国改革开放以后最早实施的高等教育国际合作长期项目，为中美文化交流事业培养了众多骨干人才，在海内外产生了巨大的影响。目前，南京大学正在新的历史形势下，大力推进各种宽领域、多渠道的国际交流与合作，全面提升办学的国际化水平。

当前，南京大学的办学事业已经掀开新的百年篇章。全体南大人将始终保持奋发昂扬的精气神和朴茂平实的工作作风，深入贯彻习近平总书记关于“第一个南大”的指示精神，着力内涵发展，彰显南大特色，为把南京大学早日建成世界一流大学而努力奋斗，为中华民族的伟大复兴做出更大的贡献！

地址：南京市鼓楼区汉口路22号　电话：025-83593020　传真：025-83593186　网址：www.nju.edu.cn

VANKE GROUP EXHIBITION CENTER

万科集团创展中心

项目业主：万科集团万创设计管理部 &建筑研究中心
建设地点：广东 东莞
建筑功能：展览展示
建筑面积：6 860平方米
设计时间：2012年
项目状态：建成
设计单位：南京大学建筑规划设计研究院有限公司
结构设计：ARUP 奥雅纳工程咨询（上海）有限公司
主创设计：钟华颖
获奖情况：第九届江苏省土木建筑学会建筑创作奖一等奖

万科集团创展中心位于东莞松山湖万科集团住宅产业化研究基地内，是万科集团住宅建筑设计、住宅精装修研发与展示的基地。

参数化生成设计

适应气候特点的扭转曲面造型应用了参数化设计与程序建模，快速生成建筑形体。参数控制的构件尺寸生成程序在设计过程中多次生成整体模型，辅助设计推演。

建筑结构一体化

建筑和结构两专业一体化协同设计，采用参数化设计方法，建立共同的数据库，数据库共享生成各自专业的数字模型，部分替代两个专业之间传统的信息交换模式。建筑结构一体化精确控制了构件尺寸，为最终项目的造价控制起到了关键性作用。

本地化数控加工

项目加工建造全过程组织本地化团队共同完成，针对本地加工建造条件，参与创造改进适应性的构造设计、加工工艺与建造流程。本项目是先进的数字设计技术适应本地化加工条件的典型案例。

VANKE PLAZA SUSPENDED COFFEE HOUSE

万科广场悬浮咖啡厅

项目业主：深圳市万科房地产有限公司
建设地点：广东 深圳
建筑功能：休闲建筑
建筑面积：200平方米
设计时间：2013年
项目状态：建成
设计单位：南京大学建筑规划设计研究院有限公司
结构设计：CCDI悉地国际深圳公司
主创设计：钟华颖
获奖情况：第八届江苏省土木建筑学会建筑创作奖三等奖

万科广场悬浮咖啡厅是一个应用复杂曲面建模技术，实现高精度建筑尺度复杂造型的案例。项目的缘起是其他的造型方案加工建造遇阻，需要重新开发一套适应中等尺度复杂曲面造型的设计与加工建造方法。

面向材料与加工的曲面找型方法

悬浮咖啡厅是一个材料决定形态的设计。可塑性高并具有防火性能的纤维加强石膏材料GRG通过数控加工成型，实现无缝的光滑表面。采用T-SPLINE这一几何工具实现连续闭合的自由曲面。

二次利用的环保工艺

模具的制造与成本是复杂曲面建筑造型面临的一大难题，本项目整合与组织了基于蜡模工艺的GRG加工技术，模具进行融化以后可再次利用，减少模具材料浪费。针对模具的尺寸限制，用参数化的方法调整构件的几何尺寸。

结构表皮二次匹配技术

达成高精度复杂曲面，开发了结构表皮二次匹配技术。由结构控制线生成复杂曲面表皮，表皮产生几何变形，再由新的表皮轮廓反向推导与之适应的结构线型。该方法可以在表皮和结构之间实现多次的适配。此项操作是实现高精度复杂曲面建筑造型的核心技术和重要支撑。

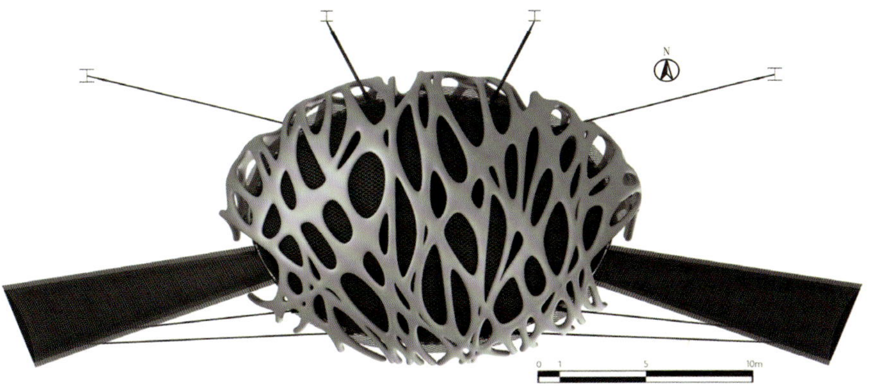
N
0 1 5 10m

SHITANG INTERNET CONFERENCE CENTER

石塘互联网会议中心

项目业主：南京江宁横溪街道
建设地点：江苏 南京
建筑功能：办公建筑
建筑面积：3 000平方米
设计时间：2016年
项目状态：建成
设计单位：南京大学建筑规划设计研究院有限公司
结构设计：上海同基钢结构技术有限公司
主创设计：钟华颖
获奖情况：第十一届江苏省土木建筑学会建筑创作奖一等奖

南京江宁石塘村的互联网会议中心，是中国乡村复兴大背景下引入大体量综合性公共建筑的一次尝试，实现了45天的快速建造。

乡村背景下的大体量公共建筑

设计以“公社礼堂”及“温室大棚”为原型，尝试重构乡土环境下的公共空间类型。设计的折叠错动单元化的屋顶造型、纤细的超细柱支撑结构与竖向木格栅围合的表皮，融入当地乡村民居与石塘竹海的肌理与触感。

45天快速建造

因互联网大会会期要求，45天实现了地上建筑建造完成。基于工业化预制拼装体系的快速建造减少环境干扰，这对乡村建造具有普遍的意义。

超细柱预制拼装体系

10米高，边长17厘米，利用预应力技术的超细柱是实现乡村传统比例的关键。以超细柱为核心的预制拼装体系异地加工，现场拼装建造，在实现45天快速建造的同时，保护与保留了现场茶园、竹海、水塘等自然地貌。

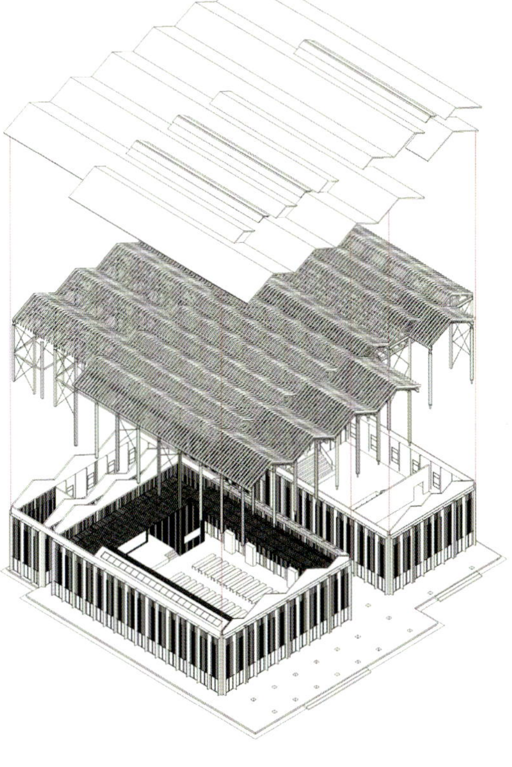

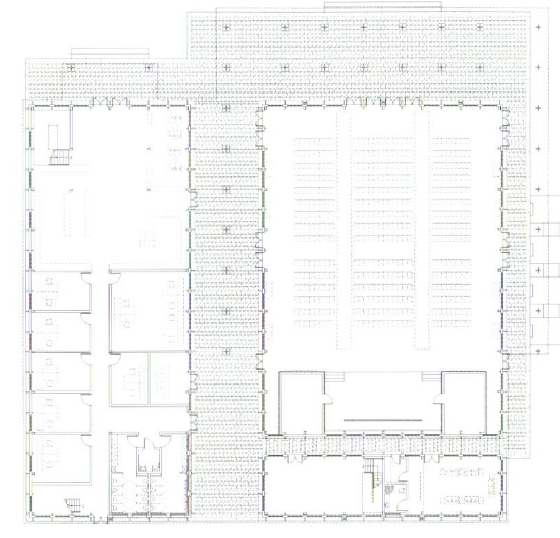

SUQIAN SANTAI MOUNTAIN FLOWER FIELD THEATER

宿迁三台山花田剧场

项目业主：三台山森林公园
建设地点：江苏 宿迁
建筑功能：文化建筑
建筑面积：3 000平方米
设计时间：2016年
项目状态：建成
设计单位：南京大学建筑规划设计研究院有限公司
主创设计：钟华颖

宿迁三台山花田剧场位于宿迁三台山森林公园，以绵延数千米的纳田花海为背景，与彩虹桥、教堂等景观建筑有机融合。

大体量自然景观建筑

3 000平方米的剧场覆盖18米舞台高度，森林公园中最大体量的单体建筑。采用自由曲面造型，透明的膜结构，花瓣状的彩色张拉膜双层遮阳系统，实现与自然景观的融合。

树状支撑的膜结构

树状单元支撑的钢结构自由曲面屋顶，树状结构最大限度地减少支撑体系对观演视线的影响，呼应森林公园的自然生态造型。透明膜提供遮蔽功能，弱化建筑体量，双层彩色膜起到遮阳效果。

自然环境中的观演体验

剧场成为纳田花海的有机组成部分，观众身处花海中观看舞台演出，表演者、观众、舞台、观众席、剧场的界限与概念得到了重新的定义。

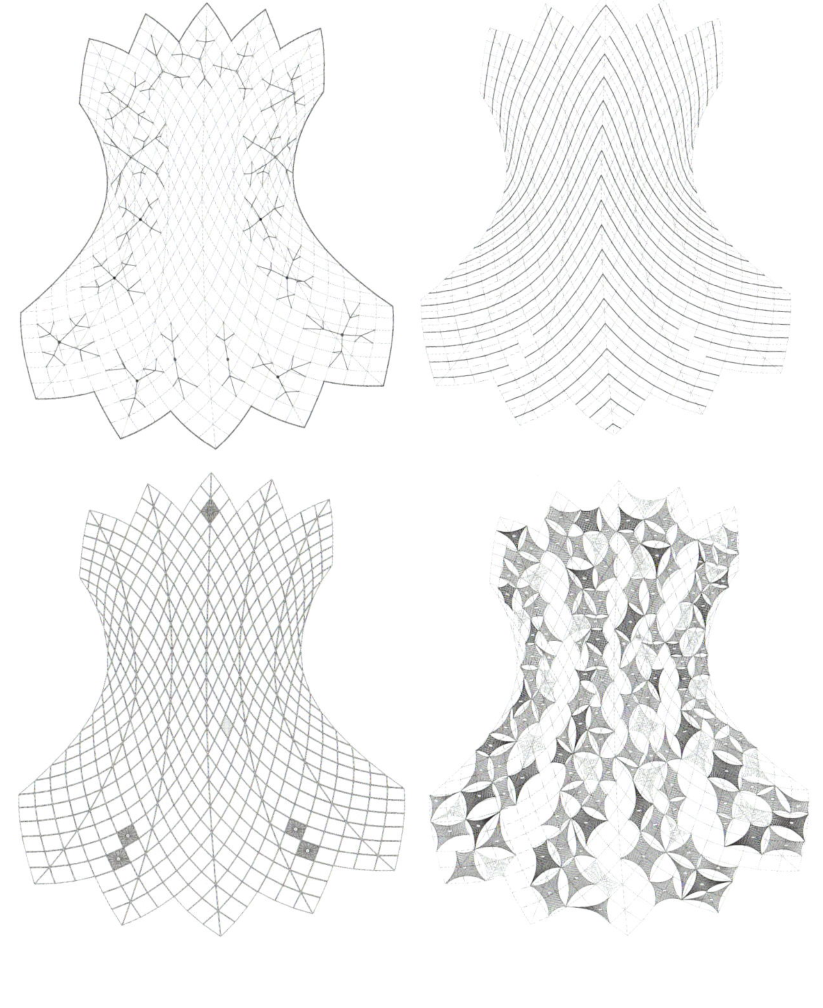

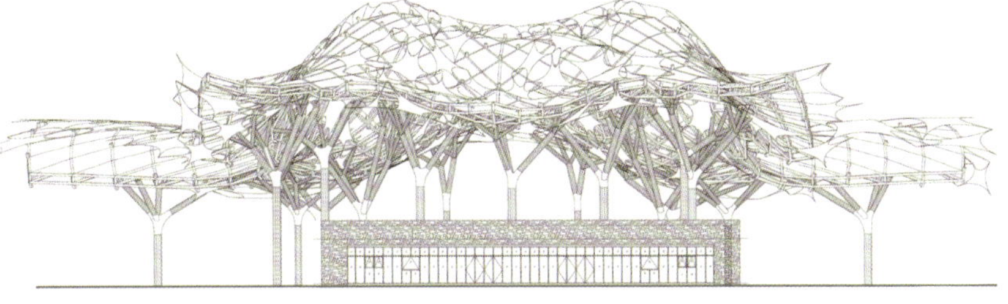

张瑞

职务：同济大学建筑设计研究院（集团）有限公司同励建筑设计院总建筑师、建筑二所所长
职称：高级工程师
国家一级注册建筑师

教育背景
1997年—2002年　哈尔滨工业大学建筑学学士
2002年—2005年　哈尔滨工业大学建筑学硕士

个人荣誉
荣获2013年设计院“吴景祥”杯优秀青年建筑师

主要获奖作品
上海世博会加拿大馆
荣获2011年上海市优秀工程设计一等奖
上海世博会日本产业馆及企业联合馆
荣获2011年上海市优秀工程设计二等奖
上海世博会企业联合馆
荣获2013年第四届中国工业建筑优秀设计奖一等奖
2015年中国建筑设计奖（工业建筑）
陆家嘴中心区地下空间开发项目（一期工程）可行性研究报告
荣获2013年上海市优秀工程咨询成果一等奖
上海瑞金宾馆新接待大楼及贵宾楼
荣获上海市白玉兰奖
2015年上海市优秀工程设计一等奖
上海嘉定保利大剧院
荣获上海市白玉兰奖、国家鲁班奖
2015年上海市优秀工程设计一等奖
2017年全国优秀工程勘察设计行业奖优秀建筑工程设计一等奖
上海保集英郡（二期）
荣获2016年上海市优秀住宅设计二等奖
2017年全国优秀工程勘察设计行业奖住宅与住宅小区三等奖

主要设计作品
上海世博会企业联合馆
上海世博会加拿大国家馆
哈尔滨国际农业博览中心
上海21世纪中心大厦
黄山元一大观希尔顿度假酒店
上海瑞金宾馆新接待大楼及贵宾楼
上海嘉定保利大剧院
郑州银基中央广场
上海万科南站商务区三期
上海浦发银行总部办公大楼
杭州银行总部办公大楼
江苏泰兴农商银行办公大楼
中石化西北局米泉基地规划及建筑设计
仪征东方曼哈顿项目规划及建筑设计
上海保集英郡一期、二期
海口汽车客运总站工程

戚鑫

职务：同济大学建筑设计研究院（集团）有限公司同励建筑设计院副院长、建筑一所所长
职称：高级工程师
国家一级注册建筑师

教育背景
1997年—2002年　同济大学建筑学学士
2002年—2005年　同济大学建筑学硕士

个人荣誉
荣获上海市重大文化设施国际青年建筑师设计竞赛（大歌剧院组）二等奖

主要获奖作品
浦东世纪花园办公楼
荣获上海市白玉兰奖、国家鲁班奖
2011年上海市优秀工程设计一等奖
2011年全国优秀工程勘察设计二等奖
上海瑞金宾馆新接待大楼及贵宾楼
荣获上海市白玉兰奖
2015年上海市优秀工程设计一等奖
上海嘉定保利大剧院
荣获上海市白玉兰奖、国家鲁班奖
2015年上海市优秀工程设计一等奖
2017年全国优秀工程勘察设计行业奖优秀建筑工程设计一等奖

主要设计作品
浦东世纪花园办公楼
上海瑞金洲际酒店
南浔开元国际度假中心
上海嘉定保利大剧院
上海嘉定保利凯悦酒店及商业文化中心
宁波南部商务区德邦总部大楼
江阴澄星花苑
江阴澄星大厦
金华皇冠假日酒店
解放军411 医院整体改扩建工程
上海华师大河口海岸大楼
海南海花岛文化娱乐城
上海市第一人民医院改扩建工程
上海市第一人民医院十三五眼科诊疗中心工程
华为杭州生产基地

同济大学建筑设计研究院（集团）有限公司
TONGJI ARCHITECTURAL DESIGN (GROUP) CO.,LTD.

地址：中国上海四平路1230
邮编：200092
电话：021-65987788
传真：021-65985579
网站：www.tjadri.com

1958年经同济大学批准，同济大学土木建筑设计院正式成立。其前身是1953年成立的同济大学建筑工程设计处。1979年经国家教委批准正式启用同济大学建筑设计研究院名称。1993年底，同济大学建筑设计研究院并入上市公司同济科技股份有限公司，成为其全资子公司。2001年3月，同济大学决定将同济大学建筑设计研究院与上海同济规划建筑设计研究院总院合并成立新的同济大学建筑设计研究院，通过股份转换，同济大学成为设计院主要持股人。2009年，更名为同济大学建筑设计研究院(集团)有限公司，这是设计院发展史上又一个里程碑式的事件。它标志着同济大学建筑设计研究院已正式进入集团化管理模式并跨入国内特大型设计单位行列，成为国内设计门类全、设计资质多、设计能力强的咨询设计单位之一。2015年ENR/建筑时报“中国工程设计企业60强”评选活动中，同济大学建筑设计研究院（集团）有限公司在民用建筑设计领域排名第二位。

SHANGHAI JIADING POLY THEATRE

上海嘉定保利大剧院

项目业主：上海保利茂佳房地产开发有限公司
建设地点：上海
建筑功能：文化建筑
用地面积：30 235平方米
建筑面积：55 904平方米
设计时间：2009年—2013年
项目状态：建成
设计单位：同济大学建筑设计研究院（集团）有限公司
项目负责人：陈剑秋
设计团队：戚鑫、张瑞

设计的主要构思是将剧院设计成为“文化的万花筒”。在这里各种经典故事层出不穷，展现出其作为非日常性的、豪华的、盛大的场所的空间特征。设计师希望将其演绎成一个崭新的、充满跃动感的空间，并将其命名为“文化的万花筒”。

在形态上，大剧场以一个100米×100米×34米的立方体形式展开，在基地中构成了中心。所谓“万花筒”是通过5组直径18米的圆筒从不同的方向与立方体相交，在保证核心观众厅功能的基础上，将光、水、风等自然要素以及周边远香湖的自然美景有机地引入到建筑内部，从而在简洁形体的内部形成了丰富变化的室内和半室外的公共空间。

在外立面设计上，清水混凝土外侧设置了单片超白玻璃幕墙，在底部和顶部开设了百叶，通过内部气流的流动，形成的空腔达到了双层幕墙绿色节能的效果。轻盈的玻璃表皮通过水面的倒影，有效地缓解了大体量清水混凝土立面的压迫感，同时通过泛光照明的衬托，使得剧院建筑的文化特质得到有力的体现。

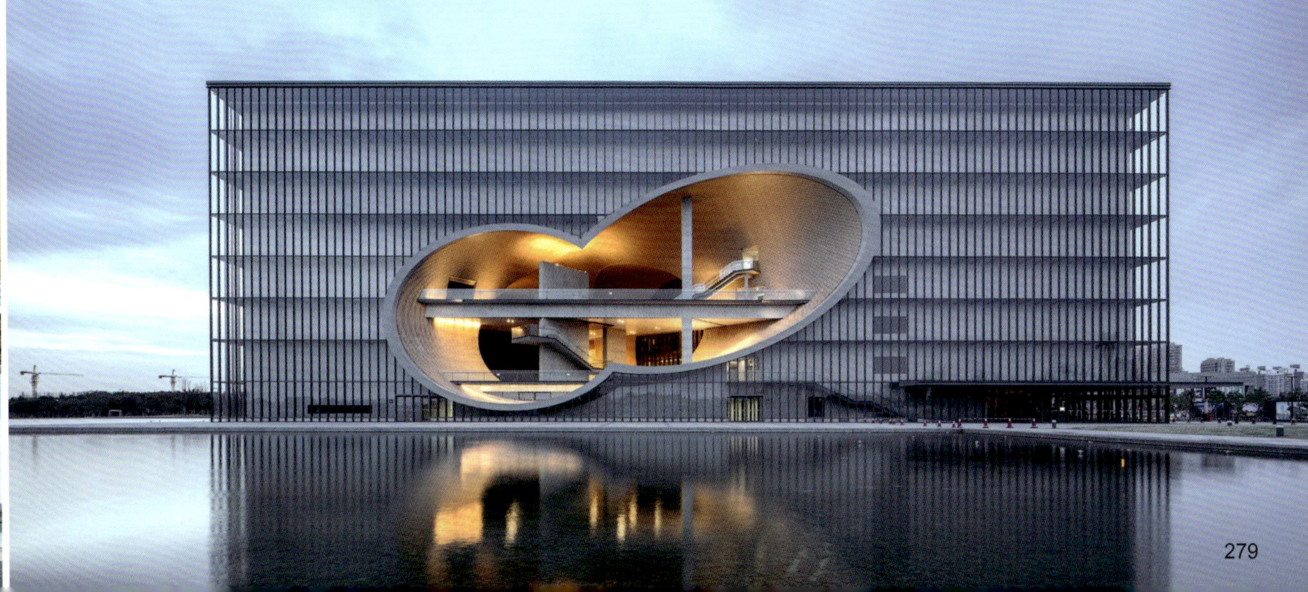

SHANGHAI RUIJIN HOTEL NEW RECEPTION BUILDING AND VIP BUILDING

上海瑞金宾馆新接待大楼及贵宾楼

项目业主：瑞金宾馆
建设地点：上海
建筑功能：酒店建筑
用地面积：51 759平方米
建筑面积：34 228平方米
设计时间：2008年—2010年
项目状态：建成
设计单位：同济大学建筑设计研究院（集团）有限公司
项目负责人：陈剑秋
设计团队：戚鑫、张瑞

项目地处历史风貌保护区，基地本身及周边地区有着丰富而悠久的历史文脉，整个内部环境清新优美。设计中坚持保护瑞金宾馆现有环境空间品质的原则，遵从保护与开发相并重的设计理念。根据瑞金宾馆内已经形成的总体布局空间氛围，对新接待大楼和贵宾楼的设计力争做到成为原有建筑和总体布局的延续和有益补充，不破坏原有的建筑风貌，不破坏原有形体组合和空间序列。

在园区改造设计中充分保留古树的景观与生态作用，并拆除临时建筑来布置绿化，使宾馆三个花园相互融合贯通，优化了园区环境。新建建筑与老建筑保持适当距离，并采取各项围护措施，加固老建筑的结构体系及更新其机电设备以适应新的功能，同时新建建筑立面形式、建筑尺度与老建筑相协调，达到了可持续发展的目的。

PUDONG CENTURY GARDEN OFFICE BUILDING

浦东世纪花园办公楼

项目业主：上海东上海联合置业有限公司
建设地点：上海
建筑功能：办公建筑
用地面积：13 443平方米
建筑面积：56 406平方米
设计时间：2005年—2008年
项目状态：建成
设计单位：同济大学建筑设计研究院（集团）有限公司
项目负责人：任力之
设计团队：戚鑫、高一鹏

项目由99.05米高的主体塔楼和多层商业裙楼组成。经过日照分析和城市设计分析，浦东世纪花园办公楼主体塔楼取36.4米见方的方形平面，沿芳甸路布设在世纪花园三期地块的北侧，与新国际博览中心超高层办公楼以及80米高的证大艺术酒店围合形成此区域的高层群体空间。三角形群体空间遥相呼应，构成未来会展商贸区的核心。

多层围合式商业裙楼完全独立于高层办公楼设于南侧，形成开放型露天社区商业中心。相对独立的地面二层、地下一层商业裙楼位于芳甸路梅花路转角，与世纪花园二期地块沿梅花路开发的商业内街衔接，较连续的商业界面奠定了梅花路作为商业步行街的基础。

SHANGHAI WORLD EXPO CORPORATE PAVILION

上海世博会企业联合馆

项目业主：上海世博土地控股有限公司
建筑功能：展览建筑
建筑面积：12 229平方米
项目状态：建成
项目负责人：陈剑秋
获奖情况：2011年上海市优秀工程设计二等奖
2013年第四届中国工业建筑优秀设计奖一等奖
2015年中国建筑设计奖（工业建筑）

建设地点：上海
用地面积：11 000平方米
设计时间：2009年—2010年
设计单位：同济大学建筑设计研究院（集团）有限公司
设计团队：张瑞、彭璞

上海世博会企业联合馆由原江南造船厂船体联合车间改建，设计秉承城市让生活更美好的理念，在原有厂房的基础上进行改造，使旧厂房建筑展现出新的光辉。加建建筑和原厂房建筑地上部分的结构基本脱离，体现了清晰的构造逻辑，也降低了改造的技术难度和施工难度。在原有厂房的柱网轮廓中，北侧两跨作为企业展馆，南侧后退25米左右作为公共通道。公共通道上方由老厂房屋顶覆盖，形成一个充满趣味的半室外等候空间。老厂房屋顶属于大跨度钢珩架结构，结构比较有规律，体现出清晰的逻辑。屋架结构构件很多，形成独特的顶视效果。新建部分采用简洁的形体，整体大气，与老建筑的细密形成强烈的对比，相互映衬，相得益彰。新建部分运用简洁的立方体穿插组合的手法，在外立面形体上体现出内部使用功能的不同。不同立方体之间互相咬合，增添了建筑的现代感。设置均匀的竖条窗形成强烈的韵律感，并与外立面彩钢板的竖向肌理一起，使整个建筑被竖向线条所包裹。

剖面图

立面图

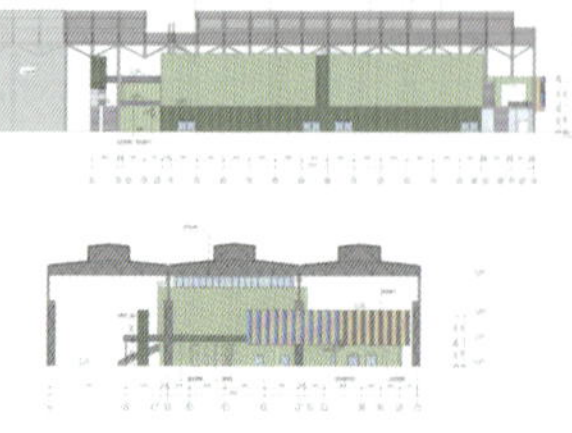

剖立面图

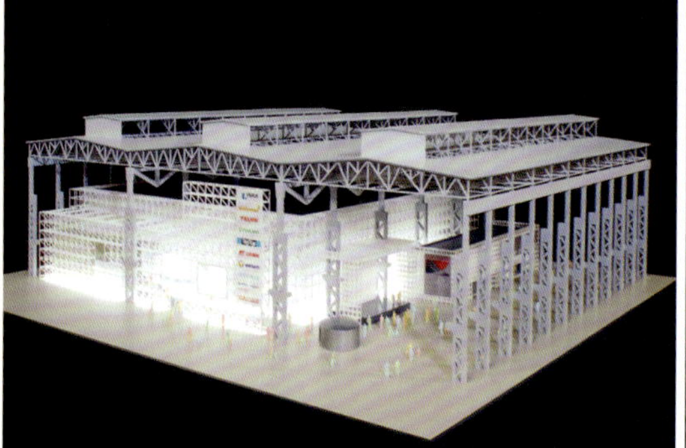

HAINAN HAIHUA ISLAND CULTURAL ENTERTAINMENT CITY

海南海花岛文化娱乐城

项目业主：儋州盛邦房地产开发有限公司
建设地点：海南 海口
建筑功能：文化建筑
用地面积：116 842平方米
建筑面积：89 968平方米
设计时间：2015年—2017年
项目状态：在建
设计单位：同济大学建筑设计研究院（集团）有限公司
项目负责人：汤朔宁
设计团队：戚鑫、师雪阳

项目定位为世界级艺术文化中心，建成后可举办大型室内外主题秀表演，歌剧、音乐剧演出、电影播放及KTV娱乐等各类型文化演艺活动。建筑包括一个1 497座的歌剧院、一个380座的音乐厅、一个可容纳400人的多功能厅，还有电影院、KTV画廊、餐厅等多种功能。文化娱乐城为海花岛打造全球最奢华、最顶级、最具魅力的高端商务与旅游度假胜地奠定了坚实的硬件基础。极致的产品策划与定位必将缔造出一场永不落幕的海上盛宴，而文化娱乐城作为这场盛宴的主角，也必将成为一座卓尔不群的海上艺术殿堂。

对于海花岛影剧院建筑群来说，从整体空间形态到复杂的钢结构设计，从BIM技术的运用到非标幕墙的设计与施工，从舞台机械配置到灯光音响以及声学的设计，无不体现出对新的美学理念和艺术价值的追求。它以自然曼妙的方式生长在岛中央，如同是对海洋生物的抽象诠释，用波浪般的自然曲线去控制建筑形体、从而和功能空间结合。

RECONSTRUCTION AND EXPANSION PROJECT OF SHANGHAI FIRST PEOPLE'S HOSPITAL

上海市第一人民医院改扩建工程

项目业主：上海市第一人民医院
建设地点：上海
建筑功能：医疗建筑
用地面积：8 329平方米
建筑面积：48 129平方米
设计时间：2012年—2015年
项目状态：建成
设计单位：同济大学建筑设计研究院（集团）有限公司
项目负责人：陈剑秋、张洛先
设计团队：戚鑫、师雪阳、温雪凌

项目位于上海市虹口区武进路86号地块，东起九龙路、北至哈尔滨路、西侧紧邻市级文保单位消防站、南侧隔武进路与第一人民医院老院区比邻。设计总床位数为300 床，手术间数25间，急诊中心设计日均就诊量1 000人次。

基地内部留存有一幢4层的虹口中学教学楼，始建于20世纪20年代，设计师对这座历史建筑进行了全方位的保护修缮和更新，既保留了其历史风貌，也保留了一段历史的记忆。同时全新的功能内核也使其焕发出新的生命，必将伴随着第一人民医院这所拥有近150年历史的老医院载入史册。

在处理医院新老院区关系时，按照"功能上互补，空间形态上引领"的原则，将新植入的功能通过跨武进路的两条空中连廊与原有老院区进行全方位的对接，为患者和医护人员提供了更加舒适和便捷的诊疗环境。新院区在规划设计时优化整合功能布局，针对原有院区医疗功能的缺失和部分功能空间面积的不足，增加了急诊室、体检中心、功能检查、病房、手术室、中心供应、血库、医疗保健等医疗空间，缓解原有院区的诊疗压力。

在建筑外观塑造上，将基地内历史建筑的比例和形制拓展并延续到新的建筑立面构成手法之中。同时在建筑立面的色彩和细节设计上也有所联系，做到新老共存，建筑形象立足于连接两座不同时间维度的建筑，通过尺度和材质的控制，形成灵动而又不失庄重的韵律。

SHANGHAI BAOJI YINGJUN(PHASE II)

上海保集英郡（二期）

项目业主：上海川杰置业有限公司　建设地点：上海
建筑功能：居住建筑　用地面积：50 077平方米
建筑面积：104 700平方米
设计时间：2012年—2014年
项目状态：建成
设计单位：同济大学建筑设计研究院（集团）有限公司
主创设计：张瑞
获奖情况：2016年上海市优秀住宅设计二等奖
2017年全国优秀工程勘察设计行业奖住宅建筑三等奖

项目位于上海市浦东新区，规划布局充分考虑基地相对规整的特点，在满足日照条件的基础上，兼顾用地经济性和均好性。住宅偏南北向布置，以建造张弛有序的建筑组团为主旨，每栋住宅都能从南向、北向或侧面享受到绿网和水网的景观资源。

设计采用目前国内一流的人居住宅设计理念，在确保建筑结构质量的前提下，优化设计降低单方造价，建造高端的住宅小区，打造舒适便捷、高品质、环保低能耗、高度智能化的综合性居住社区。

建筑造型采用英式风格特征，造型设计精细化，设计与施工密切配合，确保项目建成后的高完成度。北区花园洋房组团内的大体量绿化和南区多层住宅周边场地的精细绿化，结合高低起伏的微地形设计和植被组合，塑造富有韵味的景观。

ARCHITECTS

张彤阳

职务：合肥工业大学设计院（集团）有限公司党总支委员
综合一分院院长、院副总建筑师
职称：高级工程师
国家一级注册建筑师

教育背景
1997年—2002年 合肥工业大学建筑学学士
2002年—2005年 合肥工业大学建筑学硕士

工作经历
2005年至今 合肥工业大学设计院（集团）有限公司

个人荣誉
全国杰出中青年室内建筑师
安徽省首届青年建筑师奖

主要设计作品

安徽教育学院艺术楼	荣获2008年安徽省优秀工程勘察设计行业一等奖
中国药科大学国际学术交流与行政楼	荣获2015年安徽省优秀工程勘察设计行业一等奖
奇瑞龙凤佳苑	荣获2017年安徽省优秀工程勘察设计行业一等奖
聚落的重构——旅游度假酒店	荣获2014年环巢湖地区江淮建筑风貌设计大赛一等奖
新华学院第三食堂	荣获2017年安徽省优秀工程勘察设计行业二等奖
桐城市近郊公园规划设计	荣获2013年教育部优秀园林专业设计三等奖
安庆师范学院龙山校区行政办公楼	荣获2008年安徽省优秀工程勘察设计行业三等奖
合肥工业大学一号楼旧址公园	荣获2017年安徽省土木建筑工程创新奖（建筑创作）公共建筑一等奖
白马山度假酒店（一期）	荣获2017年安徽省土木建筑工程创新奖（建筑创作）公共建筑三等奖
霍山客运中心	荣获2017年安徽省土木建筑工程创新奖（建筑创作）公共建筑三等奖
合肥市第一人民医院门急诊住院综合楼	荣获首届安徽省建筑信息模型（BIM）技术应用大赛民用建筑类三等奖

合肥工业大学设计院(集团)有限公司
HFUT Design Institute (Group) Co., Ltd.

合肥工业大学设计院（集团）有限公司，是由成立于1979年的合肥工业大学建筑设计研究院于2017年12月整体改制而成，合肥工业大学全资企业。持有多项资质证书，包括：建筑行业（建筑工程）甲级、城乡规划编制甲级、工程咨询甲级、工程勘察专业类岩土工程甲级、工程勘察专业类工程测量乙级和劳务类（工程钻探）、风景园林工程设计专项乙级、电力行业（变电工程、送电工程、新能源发电）专业乙级、市政行业（给水工程、排水工程、道路工程、桥梁工程）专业乙级、建筑行业（人防工程）乙级、环境工程（水污染防治工程、物理污染防治工程）专项乙级、机械行业乙级、水利行业（灌溉排涝、河道整治）专业乙级，水利行业（水库枢纽、引调水、城市防洪）专业丙级、公路行业（公路）专业丙级、旅游规划设计专业丙级以及压力管道GC（GC2、GC3）、GB（GB1、GB2）等；同时可承担建筑装饰工程设计、建筑幕墙工程设计、轻型钢结构工程设计、建筑智能化系统设计、照明工程设计和消防设施工程设计相应范围的甲级专项工程设计业务；并可从事资质证书许可范围内相应的建筑工程总承包业务以及项目管理和相关的技术与管理服务。

设计院现有正高级工程师26名、高级工程师91名、工程师135名，其中安徽省勘察设计大师8名、国家一级注册建筑师23名、国家一级注册结构师20名、国家注册城市规划师20名、国家注册咨询工程师(投资) 13名、国家注册公用设备(给排水)工程师4名、国家注册公用设备(暖通空调)工程师4名、国家注册电气工程师4名、国家注册土木工程师（岩土）5名、国家注册造价工程师2名、国家注册人防工程师2名，60%以上专业设计人员具有博士或硕士研究生学历。1999年被建设部确认为全国76家骨干建筑设计单位之一。

设计院承接并完成的大量工程勘察设计项目中，曾多次获得国家和省、部级奖励，其中近三年获部级勘察设计奖项14项，省级奖项22项；近三年主编了3项国家标准、4项行业标准、13项地方标准，参编了3项国家标准、4项行业标准和6项地方标准。在全国建筑方案竞赛、投标中也多次获奖、中标。

为强化质量意识和提高设计水平，设计院定期对全体员工进行质量教育和技术培训，督促员工严格执行国家和地方有关的强制性规范、标准，精心设计，努力满足用户需求，防止和杜绝不合格品出现，保证合同履约，定期开展工程回访活动，不断改进服务质量，对工程全过程跟踪服务，对工程全面负责。1992年通过全面质量管理达标验收，2008年通过中国质量协会质量管理、环境管理和职业健康安全三项体系认证，取得质量管理、环境管理和职业健康安全三项体系证书。2009年通过安徽省高新技术企业认证评审。

设计院本着“为社会提供一流的建筑产品与服务”的宗旨，为社会提供更多、更好的高质量的建筑产品。

地址：安徽省合肥市屯溪路193号
电话：0551-62901599
传真：0551-62901599
网址：www.hfutadi.com.cn
电子邮箱：hfutadi@163.com

HEFEI UNIVERSITY OF TECHNOLOGY BUILDING 1 HERITAGE PARK

合肥工业大学一号楼旧址公园

项目业主：合肥工业大学　建设地点：安徽 合肥
建筑功能：文化建筑　用地面积：2 300平方米
建筑面积：100平方米　设计时间：2015年
项目状态：建成
设计单位：合肥工业大学建筑设计研究院
主创设计：曹磊、花竞科、张云海、吴静、陆和峰、张舒扬

1号宿舍楼位于合肥工业大学屯溪路校区，始建于20世纪60年代，按前苏联风格建造，三层红砖结构筒子楼，坡屋顶，习惯叫作“小红楼”。

场地位于学生宿舍区内，原有10栋这样的红楼，因年代久远、结构破败和校区发展需要已大都拆除。1号宿舍楼的墙基遗址被有幸保留，岁月过往，小红楼曾经承载数以千计校友的记忆。2015年又恰逢建校70周年，因此保留这块遗址并建设纪念公园就显得格外珍贵。

设计依然采用红砖这种原始材料，以原有3.9米宿舍开间为模数，保留原有建筑部分墙体及一层圈梁。设计理念从这片尘封的记忆切入，定义为“记忆之路”。以红楼的原有内走道作为主线，分四个篇章展开：记忆之门——记忆之廊——记忆之园——友谊之树。

记忆之门：从红楼的西侧走道尽头作为建筑的切入点，两侧种植浓密的绿植来强化定义入口。两侧为红砖砌筑的片墙，隐喻为建筑的“大门”，同时也打开了历史记忆之门。

记忆之廊：先抑后扬，沿着窄小的记忆之门来到记忆之廊，走廊的长宽还是原有建筑的模数设计，片墙间的宽度为当年宿舍门的宽度。校友们经过三片红色砖墙对着上面曾经的规划照片的展示墙可以驻足、交谈、回忆。廊道的端头将曾经10栋楼的模型以LOGO的形式嵌入展示墙上，既有文化意义，又有时代特色。

记忆之园：廊道走完，进入两侧树木、中间灌木辅以条凳的记忆之园。校友们走到半开放的园林散步、静坐，感慨人生，畅谈当年峥嵘岁月。

友谊之树：走出记忆之园，来到一片草地，校友们共同在这片绿地上种下常青之树，寓意友谊、生机与未来。

空间序列的变化：情景的收放

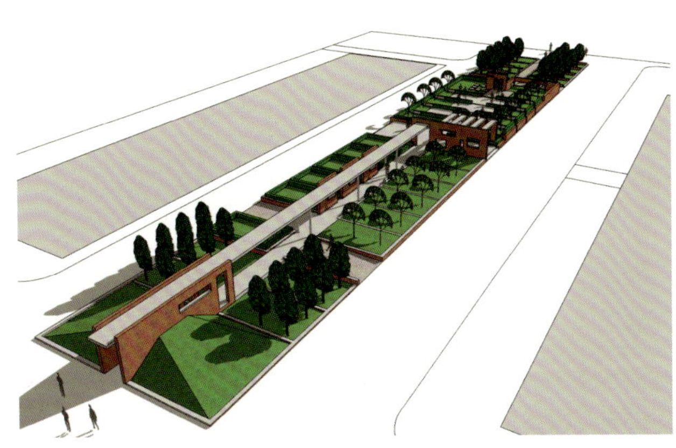

HEFEI UNIVERSITY OF TECHNOLOGY YIFU BUILDING MUSEUM

合肥工业大学逸夫建筑艺术馆

项目业主：合肥工业大学
建筑功能：教育建筑
建筑面积：31 600 平方米
项目状态：建成
主创设计：吴永发、花竞科、徐俊
建设地点：安徽 合肥
用地面积：22 900平方米
设计时间：2009年
设计单位：合肥工业大学建筑设计研究院

建筑是文化的切片、传统的积淀，更是城市的灵魂。透过建筑看到了历史，浸染了文化，了解了传统；透过建筑，历史、文化、传统得以传承。建筑师既要继承建筑文化的传统，提炼地域文化特征，创造性地发展本土文化，又要注意吸收世界文化的优秀遗产，在现代建筑中突出地方个性和多元文化元素，创作有民族和地域文化特色的建筑。

建筑总平面取自于徽州地区的“四水归堂“理念，简洁舒展的“回”字形布局围合成中间绿化休闲区，东边三层高的洞口向丽人湖敞开，建筑内院的人文景观和自然景观渗透延续，最大限度地向外展示建筑形象的同时，也激起了外界认知建筑的兴趣。建筑内部的拔风井、院落、边庭等元素形成整套建筑语言系统，诠释了徽文化建筑主题。

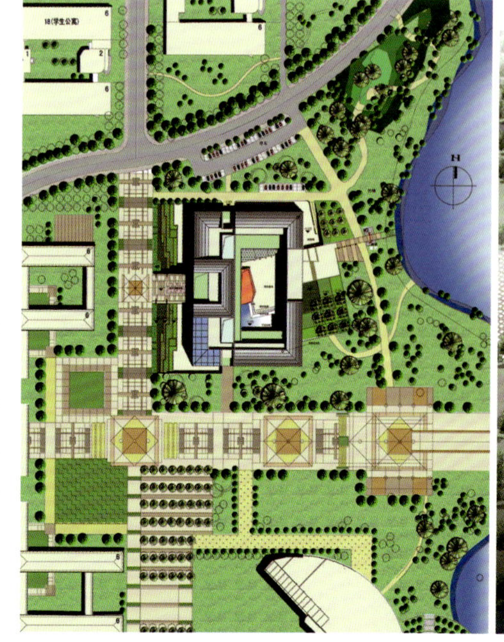

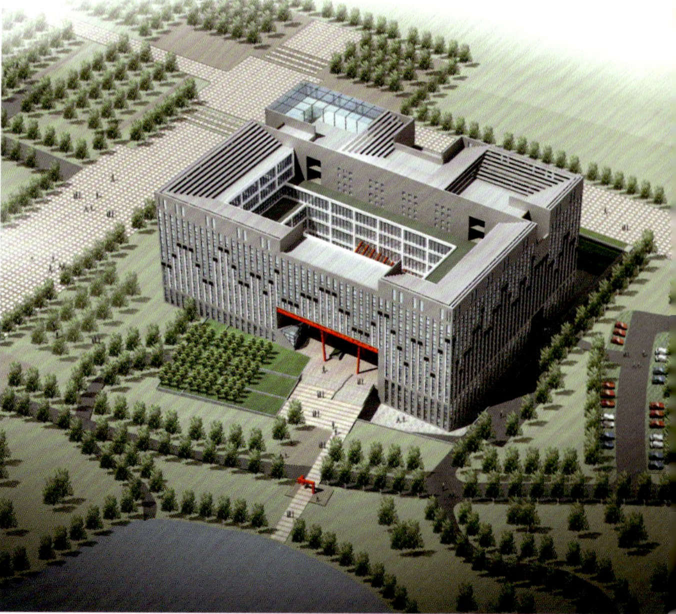

逸夫建筑艺术馆

HEFEI UNIVERSITY OF TECHNOLOGY JADE SCIENCE AND EDUCATION BUILDING

合肥工业大学翡翠科教楼

项目业主：合肥工业大学
建设地点：安徽 合肥
建筑功能：教育建筑
用地面积：41 500平方米
建筑面积：84 700 平方米
设计时间：2013年
项目状态：建成
设计单位：合肥工业大学建筑设计研究院
主创设计：曹磊、花竟科、张云海、吴静、陆和峰、张舒扬

建筑采用新简洁主义的风格，以简洁理性的立面实现功能与形式的结合。北入口标志性双塔统领着校园天际线；南侧则以百米长实验楼体量横向咬合悬挑统领校区现有建筑，以一种“校园客厅”的开放姿态面向未来，体现外向、活力、自信的校园建筑风格。

功能分析图

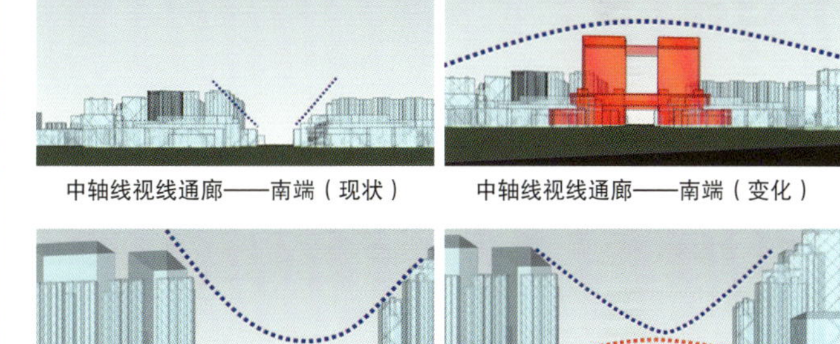

中轴线视线通廊——南端（现状）　　中轴线视线通廊——南端（变化）

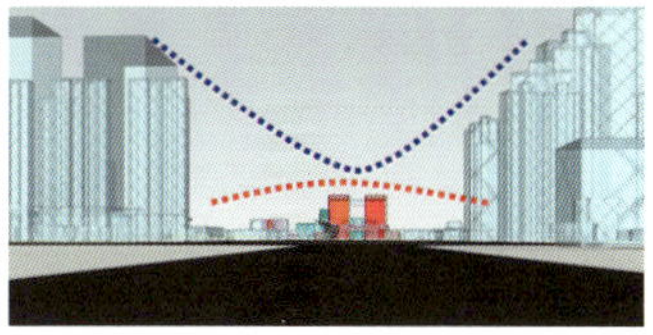

RECONSTRUCTION OF THE SETTLEMENT: TOURIST RESORT HOTEL

聚落的重构——旅游度假酒店

项目业主：合肥市规划学会、合肥工业大学
建设地点：安徽 合肥
建筑功能：酒店建筑
用地面积：460 000平方米
建筑面积：20 000 平方米
设计时间：2014年
项目状态：方案
设计单位：合肥工业大学建筑设计研究院
主创设计：曹磊、毛文清、叶萌

项目选址在环巢湖东部地区岸边，北邻长临河古镇，南邻忠庙镇，西面紧贴浩淼巢湖。构思取意聚落重构——聚落是由成组的院落构成，院落在江淮文化中具有突出的重要位置，是中心活动的场所。聚落的重构凝聚着对江淮聚落的理解与体会，创造出地域性的独特环境。整体规划上意图将酒店、民俗文化聚落、养老村、湿地公园四个组成部分打造成一个观光休闲度假的区域中心，辐射周边。

LAI'AN CULTURE AND ART CENTER

来安县文化艺术中心

项目业主：来安县文化广电新闻出版局	建设地点：安徽 来安
建筑功能：文化建筑	用地面积：33 000平方米
建筑面积：30 500 平方米	设计时间：2018年

项目状态：方案

设计单位：合肥工业大学设计院（集团）有限公司

主创设计：曹磊、邵国庆、毛文清、叶萌

来安县文化艺术中心项目构思为白鹭展翼、舞动来安。来安因白鹭享有美誉，文化艺术中心形象舒展，如白鹭展翅，“一行白鹭上青天”预示着来安展翅腾飞，一日千里的蓬勃气势。平面形如着戏服舞动的洪山戏非遗传承人，既有江淮特色，又有文化神韵。

根据城市需求，北面和西面形成两个特色广场空间，景观轴线将体块切割成南北两个相对独立的体量，内外结合，营造不同主题的市民共享空间。为呼应基地周边的城市风貌和自然景观，建筑主体向西侧延展，形成两大视窗，结合主入口，创造城市景观——下沉广场——文化中心建筑的景观轴线。

立面造型通过简单的形体去衍生、组合，整体显得简洁、明快。建筑细部采用铝合金百叶和玻璃幕墙力求体现出文化艺术中心流动韵律感和抽象构成感。在光与影、明与暗、虚与实作用下呈现出富有抽象雕塑感的形体。整个建筑造型简练中透出生动，理性中尽显浪漫。

ARCHITECTS

中國建築東北設計研究院有限公司
China Northeast Architectural Design & Research Institute Co.,Ltd

张修江

职称： 中国建筑东北设计研究院有限公司高级建筑师
国家一级注册建筑师
职务： 中国建筑东北设计研究院有限公司
主任建筑师

教育背景
1999年—2004年　兰州理工大学建筑学学士
2013年—2017年　哈尔滨工业大学建筑与土木工程硕士

工作经历
2004年至今　中国建筑东北设计研究院有限公司

个人荣誉
2016年辽宁省优秀青年建筑师
2006年—2010年多次获中国建筑东北设计研究院有限公司优秀工作者

主要设计作品及参与项目
沈阳国际皇冠假日酒店
沈阳国际展览中心
银基东方威尼斯一期工程
东大国际中心
湖武汉大学人民医院
中国医科大学新校区国际交流中心
辽宁省干部医疗中心
沈阳市胸科医院新建结核病房楼
辽宁省国际会议中心
浑南国际医院
朝阳天马时代广场
梅河口市体育馆
中国医科大学附属第一医院急诊改造工程
东北国际医院
葫芦岛市第二人民医院新建综合住院楼
葫芦岛市健康管理中心
沈阳利源轨道交通员工活动中心
中国医科大学附属第一医院眼科手术室改造工程
中国医科大学附属第一医院产科门诊改造工程
葫芦岛市第六人民医院
沈阳市安宁医院综合服务中心
深圳市公安局第三代指挥中心

获奖项目
沈阳国际展览中心
荣获2016年辽宁省优秀工程一等奖
　　2016年辽宁省第二届BIM设计大赛二等奖
浑南国际医院
荣获2016年“十二五”全国十佳医院建筑设计方案群体奖
浑南国际医院肿瘤及急诊急救中心
荣获2013年辽宁省首届BIM设计大赛一等奖
辽宁省城镇化保障性住房设计方案
荣获2010年辽宁省城镇保障性住房方案设计一等奖

主要学术论文
《医疗街——网格化医疗体系在大型综合医院设计中的适用性浅析》
《震区建筑调查与设计研究——以绵竹市拱星镇调研为例》
《浅议高层宾馆建筑的消防设计——以沈阳国际饭店的消防设计为例》
《多变空间，归隐棋盘——辽宁省国际会议中心设计浅析》
参编《卓越医院设计——“十二五”中国医院建筑设计优秀方案解析》

地址： 沈阳市和平区光荣街65号
电话： 024-23860285
传真： 024-23861440
网址： www.cscecnei.com

中国建筑东北设计研究院有限公司（以下简称“东北院”）系国家大型综合建筑勘察设计单位，始建于1952年，隶属于中国建筑工程总公司世界500强企业。

东北院具有建筑行业建筑工程甲级、人防工程乙级、工程勘察（岩土勘察、水文地质勘察、测量）综合甲级、市政公用行业给水工程甲级、热力工程甲级、排水工程乙级、道路工程乙级、桥梁工程乙级、风景园林甲级、建筑装饰甲级、建筑幕墙甲级、商物粮行业乙级等勘察设计资质，还具有地质灾害勘察与地质灾害设计乙级、城乡规划乙级及工程咨询、造价咨询、工程监理、施工图审查、建筑装修装饰施工、地基与基础施工专业承包一级及对外承包工程等多项资质。

公司在沈阳总部设有6个综合设计院，在深圳、大连、北京、上海、郑州、重庆等地设有6个区域设计院以及福州分公司、厦门分公司。现有员工2 100人，其中国家建筑设计师1人、辽宁省设计师12人、享受国务院政府特殊津贴专家16人、一级注册建筑师78人、一级注册结构工程师70人、其他注册工程师198人。

近年来，连续获中国勘察设计协会“优秀勘察设计院”奖，被中国建筑学会评选为“当代中国建筑设计百家名院”，BCI Asia“TOP10中国十大建筑设计公司”等荣誉称号。

SHENYANG INTERNATIONAL EXHIBITION CENTER

沈阳国际展览中心

项目业主：沈阳展览中心筹建办公室
建筑功能：展览建筑
建筑面积：168 000平方米
项目状态：建成
设计单位：中国建筑东北设计研究院有限公司
设计团队：薛晓雯、张修江、李雨玲等

建设地点：辽宁 沈阳
用地面积：959 000平方米
设计时间：2010年

沈阳国际展览中心坐落于沈阳市苏家屯会展路9号。展馆按照国际专业化水准进行设计和建设。中心主体结构由8个单层、无柱、大跨度独立展厅组成，每个展厅面积1.32万平方米，可设625个国际标准展位。室内展馆由东西两侧各4个展厅组成，中间由双层连廊衔接，总体可容纳5 000个国际标准展位。

沈阳国际展览中心以举办国内外大型综合展会和专业博览会为主，可提供商务、办公、运输、仓储、搭建、广告、会议、住宿、餐饮等配套服务，中心设有同声传译、远程监控运营等现代化系统，具有较高的国际化、智能化水准，中心整体规模位居东北首位。

SHENYANG INTERNATIONAL CROWNE PLAZA

沈阳国际皇冠假日酒店

项目业主：沈阳国际饭店有限责任公司
建设地点：辽宁 沈阳
建筑功能：酒店建筑
用地面积：9 110 平方米
建筑面积：48 987 平方米
设计时间：2008年
项目状态：建成
设计单位：中国建筑东北设计研究院有限公司
设计团队：郜斌、张修江、魏莱、郑重

沈阳国际皇冠假日酒店位于沈阳市黄河大街与泰山路交会处，为商务办公中心区。酒店主体建筑地上19层，共300套客房。建筑设计灵感来源于“钻石”，整体形象采用了类似水晶的几何元素特征，以旋转45度的立方体为母题，将建筑的裙楼与主楼有机地联系为一个整体，形成建筑顶部特有的极具变幻效果的天际轮廓线。标准层平面采用“钻石”形状为设计手法，将各客房的边缘线做成折线，带来不一样的入住体验。通透的建筑形体结合棱角分明的造型，成为该区域的标志性建筑，形成城市一道亮丽的风景。

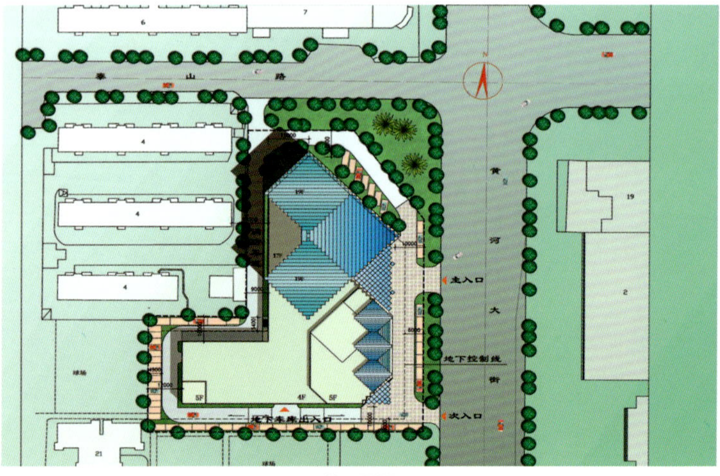

总平面图

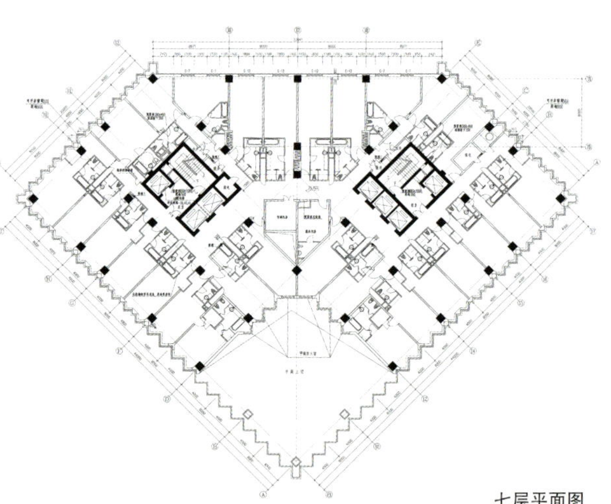
七层平面图

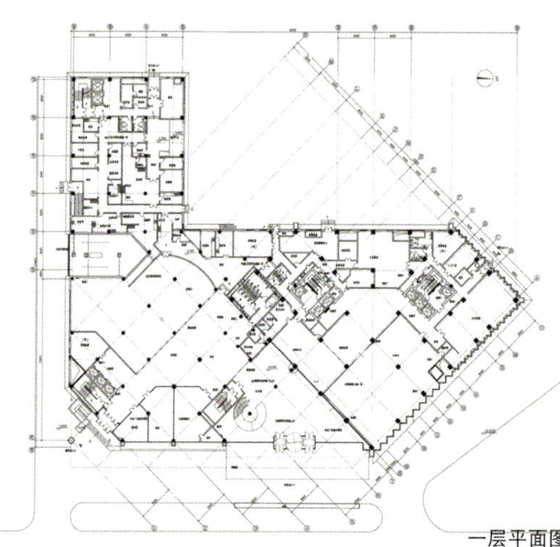
一层平面图

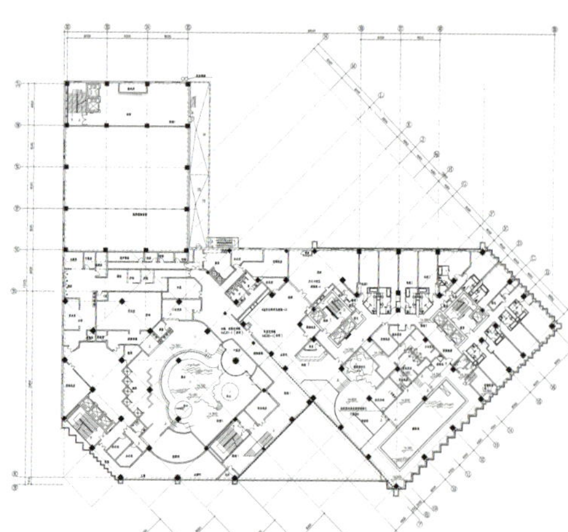
四层平面图

CROWNE PLAZA

PLAZA

LIAONING INTERNATIONAL CONFERENCE CENTER

辽宁省国际会议中心

项目业主：沈阳绿地置业有限公司
建设地点：辽宁 沈阳
建筑功能：会议中心
用地面积：53 945平方米
建筑面积：35 065平方米
设计时间：2011年
项目状态：建成
设计单位：中国建筑东北设计研究院有限公司
设计团队：张修江、刘洋、倪兵华、宗旭才

辽宁省国际会议中心坐落于沈阳棋盘山风景区，作为辽宁最高规格的国宾接待中心、第十二届全运会接待中心、对外国际交流及国际会议中心，配套设施齐全，采用传统汉唐建筑设计风格，用现代建筑手法，塑造了庄重典雅的建筑造型。设计理念新颖别致，结合中国传统建筑形式，借鉴汉唐建筑风格，用新的建筑文化语言去承载关于中式汉唐的记忆。运用现代建筑技术，设计了坡屋顶、大檐口，简洁大方，错落有致，与周边山区环境遥相呼应。汉唐文化的大气与厚重通过方正的造型母题、低调沉静的色调、舒展的屋顶及细部精巧的线条呈现。整体形象稳重典雅，用横轴、纵轴的围合陪衬手法，使会议中心渗透出汉唐宫殿的气魄，宏伟而优雅，将建筑与周围的山水完美地融为一体，成为沈阳又一特色建筑。

会议中心
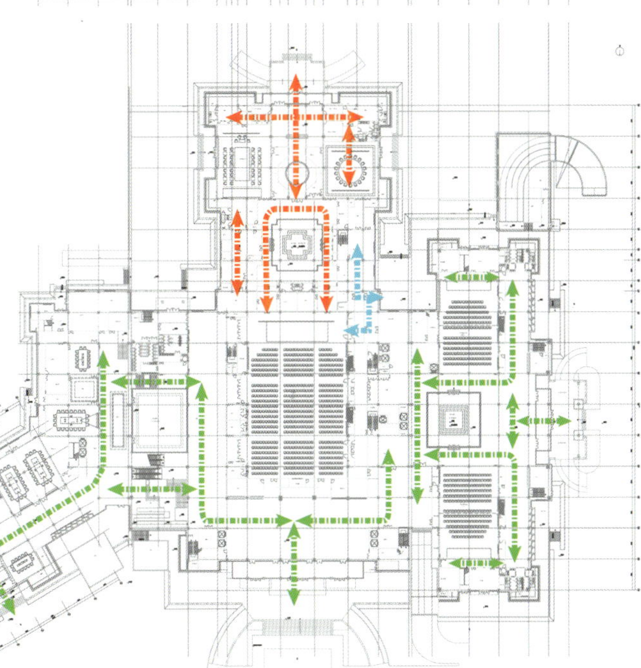

HUNNAN INTERNATIONAL HOSPITAL

浑南国际医院

项目业主：中国医科大学附属第一医院
建设地点：辽宁 沈阳
建筑功能：医院建筑
用地面积：110 230平方米
建筑面积：220 348平方米
设计时间：2013年
项目状态：在建
设计单位：中国建筑东北设计研究院有限公司
设计团队：李强、张修江、韩兆华、柳虹玉
任德元

浑南国际医院的设计采用对各中心设置独立的出入口，并直接与城市道路连接的设计理念，解决了大型医院人流量过大，盲目性较强的弱点，使得患者和工作人员流线便捷高效。医技平台位于医院的核心位置，既有效连接了各医疗中心，又大大缩短了各中心之间的交通距离。浑南国际医院的规划设计从多功能的现代医院出发，强化医院各个专业医疗中心的特色，使得各中心既能高效独立运行，又能全面协调服务于患者。建筑设计为每位患者和每位医疗工作人员提供舒适、人性化的医疗和工作环境。设计通过开放的医院组成，既加强了内部各功能区的联系，也为生活和工作在此的每一个人提供更加优质的服务。

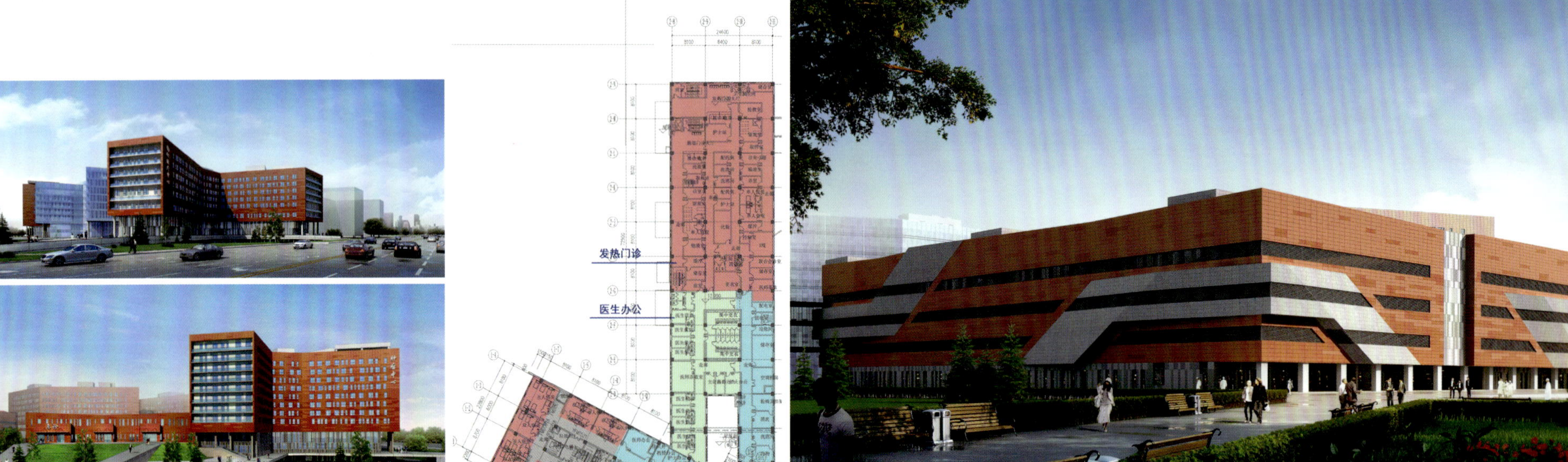

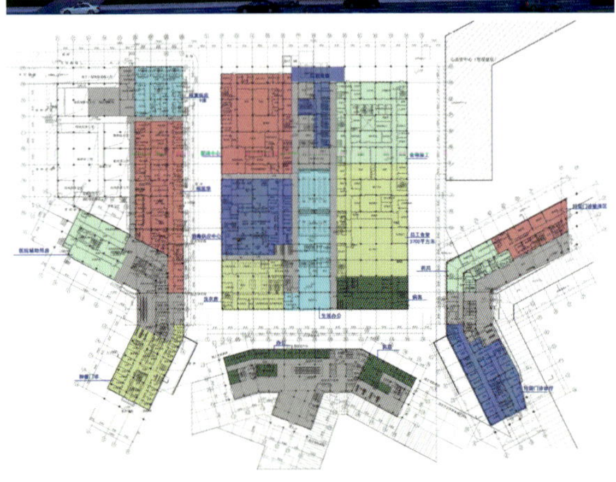

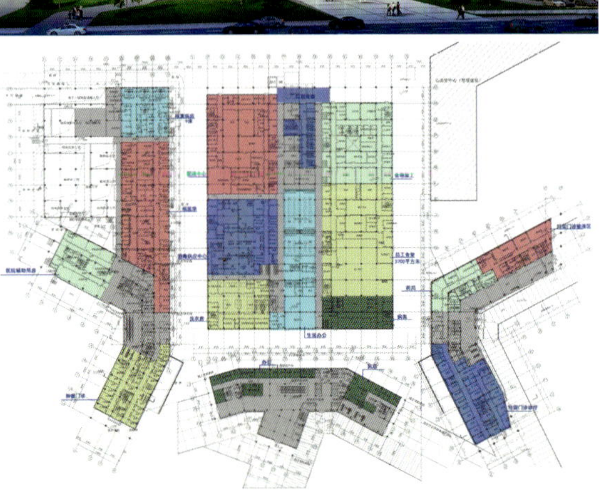

NORTHEAST INTERNATIONAL HOSPITAL

东北国际医院

项目业主：中国中一集团
建设地点：辽宁 沈阳
建筑功能：医院建筑
用地面积：44 993平方米
建筑面积：297 112平方米
设计时间：2016年
项目状态：建成
设计单位：中国建筑东北设计研究院有限公司
设计团队：李强、张修江、耿海涛、李尧、孙榕、李大海
柳虹玉、任凭、隋冰、韩兆华、沈昕璞

沈阳东北国际医院是特大型综合医院，是沈阳地区最大的私营综合医院，为浑南、沈阳、辽宁乃至东北提供强有力的医疗服务保障。整个建筑综合体功能齐全，成为一艘现代化城市医疗保障的航空母舰。本工程为改扩建项目，原建筑为酒店、办公、会议综合体，主体建筑已经封顶，改造难度很大，工期紧张。

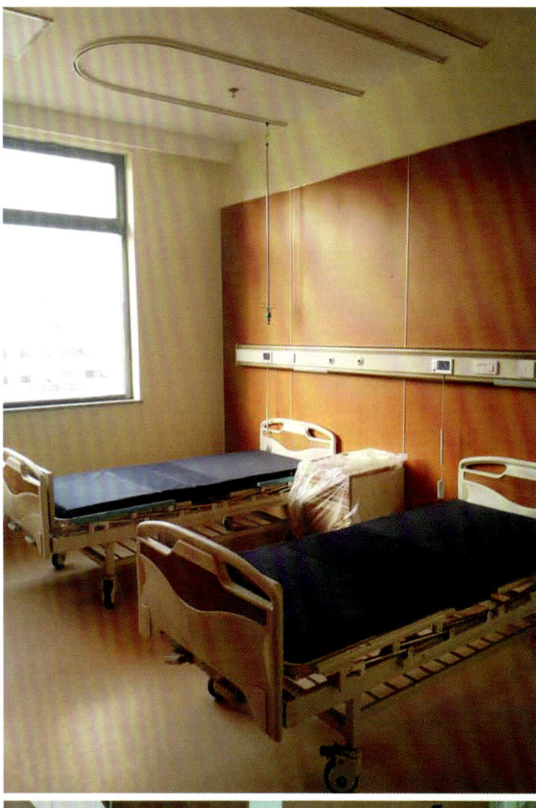

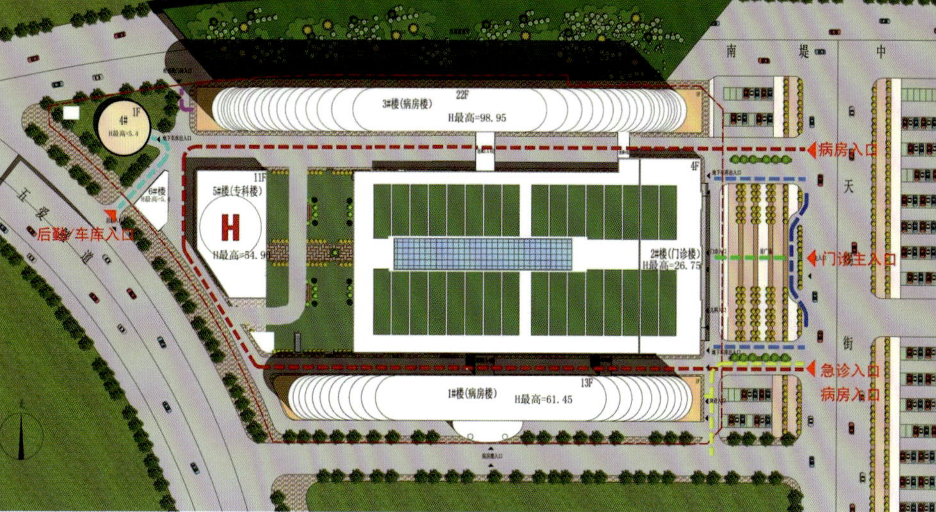

张义忠

职务： 河南大学土木建筑学院建筑系主任
九州工程设计有限公司建筑师
河南省土木建筑学会中原建筑文化研究中心主任
开封市城市规划评审专家组成员
中国建筑学会会员

职称： 教授
高级工程师
国家一级注册建筑师

教育背景

1988年—1992年 河南大学工艺美术与建筑工程系学士
1991年—1992年 西安冶金建筑学院建筑系借读

工作经历

1992年至今 河南大学土木建筑学院建筑系
2006年至今 九州工程设计有限公司（原开封市建筑设计院有限公司）

个人荣誉

2017年 中共开封市委和开封人民政府颁发的开封市创建国家园林城市“先进个人”
2014年 第十届中国建筑学会青年建筑师奖
2010年 河南省文物管理局颁发的第三次全国文物普查“先进个人”

主要设计作品

朱仙镇启封故园状元街民宿　　老子故居
虹桥商城　　陈星聚纪念馆
杨再兴陵园　　淅川丹密仙庄会仙楼
正阳古佛寺　　河南大学南大门保护扩建
开封清明上河园
开封府校场楼　荣获2004年中国建筑装饰协会颁发的全国建筑工程装饰奖
窑洞春天　荣获2006年河南省优秀勘察设计一等奖
书店街改造　荣获2013年河南省建设工程“中州杯”奖

主要测绘项目

河南留学欧美预备学校旧址——大礼堂　　开封繁塔
天主教河南总修院　　周口关帝庙
尉氏刘青霞故居　　巩义康百万庄园
朱仙镇关帝庙、岳飞庙　　浚县大伾山与浮丘山古建筑群

建筑思想

张义忠先生始终坚持理论与实践相结合，在建筑设计中不断发扬传统，传承经典，发展创新。从专业实际出发，坚定不移地沿着“产、学、研”一体化道路前进。设计以仿古建筑项目为特色，以仿宋式建筑为龙头，本着“三个一”目标（做一个工程、写一篇文章、报一个奖励或课题），积极且有选择地承担工程项目，走出一条地域民族文化建筑复兴之路。

20多年来主持完成包括开封府重建工程、巩义康百万庄园保护规划、鹿邑老子故居规划设计、开封书店街传统街区升级改造等工程项目40余项，其中“窑洞春天”荣获河南省优秀勘察设计一等奖，并收录于《河南省社会主义新农村村庄住宅示范图集》；完成河南省重点科技攻关计划项目1项，出版《中国古代建筑艺术鉴赏》《河南大学校园百年建设史》专著两部，撰写科研论文20余篇，其中《开封“新宋风”城市理念探究》荣获河南省繁荣建筑设计创作优秀论文一等奖。

九州工程设计有限公司（以下简称公司），系国家工商总局注册单位，坐落在国家郑州航空港区，于1956年成立，属国家甲级建筑工程设计、勘察单位。主要业务范围为：建筑工程设计，装饰工程设计、环境工程设计、建筑幕墙设计、钢结构设计、建筑智能化系统设计、照明工程设计和消防设施设计；建筑技术咨询、生物工程技术咨询、工程造价咨询、投资咨询；工程招标代理；节能环保新材料的技术研发、技术咨询、技术服务、技术转让、技术推广服务；环保设备及配件的生产、安装、销售；电气设备、电力设备、普通机械设备及配件的开发、销售及技术服务；计算机硬件的开发；合同能源管理服务；非学历短期培训；钢材、建材销售；岩土工程勘察设计、岩土工程治理、工程监理、工程钻探等。

公司现有专业设计人员47名，其中注册建筑师、注册岩土工程师、注册结构工程师、注册电气工程师、注册给排水工程师、注册暖通工程师等共16名，高级工程师19名，工程师24名。

公司技术力量雄厚，专业工种配套齐全，能承担各类工业与民用建筑工程勘察、设计，并提供建筑、结构、电气、给排水、热工、空调、制冷等专业设计和技术咨询及岩土工程勘察、工程概预算等业务。本公司坚持以质量求生存，以信誉求发展，本着团结、协作、诚信、求实发展的原则，全心全意为客户服务。

近年来，公司先后完成了党政机关、文教卫生、纪念旅游、住宅小区开发等标致性建筑的勘察、设计。其中开封清明上河园、开封市老干部活动中心、开封包公祠、相国寺大市场、开封府、开封市青少年活动中心、开封宾馆、开封市第一人民医院病房楼、大梁门、河南大学附属中学综合教学楼、十一化建公司职工活动中心、郑州大学、开封御街、社会主义新农村住宅优秀设计方案——窑洞春天等40余项工程分别获得了部级、省级、厅级、市级奖励。开封清明上河园荣获2016年河南最美建筑一等奖，论文《开封“新宋风”城市理念探究》于2013年获河南省住房和城乡建设厅“关于征集繁荣我省建筑设计创作论文”活动的一等奖。

九州工程设计有限公司技术装备和设计手段先进，管理机制适应市场竞争要求，质量保证体系健全，坚持创新和诚信原则，树立全新的勘察设计理念，竭诚为广大用户服务。

地址： 河南省郑州市经济技术开发区经北一路10号院
电话： 0371-60908603
传真： 0371-60908673
网址： http://zhengzhou0273869.11467.com
电子邮箱： sjy60908603@126.com

GUESTHOUSE OF ZHUANGYUAN STREET AT QIFENG GUYUAN OF ZHUXIAN TOWN

朱仙镇启封故园状元街民宿

项目业主：朱仙镇文化旅游股份有限公司
建设地点：河南 开封
建筑功能：商业建筑
用地面积：1 500平方米
建筑面积：1 644平方米
设计时间：2016年
项目状态：建成
设计单位：九州工程设计有限公司
主创设计：张义忠

启封故园是朱仙镇国家文化生态旅游示范区，为省、市重点旅游项目。该项目位于开封市朱仙镇北侧、开尉路以西、运粮河两侧，总占地5 000亩（1亩=667平方米）。

项目规划分为古镇风情展示区、环湖风景游览区、温泉休闲度假区、古战场文化体验区、生态农家体验区、文化创意养生区、生态湿地体验区、生态林地观光区等8个功能区。

状元街民宿位于古镇风情展示区，属一期打造的重点工程之一。该建筑为两层砖木混合结构，形式以晚清徽商建筑为蓝本，以《营造法原》为基础，结合现代旅游民宿功能，打造小规模旅店建筑特色。

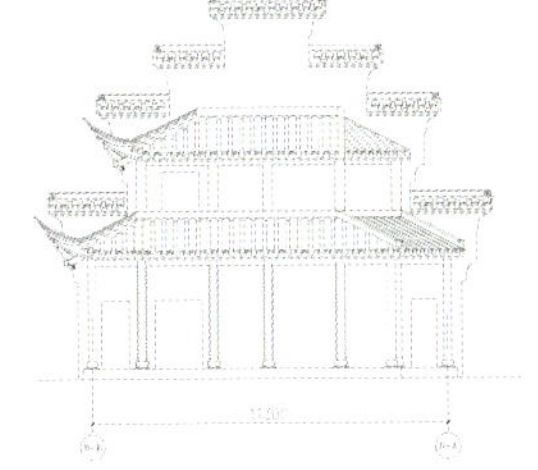

轴线D-E至轴线D-A侧立面

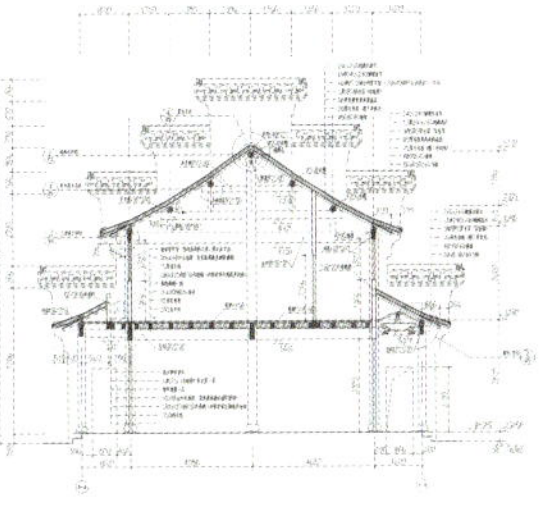

2-2剖面图

15-15剖面图

正立面图

LAO TZU HOMETOWN

老子故居

项目业主：鹿邑太清宫管理委员会
建设地点：河南 鹿邑
建筑功能：文化建筑
用地面积：20 327平方米
建筑面积：1 895平方米
设计时间：2007年—2007年
项目状态：建成
设计单位：九州工程设计有限公司
主创设计：张义忠

老子故居的规划设计属逆向思维方式的产物。历史文化名人的思想、哲理的产生必根植于其生活的社会环境与自然空间；反过来，思想与哲理又会在他生活居住的空间场所里得到体现，二者之间潜移默化的影响是客观存在的，这是中国人习以为常的辨证思维模式。

老子故居的规划设计止是运用这种辨证的、逆向的思维方式，使老子当年居住空间场所、生活场景得以“复原”再现，尽可能接近老子所处时代的社会风土人情以及春秋战国那个时代的社会文化现象，诠释老子“形神相依、无为而治、上善若水、有无相生”的哲学思辨。老子所处时代农耕井田制已基本瓦解，封建土地私有化已基本形成，老子又曾出任周朝史官。因此，他所处的社会环境与家庭“门第”观念决定其居住宅院区别于王廷贵族与一般庶民宅院。本项目设计过程诠释了建筑创作从意识形态到物质形态的转换过程。

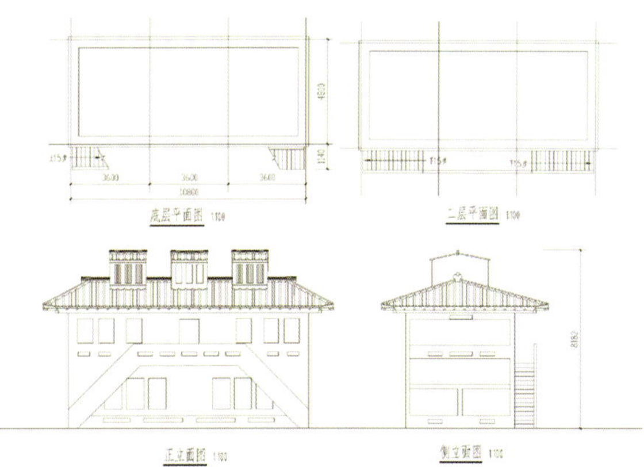

仓楼图

南立面图

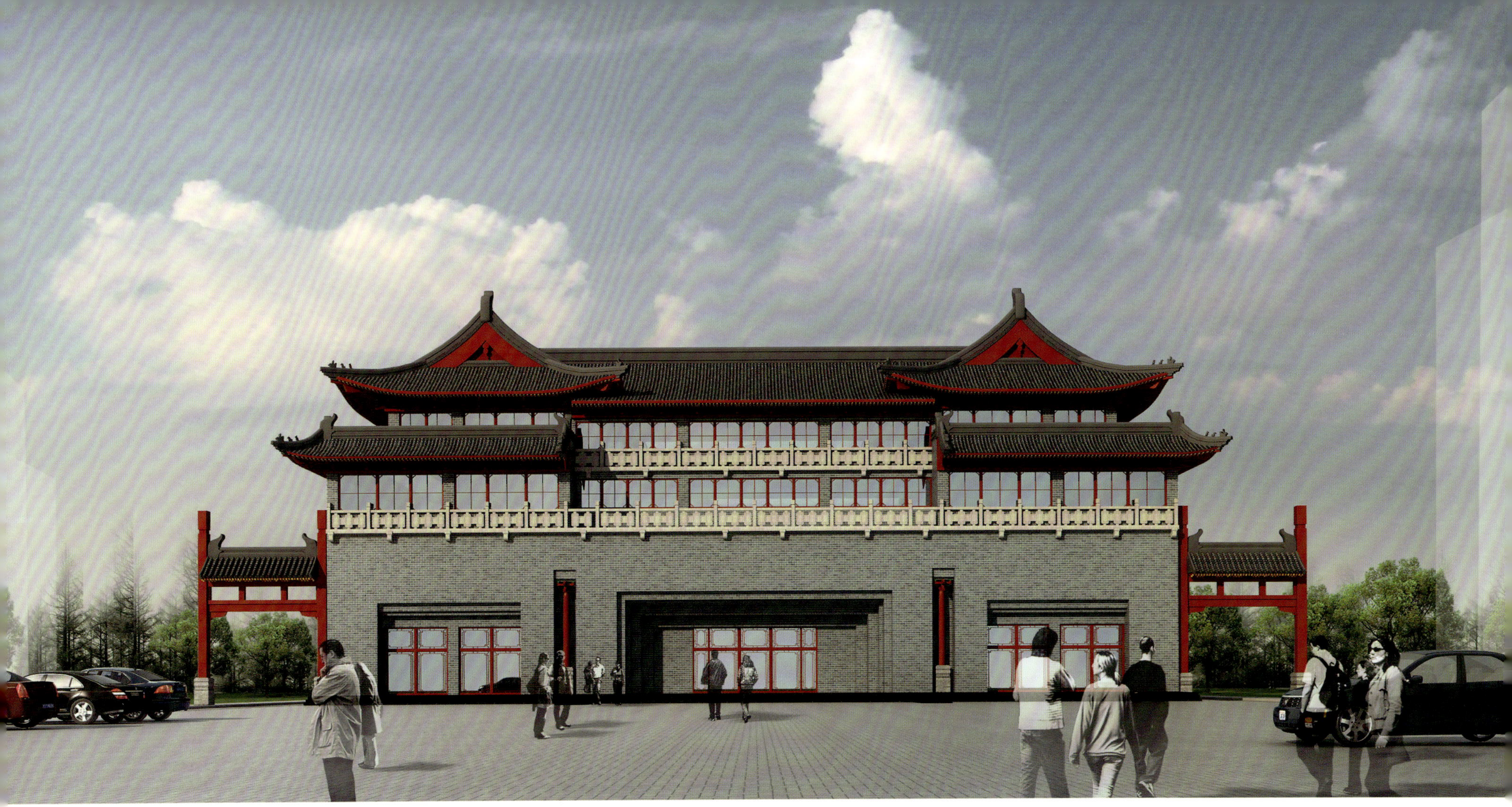

HONGQIAO SHOPPING CENTER

虹桥商城

项目业主：开封市世纪阳光实业有限公司
建筑功能：商业建筑
建筑面积：9 722平方米
项目状态：建成
设计单位：九州工程设计有限公司
主创设计：张义忠
建设地点：河南 开封
用地面积：4 673平方米
设计时间：2012年

“新宋风”作为一种设计理念，是开封特定地域建筑风格的定位，是将宋代建筑的设计思想和具体方法进行整合，因地制宜地应用到现代建筑设计中去，形成符合时代要求的“彰显宋韵”的建筑风格，体现历史积淀和城市个性，找回历史记忆，顺应现代人的归宿感、时代感，达到新老城区的风格协调，赋予城市鲜明性格，彰显城市整体之美。

开封作为古都，其中北宋文明远播海内外，成为当时世界文明的中心，作为面向世界的历史文化名城，特别定位为一个国际化旅游大都市，鲜明的城市建筑特色是立足于世界文化之林的基础。大宋文化是中国传统文化的精髓，更是开封城市建筑的优势，自然成为城市建筑文化特色的必然选择。该项目位于开封市千年未变的城市中轴线一侧，在满足现代商业需求的同时，体现文化涵养的“新宋风”是该项目造型的客观定位。

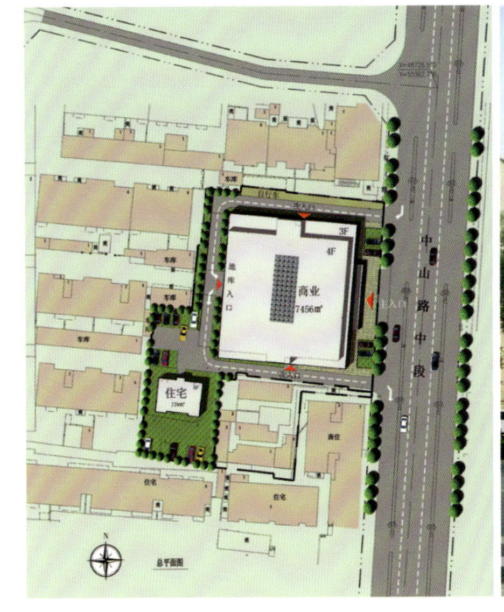

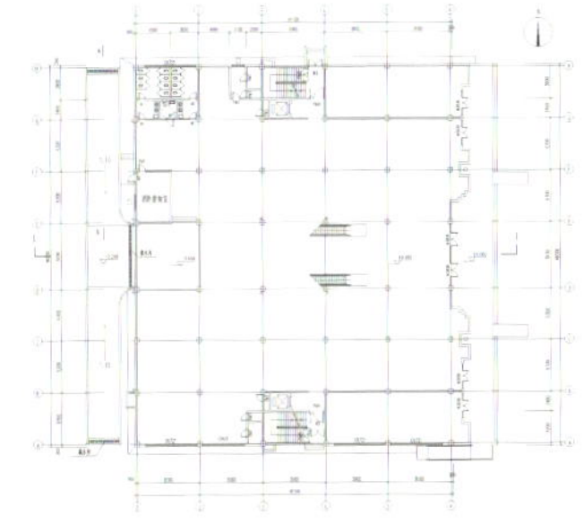

平面图

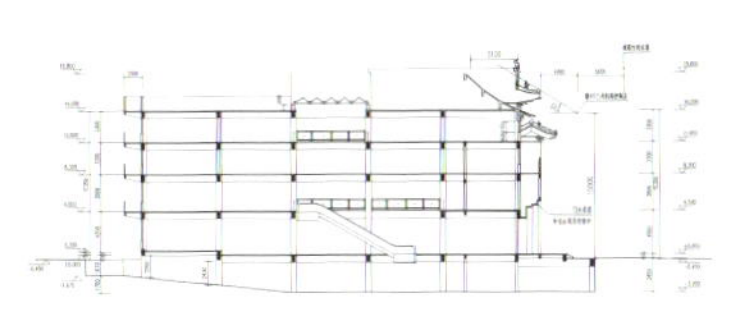

剖面图

立面图

KAIFENG PREFECTURE DRILL GROUND

开封府校场楼

项目业主：开封府旅游开发公司
建设地点：河南 开封
建筑功能：文化建筑
用地面积：13 320平方米
建筑面积：1 306平方米
设计时间：2011年
项目状态：建成
设计单位：九州工程设计有限公司
主创设计：张义忠
获奖情况：2004年中国建筑装饰协会颁发的全国建筑工程装饰奖

开封府作为“天下首府”，是宋文化的集中体现地。开封府的重建工程正是在找准了其宋文化定位的基础上开启建造的。开封府是一个现代人造的仿宋式建筑的典型案例。

校场楼属开封府项目的有机组成部分，功能为包公迎宾的一个表演舞台。建筑外观采用歇山勾连式组合，整体为钢筋混凝土框架结构，舞台台口处因功能需要采用减柱造，为保持传统木结构的效果，将前檐下的普拍枋、阑额由额垫板设计成变截面薄腹梁，有效地解决结构问题。

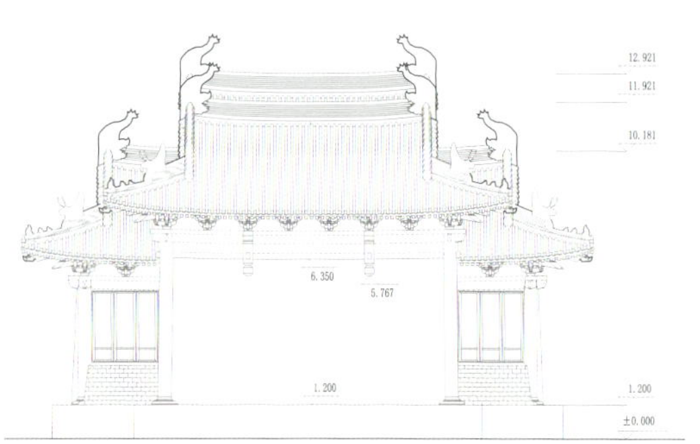

正立面图

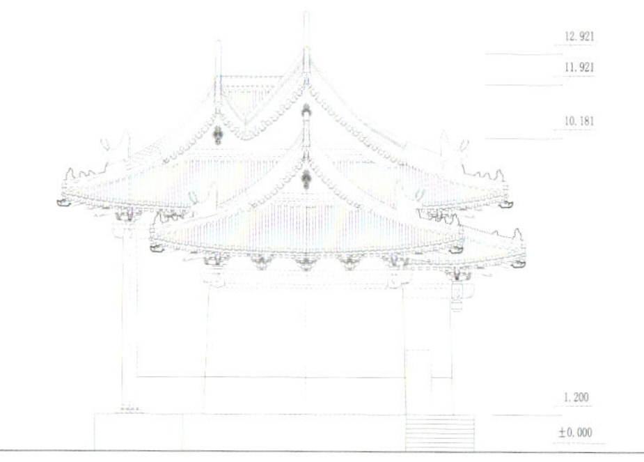

侧立面图

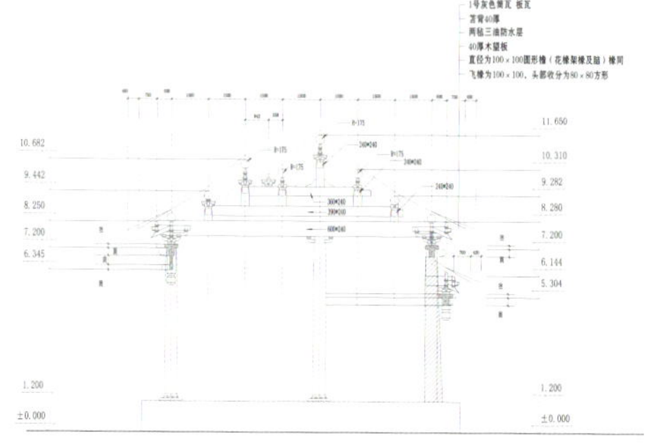

横剖面图

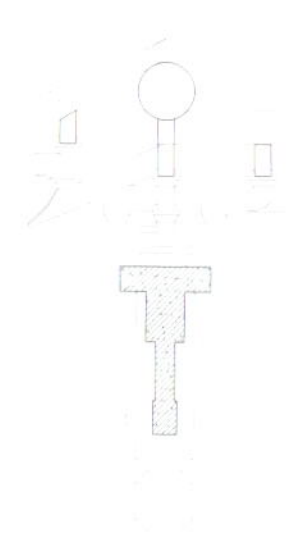

局部细节图

RECONSTRUCTION OF BOOKSTORE STREET

书店街改造

项目业主：开封市人民政府
建设地点：河南 开封
建筑功能：商业建筑
用地面积：15 000平方米
建筑面积：15 600平方米
设计时间：2009年
项目状态：建成
设计单位：九州工程设计有限公司
主创设计：张义忠
获奖情况：2013年河南省建设工程“中州杯”奖

书店街位于开封市古城中心商业区，是我国唯一以书店命名的街道。其历史可上溯到北宋时期，明代时称为大店街，店铺云集，为全城最繁华的街市之一。清乾隆时该街道因经营书籍及文房四宝闻名，正式称为书店街。

书店街分南北两段，总长度620米。书店街大部分建筑是清末民初的阁楼式建筑，朱栏雕窗、坡顶花脊、古朴典雅。还有部分是中西合璧建筑，精巧别致、逸趣横生。美轮美奂的古建长街，显示着开封文化的独特魅力。本次修缮改造本着保护历史建筑原风貌，着力展示大宋古都历史文化，将古街保护和旅游景区建设相结合，重现以品赏展销书刊字画、文房四宝为主要特色的历史文化名街风貌。

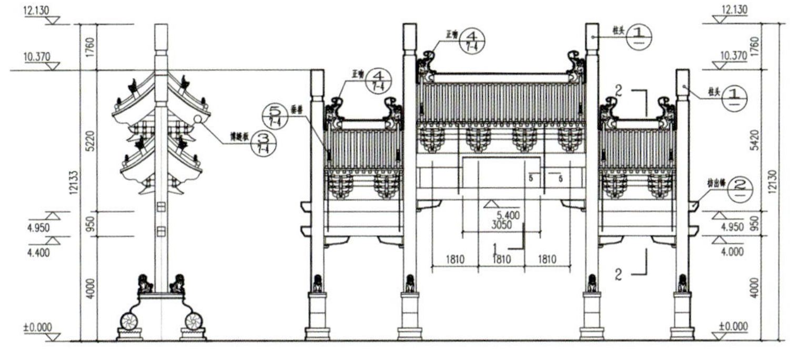
侧立面图　　正立面图

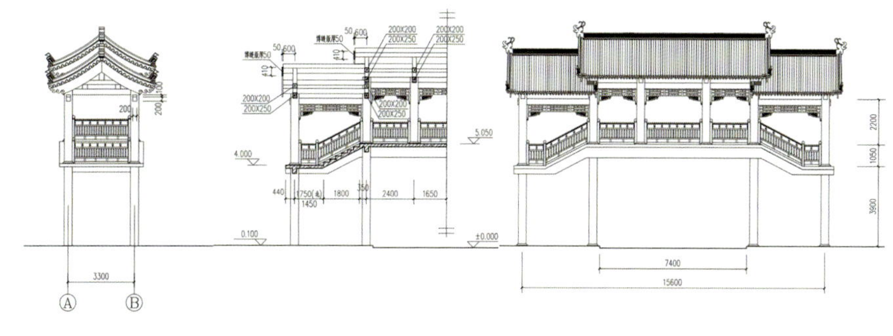
侧立面图　　剖面图　　正立面图

YANG ZAIXING CEMETERY

杨再兴陵园

项目业主：临颍县文化旅游产业开发公司
建设地点：河南 临颍
建筑功能：文化建筑
用地面积：12 000平方米
建筑面积：736平方米
设计时间：2010年
项目状态：建成
设计单位：九州工程设计有限公司
主创设计：张义忠

小商桥景区目前为4A级景区。区内小商桥始建于隋开皇四年（584年），现桥主体结构属北宋建筑风格。景区内的杨再兴陵园是为纪念南宋抗金名将岳飞的部将杨再兴而建。本项目包括山门、东配殿、石牌坊三座单体建筑，建筑采用木结构，宋式风格。

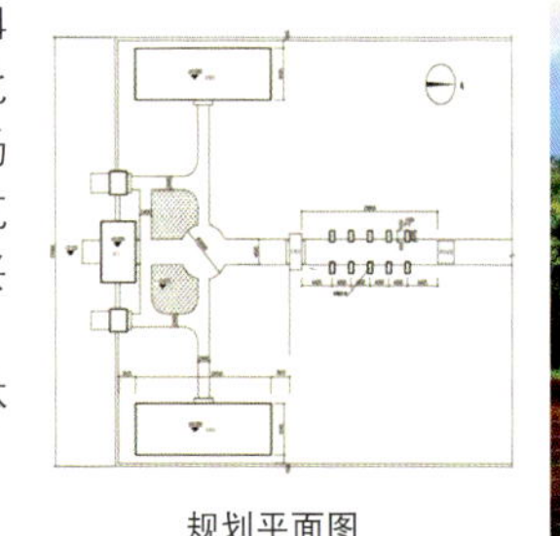
规划平面图

河南留学欧美预备学校旧址——大礼堂
THE OLD AUDITORIUM OF HENAN PREPARATORY SCHOOL FOR STUDYING IN EUROPE AND AMERICA

大礼堂位居校园南北主轴线和东西轴线的交会点上，是一座宫殿式建筑。占地面积3 932平方米，南北长73.75米，东西宽53.75米，高24.4米，总建筑面积4 687平方米。1931年11月20日破土动工，1934年12月28日落成，历时3年，耗资20万元。

主体采用钢筋混凝土结构，青砖墙，歇山大屋顶采用27米豪式钢木组合屋架，所用钢材为英格兰进口。大礼堂尺度巨大，配以8根巨柱和收分砖砌墙体，辅以入口处宽阔台阶，挺拔高峻，气势宏伟，巍峨壮观，堪以体现“大壮”之势。在中西建筑手法的结合上及两种建筑艺术风格的巧妙运用上都有独到之处；其规模之大，结构之先进，在当时全国仅广州中山纪念堂可与之媲美，不仅在河南，就是在全国也堪称近代建筑艺术精品。

东立面图

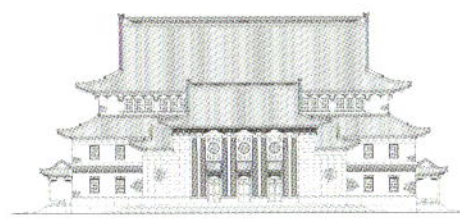

南立面图

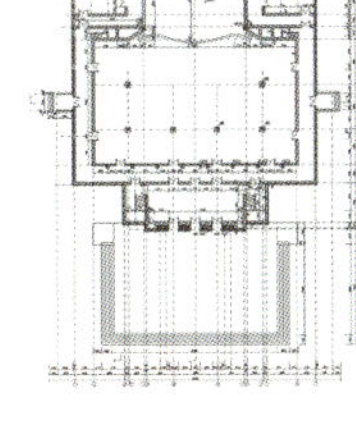

一层平面图

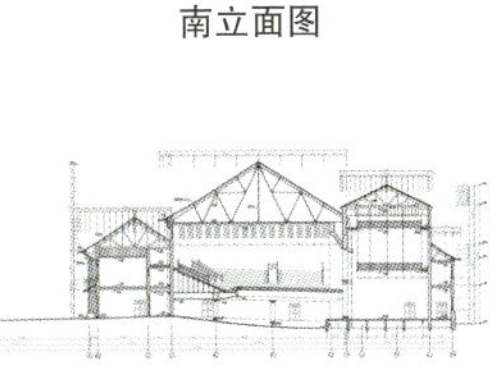

剖面图

开封繁塔
KAIFENG FANTA

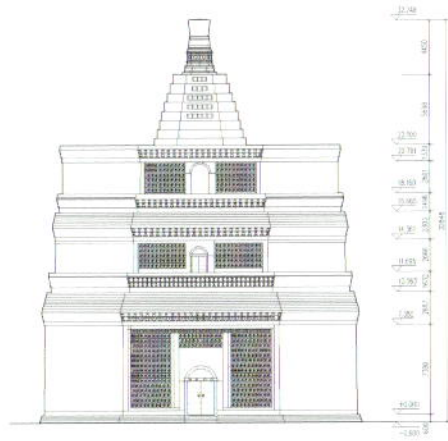

立面图

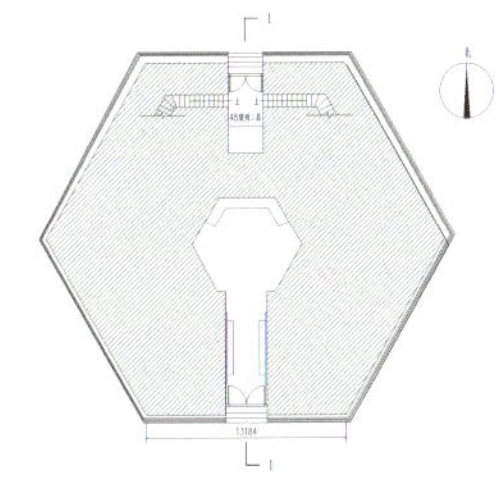

平面图

剖面图

繁（pó）塔，又称天清寺塔，位于北宋都城所在地开封的东南郊。繁塔创建于宋太祖开宝七年（974年），是一座楼阁式砖塔，平面六角形，现高31.67米；下部有粗大的塔身三级，顶上平盘，中心有一高8米多的九级尖峰，躯粗首小，形状别致，远远望去，酷似一座编钟。繁塔不仅造型独特，也是当今开封还保留着的最古老的地面建筑。

天主教河南总修院
HEENAN CATHOLIC SEMINARY

天主教河南总修院位于开封市东郊的羊尾铺村，滨河路东段路北，原开封炼锌厂家属院。

天主教河南总修院创办于1930年，是一所培养中国神职人员的高级宗教院校。总修院的筹建从1930年开始，1932年竣工。其设计为中西合璧型，基本上是仿照天主教会在北京创办的辅仁大学所建造的模式。总修院的外观为中国古典式，内部为西式装饰。总修院主体建筑为一座平面呈椭圆形的环形二层楼房。现有建筑面积约5 000平方米，有20个大教室、16个小教室及其他用房。

南立面图

西立面图

主楼剖面图

主楼正立面图

ARCHITECTS

张伟亮

职务：苏州华造建筑设计有限公司副院长
职称：高级工程师

教育背景
1997年—2002年　南京工业大学建筑学学士
2008年—2012年　南京大学建筑与城市规划学院工程硕士

工作经历
2002年—2003年　苏州新区建筑设计研究院
2003年—2007年　苏州市建筑设计研究院有限责任公司
2007年—2009年　苏州市规划设计研究院有限责任公司
2009年至今　苏州华造建筑设计有限公司

主要设计作品

招商雍景湾西地块	荣获2012年江苏省城乡系统优秀勘察设计三等奖 2012年江苏省第十五届优秀工程设计三等奖
蓬朗东城一期	荣获2013年江苏省城乡系统优秀勘察设计三等奖
昆山开发区青阳港学校	荣获2013年江苏省城乡系统优秀勘察设计三等奖
江苏省绿色建筑方案设计——生命之环	荣获2013年江苏省绿色建筑方案设计竞赛获三等奖项目
吴中区甪直镇人民医院	荣获2014年江苏省城乡系统优秀勘察设计二等奖 2014年江苏省第十六届优秀工程设计二等奖
苏州协信圆融496地块	荣获2014年江苏省城乡系统优秀勘察设计三等奖 2014年江苏省第十六届优秀工程设计三等奖
吴门印象	荣获2015年江苏省城乡系统优秀勘察设计表扬奖
立体的街道	荣获2015第二届“紫金奖”文化创意设计大赛 ——建筑及环境艺术设计专项竞赛三等奖
苏州橡树湾项目一期工程	荣获2016年江苏省第十七届优秀工程设计三等奖 2016年江苏省城乡系统优秀勘察设计三等奖
招商小石城八期	荣获2016年江苏省第十七届优秀工程设计三等奖 2016年江苏省城乡系统优秀勘察设计三等奖

地址：苏州市八达街111号12-16F
电话：0512-69331020
传真：0512-69331115
网址：www.hzarch.cn
电子邮箱：mkt@hzarch.cn

苏州华造建筑设计有限公司（以下简称：华造设计）于2007年注册成立，2011年获得国家建筑行业（建筑工程）甲级设计资质，2012年获得风景园林专项设计乙级资质。2016年并入中衡设计集团，成为其具有独立法人资格的子公司。

经过十几年的不断发展，华造获得了社会的广泛认可，成为建筑UED、建筑住区、建筑技艺、新建筑、建筑A+A、暖通空调、时代建筑等多家杂志的理事单位，获得了江苏省先进单位、江苏省AAA信誉单位、苏州市海绵城市建设技术咨询单位、苏州市工程勘察设计企业信用考评A级单位、文明单位信用等级单位、特色小镇名录单位等荣誉。

华造设计现有员工250多人，其中高级工程师及以上职称49人、工程师60人、抗震专家3人、西交利物浦大学校外导师2人、江苏省咨询专家7人。

业务范围涵盖建筑和城市设计、景观设计、建筑与装饰工程设计、建筑幕墙工程设计、轻型钢结构工程设计、建筑智能化系统设计、照明工程设计和消防设施工程设计等，并开展相应的建设工程设计总承包业务、项目管理以及相关的技术与服务业务。

华造设计注重苏州城市的发展方向与特点，在新苏式建筑、文化教育建筑、居住建筑、医疗建筑、酒店建筑、商业综合体等方面具有丰富的业绩和设计经验。

华造设计植根于悠久的江南建筑文化土壤中，吸收传统建筑的精髓，利用现代的设计手法，创造新地域建筑，不断提升自我设计水平，与苏州的城市发展共同进步。

PEOPLE'S HOSPITAL OF LUZHI TOWN, WUZHONG DISTRICT

吴中区甪直镇人民医院

项目业主：苏州市吴中区甪直镇人民医院
建设地点：江苏 苏州
建筑功能：医疗建筑
用地面积：25 590平方米
建筑面积：39 107平方米
设计时间：2007年—2008年
项目状态：建成
设计单位：苏州市规划设计研究院有限责任公司
主创设计：顾柏男、祖刚、张伟亮、王志斌

整体建筑以“回”字形平面布置，中间围合成一个景观庭院，规则的方形平面能充分利用有限用地，缩短管线距离，降低能耗，便于管理。西边退回渡港路30多米，作为主要入口广场和车行入口。建筑围合的绿化庭院引入水体、木质铺装，形成一个人群可以停留的绿化场所。同时，多个交通连廊围绕庭院布置，使庭院景观与建筑融合在一起。

平面功能设置坚持精简、高效，便于管理，分为医疗康复区、预防保健区、医技楼区、办公区、后勤区等，每个区都有各自的出入口，流线设置上避免相互交叉，同时又有联系。西边和北边一、二层为门诊部分，南边一层为急诊，门、急诊入口都开向西边入口广场。北边为内部办公入口，南边为病房区入口，病房均朝南设置，有较好的采光和视野。护士站设于护理单元中心，尽量缩短护理半径，提供较好的监护视野，以利于提高护理质量。

医技楼通过内庭院中的玻璃连廊与主入口相连，便于病人到达。每个治疗区都设置了一定病人等候空间，满足最大的人性化需求。

KUNSHAN DEVELOPMENT ZONE QINGYANG PORT SCHOOL

昆山开发区青阳港学校

项目业主：昆山开发区东城建设开发有限公司
建设地点：江苏 昆山
建筑功能：教育建筑
用地面积：105 691平方米
建筑面积：60 471平方米
设计时间：2010年—2012年
项目状态：建成
设计单位：苏州华造建筑设计有限公司
主创设计：张伟亮、徐辰、韩喆、匡正辉、朱明华、苏建

设计将项目分为四大功能区：教学区、行政综合区、运动区、餐饮区。各个区域分区明确又紧密结合，流线合理，可减少师生往返距离，四个区相对独立，互不干扰，同时又互有联系，相辅相成。校园主入口设在地块南侧，为校园景观主轴线的起始点。次入口及后勤出入口设在基地主入口东侧，便于组织后勤交通。景观空间整体上围绕古典园林庭院强化和呼应校园的空间关系，开敞的入口大广场与古典园林庭院，既强化了空间序列，也使空间充满变化的趣味。

一个入口引导广场：主入口广场，林木参天，既将校园与城市相互隔离，又保持了开放与大气的视觉效果。

庭院景观的塑造：将昆山的历史文化、水乡特色、园林景观、自然资源环境融入进来。雪松、水杉等景观元素组成新的校园历史文化区，形成师生学习、交流、集会、休闲的理想场所。

特色建筑内庭：教育区的建筑采用传统宅院式布置，底层局部架空，把区外的景观引入内庭空间，借景、对景等手法充分得以展现。活泼及通透的空间，可以供学生在课余时间进行各种休闲活动。

LISHUI SPECIAL EDUCATION SCHOOL

溧水区特殊教育学校

项目业主：南京溧水城市建设集团有限公司
建设地点：江苏 南京
建筑功能：教育建筑
用地面积：64 147平方米
建筑面积：23 162平方米
设计时间：2013年—2015年
项目状态：建成
设计单位：苏州华造建筑设计有限公司
主创设计：张伟亮、韩喆、方杰、刘业鹏、张海国

项目结合地块现状，合理分布学校建筑及配套设施，强调布局的合理性。学校内部功能分区合理，交通流线便捷，为师生提供最大的方便，普通教学区、专业教学区、生活区、运动区、景观区、实训区六大功能区相对独立，同时通过景观将各分区有机结合，使校园空间有明确的序列感，形成一个分合有序、自然融合的整体形象。

普通教学区用房包括两幢教学楼，专业教学区用房包括两幢专业教学楼，公共部分包括行政楼、报告厅、艺体楼、宿舍楼和生活食堂等。整个功能布局将各个功能区在空间上有效地分开并有机地联系起来，丰富校园空间的同时又方便学生的交流。 交通组织合理便捷，根据设计整体考虑出入口，将校园主出入口设置在基地南侧，是学生上、下学主要出入口；基地西侧设置机动车出入口，做到人车分流。基地北侧设置一个辅助出入口作为后期使用，防止对其他出入口的干扰。

LISHUI EXPERIMENTAL SCHOOL

溧水实验学校

项目业主：溧水经济技术开发总公司
建设地点：江苏 南京
建筑功能：教育建筑
用地面积：118 497平方米
建筑面积：69 453平方米
设计时间：2013年—2014年
项目状态：建成
设计单位：苏州华造建筑设计有限公司
主创设计：张伟亮、刘同光、韩喆、方杰、胡一轶

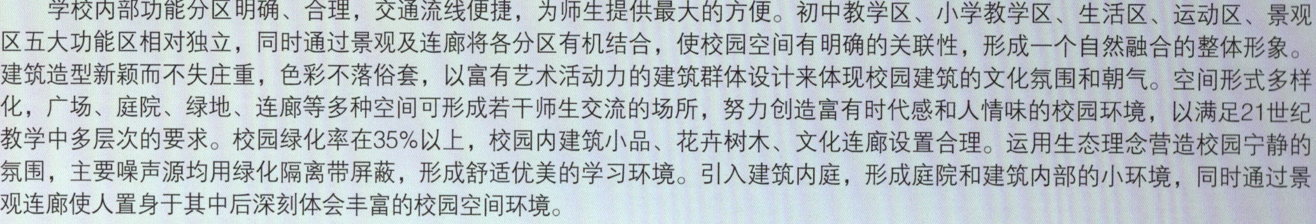

学校内部功能分区明确、合理，交通流线便捷，为师生提供最大的方便。初中教学区、小学教学区、生活区、运动区、景观区五大功能区相对独立，同时通过景观及连廊将各分区有机结合，使校园空间有明确的关联性，形成一个自然融合的整体形象。建筑造型新颖而不失庄重，色彩不落俗套，以富有艺术活动力的建筑群体设计来体现校园建筑的文化氛围和朝气。空间形式多样化，广场、庭院、绿地、连廊等多种空间可形成若干师生交流的场所，努力创造富有时代感和人情味的校园环境，以满足21世纪教学中多层次的要求。校园绿化率在35%以上，校园内建筑小品、花卉树木、文化连廊设置合理。运用生态理念营造校园宁静的氛围，主要噪声源均用绿化隔离带屏蔽，形成舒适优美的学习环境。引入建筑内庭，形成庭院和建筑内部的小环境，同时通过景观连廊使人置身于其中后深刻体会丰富的校园空间环境。

为学生一生奠基
对民族未来负责

中国建筑设计研究院有限公司
CHINA ARCHITECTURE DESIGN & RESEARCH GROUP

张燕

职务： 中国建筑设计研究院有限公司
合作设计事业部副主任、总建筑师
职称： 教授级高级建筑师
国家一级注册建筑师

教育背景

1987年—1991年　北京建筑工程学院工学学士
1995年—1998年　北京建筑工程学院建筑学硕士

工作经历

1991年—1995年　北京建筑工程学院建筑系
1998年至今　中国建筑设计研究院有限公司

个人荣誉

北京奥林匹克花园
荣获2005年北京市第12届优秀设计和第9届优秀工程勘察设计一等奖
2005年建设部城乡优秀勘察设计二等奖
2006年全国优秀工程设计铜奖
全国人居大赛金奖
北京金融街B7大厦（中国人寿及北京银行总部）
荣获2007年第13届北京市优秀工程设计一等奖
2008年全国优秀勘察设计行业奖建筑工程项目一等奖
2008年全国优秀工程勘察设计铜奖
北京金融街F3地块写字楼（中国光大银行总部）
荣获第15届北京市优秀工程设计一等奖
2011年全国优秀工程勘察设计行业奖建筑工程二等奖
北京金融街A3南地块写字楼（中国邮政总部）
荣获2012年北京市优秀设计二等奖
中国农业银行北方数据中心
荣获2010年第17届首规委城市规划建筑设计方案汇展优秀方案奖
望京新城A2区1号地写字楼
荣获2017年第17届北京市优秀工程设计三等奖
华都中心项目写字楼
荣获2017年第17届北京市优秀工程设计一等奖

主要设计作品

北京朝阳区安立花园
北京奥林匹克花园
玉阜嘉园
华为南方工厂公寓及配套设施
北京金融街B7大厦（中国人寿及北京银行总部）
北京金融街A3南地块写字楼（中国邮政总部）
北京金融街F3地块写字楼（中国光大银行总部）
中国农业银行北方数据中心
融科望京橄榄城1号地写字楼
华为环保园核心网研发中心
中国国际期货及金融衍生品交易中心
华都中心项目
京西商务中心
丽泽平安金融中心
通州齐天乐园项目

地址：北京市西城区车公庄大街19号
电话：010-88328888
传真：010-68349921
网址：www.cadri.cn

中国建筑设计研究院有限公司（以下简称中国院）隶属于国资委所辖的大型骨干科技型中央企业中国建设科技集团股份有限公司。其前身是始建于1952年的中央直属设计公司，后经原建设部建筑设计院、原中国建筑技术研究院合并组建的一家国有大型建筑设计企业。

中国院主营业务涵盖建筑的前期咨询、规划、设计、工程管理、工程监理、专业工程承包、环境与节能评价等固定资产投资活动的全过程服务。具体包括建筑工程设计与咨询、建筑智能化系统工程咨询、设计与施工、城市与小城镇规划、古建、园林与景观规划、历史文化遗产保护规划与申遗、国家建筑设计标准研究、建筑与住宅产业技术研究、建筑材料及设备研发等。基本形成了以建筑设计、城市建设规划、建筑标准、建设信息、工程咨询、室内设计、园林绿化、住宅产业化研发、BIM三维设计技术研发、建筑技术科研等于一体的集团化产业构架。

中国院秉承优良传统，始终致力于推进国内勘察设计产业的革新发展，将成就客户、专业诚信、协作创新作为企业发展的核心价值观，是国内建筑设计行业中影响力较大、技术能力较强、人才会聚较多、市场占有率较高的领军型设计企业。

中国院合作设计事业部设计业务涵盖大型公共建筑、酒店建筑、居住建筑、旧建筑改造、景观设计及城市设计等，特别是在地标性超高层建筑、大型城市商业综合体等设计类型方面形成了较强的专业化特色。以中外合作设计项目为基础，将设计与研究的结合，学习、传承、创新，深耕发展，注重培养团队专业化职业素质，强调全过程、全专业的技术整合，努力打造高品质、高完成度的精品建筑。

HUADU CENTER PROJECT

华都中心项目

项目业主：华都中心饭店有限责任公司
建设地点：北京
建筑功能：酒店、办公建筑
用地面积：27 300平方米
建筑面积：229 000平方米
设计时间：2012年—2017年
项目状态：建成
设计单位：中国建筑设计研究院有限公司
合作单位：美国KPF建筑设计事务所、安藤忠雄建筑事务所
主创设计：张燕、肖晓丽、沈晓雷、胡水菁
参与设计：杨承涵、王毅、杜捷、李淳
获奖情况：2017年第17届北京市优秀工程设计一等奖

项目位于北京市东三环亮马河畔，隶属燕莎商圈核心区域，是北京最为成熟的涉外商务居住区域。周边交通网络便捷，酒店云集，高端商务密布。北侧有已建住宅小区，南侧拥有亮马河得天独厚的景观资源。作为城市更新项目，华都中心充分利用场地资源，尊重地块周边文脉环境，以风帆为造型寓意，通过圆润、优雅的总体建筑形象，承托高端办公写字楼、精品酒店以及企业基金会总部办公功能。设计强调人与人、人与自然的交流融合，赋予项目开放、和谐、优雅的文化气质，成为富有人文精神与态度的新型城市地标。

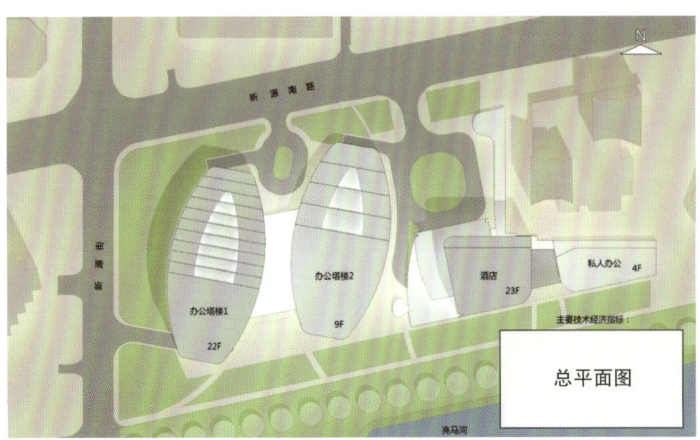

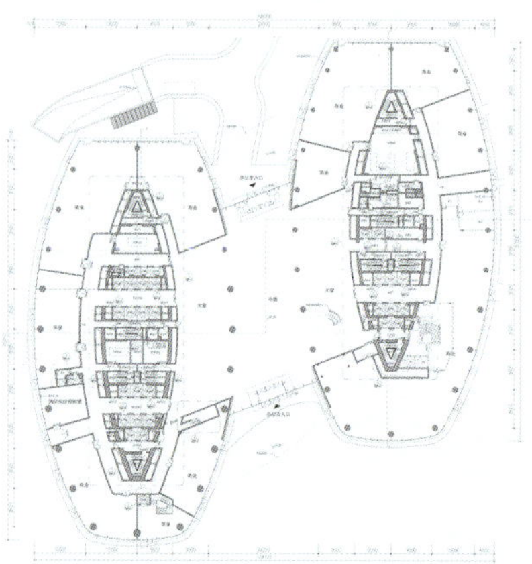

一层平面图

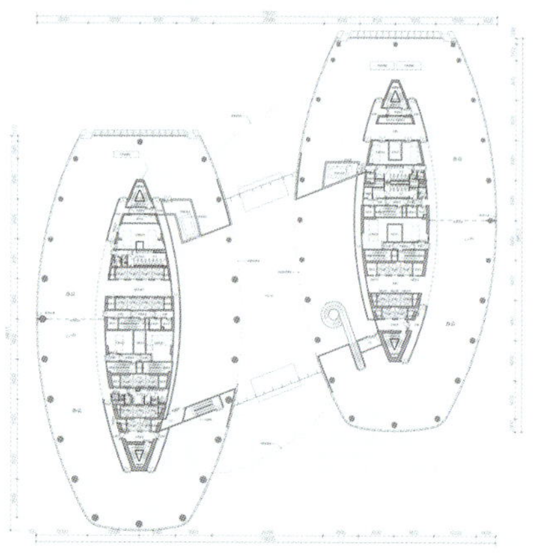

二层平面图

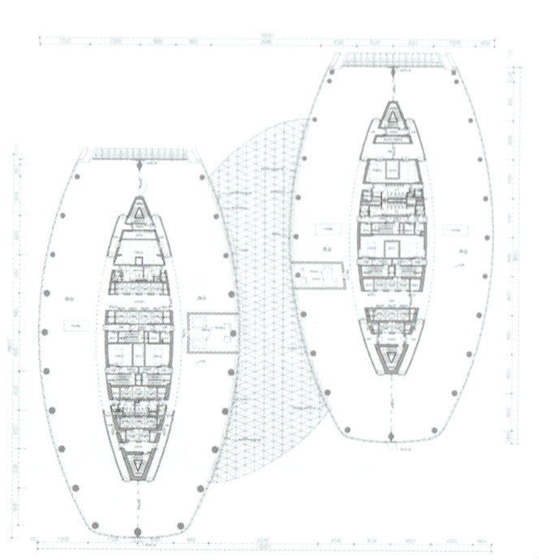

四层平面图

剖面图（一）

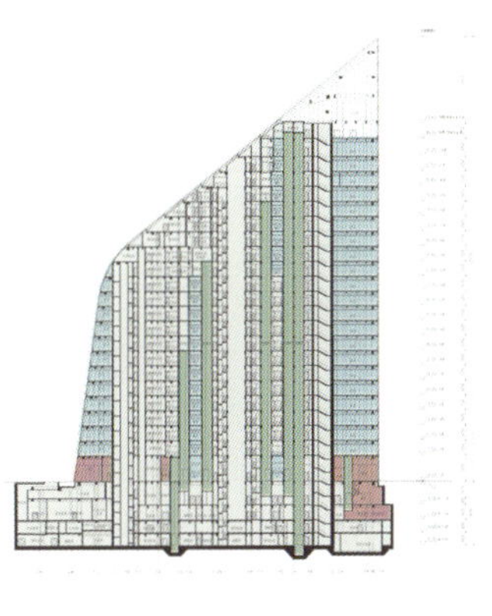
剖面图（二）

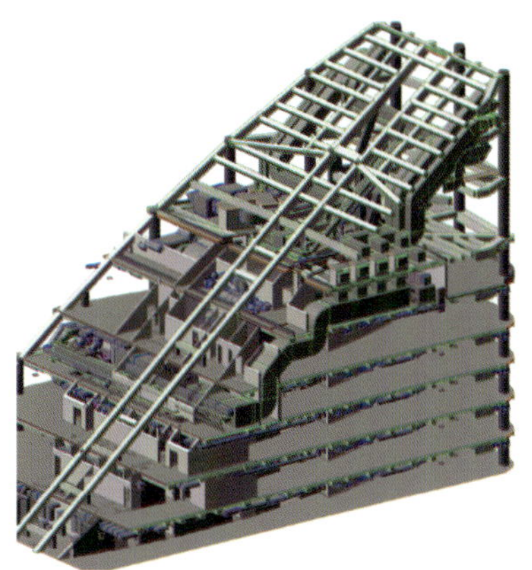
办公塔楼局部BIM模型图

JINGXI BUSINESS CENTER

京西商务中心（西区）

项目业主：北京金石融景房地产开发有限公司
建筑功能：办公、酒店、商业建筑
建筑面积：368 700平方米
设计时间：2015年—2017年
项目状态：建成
设计单位：中国建筑设计研究院有限公司
主创设计：张燕、李衣言
参与设计：杨承涵、章蔚、龚子竹、付婕
建设地点：北京
用地面积：52 734平方米

项目位于北京京西石景山区，是京西地区第一个大规模开发的项目，是长安街西沿长线在石景山区域的建设亮点。项目作为引进高端产业的载体，不仅体量大，同时还包含总部办公、回迁办公以及五星级酒店、商业中心、多功能办公空间等复杂的功能，业态十分丰富，是一个名副其实的城市综合体。规划上以高端、绿色、生态作为转型发展的名片，强化横向与纵深的空间序列的组合，在沿长安街西沿长线330米的长度，展开严谨稳重的总部形象。在纵向中轴方向通过下沉广场和连接通廊，渗透、起伏，构成丰富的空间层次，形成活力之心，构建出综合性的建筑生态环境，把长安街的景观和空间要素尽量向内延伸渗透，形成富有张力和内涵的西部新型区域中心。

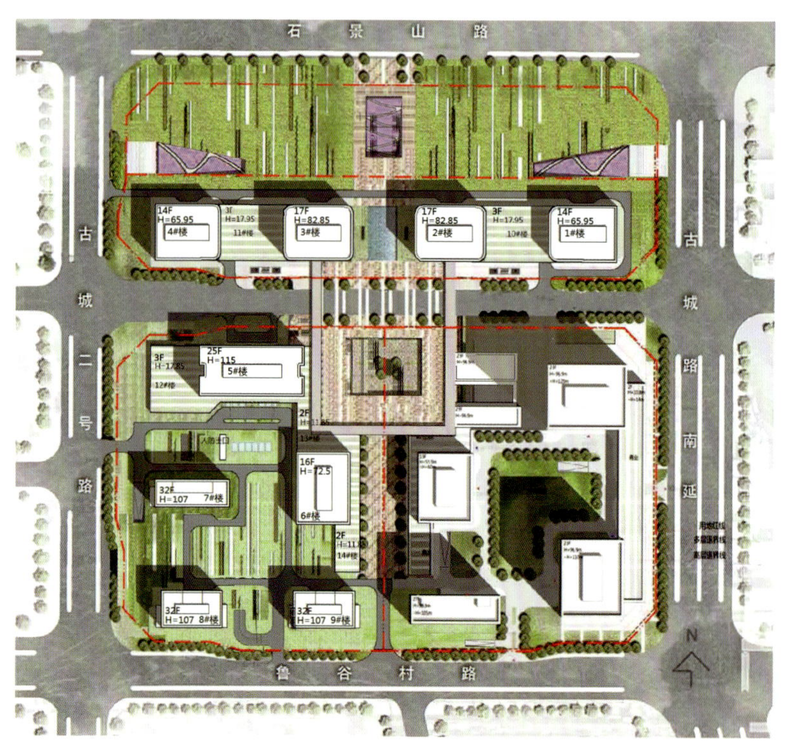

AGRICULTURAL BANK OF CHINA NORTH DATA CENTER

中国农业银行北方数据中心

项目业主：中国农业银行股份有限公司北京市分行
建设地点：北京
建筑功能：软件研发办公园区及大型数据中心机房
用地面积：130 000平方米
建筑面积：249 200平方米
设计时间：2010年—2017年
项目状态：建成
设计单位：中国建筑设计研究院有限公司
主创设计：张燕、李衣言
参与设计：高明、尚荣、鲍力、金凯
获奖情况：2010年第17届首规委城市规划建筑设计方案汇展优秀方案奖

项目位于北京市海淀区创新园，坐落于西山脚下，风景秀丽宜人。建筑包含数据机房、研发办公及会议、服务等多组建筑群体，合理布局机房区、现场监控区、媒介仓储区、测试区、生产操作区、档案中心区、办公区、动力保障区、服务保障区、停车区十个大功能区块。项目以稳重、庄严、诚信、安全、坚固、持久为原则，结合稳重、有力的建筑造形，展示农业银行诚信、务实的内在品质，彰显重信重质的专业形象，打造具有农行特色的高品质新型园区。

规划创意

守信重印，“印，信也，所以封物为信验也。”以“中国印”为设计理念，建筑群体中轴为主线，采用“国字印”围合布局，建筑单体立面外裹石材，和深窗共同构成雕刻效果，组成印章的笔画。

南区会议楼和北区档案楼在中轴两端列鼎而建，借鼎的器制沉雄和刻镂凸出，强调厚重深邃的建筑美感，同时借引鼎器铭文对典章、制度、史实的记载作用，隐喻银行数据中心的功能性以及可靠性。

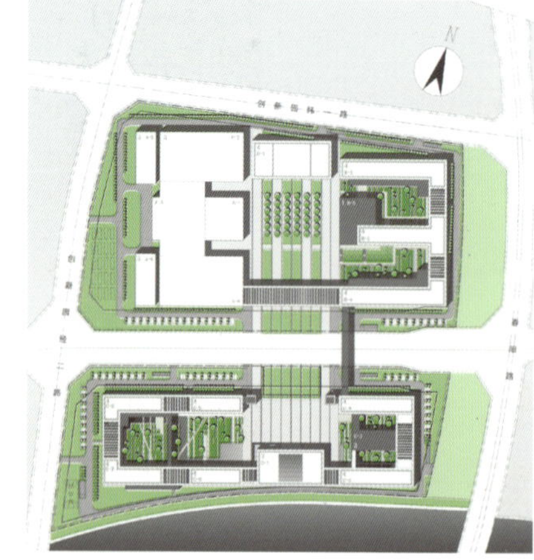